SHODENSHA
SHINSHO

活」の社会史——大学は出たけれど…

功士

祥伝社新書

まえがき

大学生と接する仕事をしていると、「就活って要するに○○なんでしょ?」と、斜め上の視点から「高をくくる」「早わかりする」傾向を感じる時がある。

上から目線でというのならば、一度100年単位のスパンで俯瞰《ふかん》してもらいたいものだ。100年前の学生たちも、それが少数の男性に限られていたにせよ、今の大学生と同様に悩んでいたし、採用の方法や選考の基準にしても、現在と共通した点もあったりする。

本書を読んだ大学生たちが、「べつに今の私たちだけがこんな目にあっているわけじゃない…」と、「就活」に対して少し気楽になってもらえたら本望である。そしてより多くの方に本書を手に、就職・採用の歴史をふまえた上で、一から考え直すべきなのか、あるいは現行のやり方の修正・調整を重ねていくべきなのかを検討していただきたいと思う。

さて、この100年の間、われわれの社会は、進歩してきたのだろうか、足踏みを続けてきたのだろうか。

2014年10月

難波功士《なんばこうじ》

目次　「就活」の社会史――大学は出たけれど…

3章　高度経済成長期の新卒者たち

4章　オイルショックからバブル前夜まで

5章　泡沫《バブル》とその崩壊

6章　ポストバブルの自分探し

終章「就活」の未来へ

序章　「就活」の表層と深層

30年前との断絶

就職活動（就活）と言えば、オフィス街を歩く黒いスーツに身を包んだ大学生。男性ならば、白いシャツにネイビーあたりのネクタイ、黒いプレーンな靴に鞄、髪も黒く短く。女性にしても黒いスーツ（パンツよりはスカート）に白いシャツかブラウス、ローヒールのパンプス、黒い髪を束ね、化粧も控えめ。大学の生協かスーツ量販店で、全身コーディネイトしたような若者たち。誰もがまずは、そんな姿を思い浮かべることだろう。

大学生たちにとってみても、それ以外の選択肢はまず思い浮かばない。リクルートスーツはすでに「制服」として定着しているのである。今回、本書の資料を集めるために、アマゾンで「就活」の語を入れて検索してみると、やたらと「警告　アダルト作品」が引っかかってきた。リクルートギャルのどうしたこうしたといった映像群。やはりリクルートスーツ（略称「リクスー」）は、コスチュームとしての地位を確立しているのである。

だが、古い資料を漁《あさ》ったりしていると、就活＝黒スーツという常識は、意外と根の浅いものだと気づかされる。

たとえば、１９８１（昭和56）年9月20日号『ｎｏｎ‐ｎｏ』の「緊急特集　面接のとき何を着る?――新ＯＬ１００人と有名企業４社に聞きました」。「アンケートに協力してもらった100名は銀行、メーカー、商社など、一流企業19社に今年就職した短大・四年制大学卒の方たち」だそうで、面接に臨んだ際のファッションとして挙げられたのは、次のようなものである。

「1位スーツ76票（紺35、グレー19、茶・ベージュ10、ワイン4、白・黒・ピンク・紫ほか各1）／2位ブレザー33票（紺12、茶・ベージュ5、グレー3、白・モスグリーン・からし・黒・赤ほか各1）／3位ワンピース21票（紺7、白地にプリント柄3、赤チェック2、ピンク・グレー・紫・ブルー・黒ほか1）／4位ブラウス＋スカート6票（白ブラウス＋紺スカート3、ブラウス＋スーツ3）／5位その他5票（パンタロン、ポロシャツ、セーター、ニットワンピース、ニットジャケット各1）」

複数回答アリという条件での調査なので、黒いスーツの1名にしても、つねにそれで就職活動したわけでもないのかもしれない。要は、面接に女子が黒スーツ⁉　喪服じゃあるまいし、縁起でもない…、というのが当時の一般常識だったのである。

ちなみにこの時採用側としてインタビューに協力した「有名企業4社」は、住友商事・

西武百貨店・日本ＩＢＭ・博報堂。余談だが、この記事中で「面接だからといって、特別に立派な服を着てこなくてもいいんですよ」だとか、有名ブランドは「マイナスになることはあっても、プラスにはなりませんよ」と語っている「博報堂広報室の中浩正さん」とは、ドラマ「ＭＯＺＵ」の原作などで有名な小説家・逢坂剛《おうさかごう》氏の会社員時代の姿である。

この記事のラストは、「ほかの人に差をつけようとユニークな格好ででかけたという面接武勇談をよく耳にしますが、個性とはその人の人柄や発想力や知的レベルなど、内面からきらりとでてくるもの。服装や見かけで奇をてらうと、しくじる可能性が大」と締《し》めくくられている。この結論自体は、今日でも通用する正論であろう。

だが、紫やピンクのスーツ、からし色のブレザー、プリント柄のワンピース、ポロシャツなどでの就職活動は、今の常識からすればじゅうぶん「奇をてらう」行為だし、「面接武勇談」どころか立派な暴挙である。「白い金ボタンのダブルのジャケットに、ボックスプリーツのスカート」姿への「ダークな色が多い中で「白」が明るい印象に（博報堂・中氏）」といったポジティブなコメントには、そのあまりの時代の隔《へだ》たりゆえに、ただただ呆然としてしまう。

もちろん、雇用機会均等法以前の話なので、女子新入社員の位置づけも、今とは若干異なっていたのであろう。しかし、平成の時代に入っても、1990年代前半だと、さすがにダブルのスーツはまずいが、明るいグレーやベージュなどはまだまだありうる選択肢だった。だが、失われた10年や就職氷河期などとささやかれる中で、「紺→濃紺→黒」と、世の中の暗さを象徴するかのように、この20年間で就活生の色合いは、どんどんモノトーンとなっていったのである。

2015（平成27）年、もし本当に経団連の「採用選考に関する企業の倫理憲章」のとおりに、4年生の8月が選考期間となるならば、グレーやベージュの復活もありかもしれないが…（個人的には、来年度も「リクスー」は黒いと予想しますが）。

100年前との連続

その一方で、戦前の新聞記事などを眺めていると、旧漢字・旧かな遣《づか》いでありながら、今日とさほど落差なく読めるものも多い。1910（明治43）年7月26日付「東京朝日新聞」の記事「卒業生の就職難」には、「父母長上《ちようじよう》が、老後の奉養《ほうよう》を得んがために、有るか無しかの財産をかけて其《その》子弟に高等教育を施《ほどこ》すは、寧《むし》ろ此だけの財産を蓄え置きて、老後に於《おい》て子弟の厄介とならざる用意を為《な》す方道理なる可《べ》し」（以下、本書ではすべて新漢字・新かな遣いに改めている。また読者の便宜のために原文にはないルビを付したこともお断りしておく)。

要するに、子供を大学まで進学させても、職があるかどうかわからないから、その教育費を老後のために貯金しておけというのである。一人の親としてだけでなく、現在大学教員の職にある身としても、頭を抱え込まざるをえない一文である。

またこの1910(明治43)年の「東京朝日新聞」紙上には、「卒業生の売口《うれくち》」という連載もある。東京帝国大学(現東京大学)の卒業生ですら、「赤門《あかもん》出身と言えば一廉《ひとかど》の学者と通って羽の生えたように飛んだのは十年二十年の旧夢」。

そして同年1月16日付同紙記事「就職難」には、

「一両日前長崎高等商業学校長柴崎雪次郎氏の名によって各府県の主なる官庁会社に送附した自校卒業生採用の依頼状というのを見ると校長としての氏が如何《いか》に生徒の前途に対し熱心に尽瘁《じんすい》して居るかが判《わか》ると共に近時各学校卒業生の捌《さば》け口が益《ますます》狭められ就職難は弥《いや》が上にも青年の頭脳を苦しめて居る現状がまざまざと目に見える様な心地がする。依頼状の概要に曰《いわ》く、此《この》三月下旬校を出る第三回卒業生の多数は実業界官界教育界の各方面に就職を希望してる。願わくは採用して貰《もら》いたい。採用するに先だって其人物と御面晤《ごめんご》の必要があらば如何に遠隔の地でも旅費等万端《ばんたん》自弁《じべん》で御送りする。月給は従前の例により最上五十円普通二十五円乃至《ないし》三十円と御含みを請《こ》う。又或者《ある》は御気に召す間は無給見習をも辞せぬ覚悟で御座る云々、唯《た》だ雇主に面晤するばかりに而《そ》して勿論《もちろん》採否は相手の勝手とあるのに旅費自弁で押掛けねばならぬ程今の青年は苦んで居るのか」

とある。長崎高等商業は、現在の長崎大学。100年以上前の学生と同様、現在の大学生たちも、ある段階まで進まないと面接試験の交通費が貰えない…と毎年嘆いている。

それ以外にも、1913（大正2）年8月31日付「東京朝日新聞」には「高工卒業生投身　就職難の背景」とある。東京高等工業学校（現東京工業大学）電気化学科を一番で卒業したにもかかわらず、「就職運動に狂奔しつつありたるが思わしき口なく」「吾妻橋《あづまばし》より木綿単衣《めんひとえ》に鼠縮緬《ねずみちりめん》の兵児帯《へこおび》を締め駒下駄を穿《うが》ち麦藁《むぎわら》帽子をかぶりし儘《まま》、突然隅田《すみだ》の濁流に身を跳《おど》らし」たという。今風の言い方ならば、「就活うつによる自殺」となるだろうか。

また1916（大正5）年8月26日付同紙には、「就職術教授　井伏太郎氏経営の真人道社にては二箇月卒業にて職業選択法就職先選定法執務法就職手続等を教授して居るが来九月より新学期を開始し少数の入学を許す由」とある。これなどは今なら「就活塾」「就活予備校」ということになるのだろう。

戦前の総合雑誌――『文藝春秋』『中央公論』『現代』など――の就職関連記事を眺めていても、企業の側の求める人材像や、面接重視・人物本位の選考方法など、今日とそれほどの相違は感じられない。適性検査の心理テストは戦前から一部で導入されていたし、1933（昭和8）年発行の文部省構内・財団法人大日本職業指導協会『智的職業の選び方』というパンフレットには、「職業的自己分析」の章もある。「就活といえば、まず自己分析…」というのは、昨日今日始まった話ではないし、1950年代には「集団面接（グループ・ディスカッション）」の語も登場している。

ニートやフリーターといった言葉はなくとも、新卒無業である「遊民《ゆうみん》」たちを憂《うれ》える声は、やはり戦前・戦後を一貫している。「学歴フィルター」という言葉は目新しくとも、要はかつてあった「指定校制」だし、早期に内定を出す「青田買い（時には早苗《さなえ》買い、苗代《なわしろ》買い、種籾《たねもみ》買い）」「青田刈り」が目に余るので、就職協定を見直そうといった議論は、これまで幾度となく繰《く》り返されてきた（そして採用活動スケジュールは、前へ後ろへと右往左往してきた）。

また「ブラック」という用語はなくとも、各大学の就職部（今でいうキャリアセンター）

のブラックリストに載《の》るような企業は、いつの時代にも存在していた。

だがそうした「変わらなさ」の一方で、先述の『ｎｏｎ‐ｎｏ』の記事からも明らかなように、われわれが今「就活」に対して抱いているイメージや常識の中には、たかだか2、30年でつくりあげられたものも多い。「就活」「シューカツ」という略語の定着も、ここ10数年来のことだ。

どうして今われわれは、学校卒業後すぐに職に就く「新卒就職」は、何も大学生に限ったことではないにもかかわらず、「就職活動（就活）する人＝大学生（しかも4年生男子・女子）」をイメージしてしまうのだろうか。また、なぜ、戦前の総合雑誌の就職関連記事に今に通ずる記述を見つけ、社会や人間のあり方の、あまりの変化のなさに啞然《あぜん》としてしまうのだろうか。

この世の物事の多くには、変動の激しい「表層」とゆっくりとしか変わらない「深層」の両方が、兼ね備わっている。就職・採用活動に関しても、同様であろう。高等教育機関への進学率が数パーセント（それもほとんどが男性）だった戦前と、高校生の過半数が大学に進む現在とでは、やはり何らかの大きな相違があるはずだ。短いタイムスパンで考えてみても、就活に関してはさまざまな新たなキーワードやトレンドが浮上し、かつその多くは数年で消えていった（最近は誰も「ソー活（SNSを利用した就職活動）」などと言わない）。

だが、川の表面の流れは急であっても、川底あたりはゆったりと淀《よど》んでいることもある。最終的には人が人を判断・評価し、採否を決め込んでいくやり方に、それほど画期的なアイディアが飛び出したり、新規な技術革新があったりするとも思えない。その時々にさまざまな意匠に彩られる就職活動・採用方法ではあるが、その基本的な部分では、案外「百年一日」だったりもするのである。

要するに、何事につけ「世の中そうそう変わるものではない」とまとめてしまうのは単なる知的怠慢だし、また、今ある事象がすべて新しい出来事であるかのように安易に騒ぎ立てるのも、浅薄に過ぎるのだ。過去にこだわりすぎてもなんだが、過去から学ぶチャンスをみすみす見逃すこともあるまい。

就活のあり方を「変えようがないもの」としてしまっては、一切の進歩や改善は望めないが、今のやり方がこれまで選択され、踏襲されてきた理由や必然性を無視して、採用方法を「自由な発想で、いろいろ試してみようよ」「毎年、コロコロ変えればいいよ」ということでは、ただただ混乱を引き起こすだけだろう。時代に合わせて変えていく部分と、なかなか変えようがない部分とのバランスをとりながら、われわれは進んでいくしかないのである。

本書では、それぞれの時代の映像作品や新聞・雑誌記事などに残された「就活のありよう」を素材としつつ、かつ労働社会学や労働経済学などでの成果に目配りしながら、新卒就職の歴史的変遷とその社会的背景をたどっていこうと思う。

もし、最初に歴史的な流れの大枠をおさえた上で読み進めたいということならば、まず終章の【図表53】（375〜377ページ）をご参照いただきたい。本書の内容のまとめ・整理として、新卒者の採用方法の「変わらなさ」の一方で、各時代ごとに推移していく、新卒就職の社会的位置づけのありようを整理した図を掲《かか》げておいた。この図を頭の片隅に置きながらの方が、それぞれの時代のディテールをより深くご理解いただけ、その時々のエピソードをよりリアルに追体験していただけるかもしれない。

今までの採用方法や仕事のあり方の限界が見えつつも、その解決策がなかなか見いだせない現状を考え直すヒントが、過去からの経緯の中に眠っているのではなかろうか。そんな希望的観測のもと、以下、この国の「学校は出たけれど…」の百年史を概観していきたい。

1章　昭和恐慌《きょうこう》と「大学は出たけれど」

サラリーマンの誕生

今から100年前、1914（大正3）年に東京駅は開業した。これを機に、日本国中から「上り電車」が、皇居の前に集結し始めるようになる。その約10年後に「丸ノ内ビルヂング」（現在の丸ビルは2002（平成14）年に改築・竣工）が開業しており、オフィス街として丸の内の景観が完成したのも、やはり大正年間のようだ。また翌1915（大正4）年には、第1回全国中等学校優勝野球大会が始まっている。全国の球児たちが一堂に会する機会も、この頃からのものだ。

明治維新とともに、近代的な日本国が成立し、ひとつのまとまりをもつ国民国家としてスタートした…と、なんとなく思ってしまいがちだが、その内実がとりあえず整うためには、明治の45年間が必要とされたのである。

橋本毅彦《はしもとたけひこ》・栗山茂久《くりやましげひさ》編『遅刻の誕生——近代日本における時間意識の形成』（三元社、2001年）によれば、東海道本線の全線複線化は1913（大正2）年のことであり、この頃から列車の時刻表通りの運行が定着したのだという。それ以来、軌道の上を走っている列車で通勤している限りは、なかなか遅刻の言い訳が難しくなってしまった。そして、徐々に「定刻志向」は定着していき、パンクチュアルであることが評価され、効率的な時間の利用を皆意識する社会へと変貌を遂《と》げていった。

1914（大正3）年は、第一次世界大戦が勃発した年でもある。以後、日本の産業界は、軍需景気に沸き立つことになる。にわかに登場した富裕層を指して、「成金」という言葉が定着したのも、この頃のことだ。将棋の「歩」が、敵陣に入った途端「金」にパワーアップするように、一代で富を築きあげる人々が当時続出したのである。

たとえば、「船成金」と呼ばれた山下亀三郎《やましたかめさぶろう》。世界大戦期に伸びた海運業の中でも、ひときわ目立った存在であった。「山下汽船」の名はもうすっかり忘れ去られてしまったが、石原慎太郎《いしはらしんたろう》・石原裕次郎《ゆうじろう》兄弟の父である石原潔《きよし》は山下汽船の幹部社員で、石原一家が住んだ逗子《ずし》の家が、山下亀三郎の別邸だったこともあるという（佐野眞一《さのしんいち》『てっぺん野郎』講談社、2003年）。

話を就職に戻すと、その起源は東京帝国大学が初めて卒業生を出した1878（明治11）年に求められるだろうし、それ以前の慶応義塾出身者を新卒就職第1号とする説もある。明治の末には、官界へ進むなら東大、会社に入る、もしくは継《つ》ぐなどして実業界に入る者の多い慶応、新聞・出版などジャーナリズムに強い早稲田、銀行や商社のエリートコースを歩む東京高等商業学校（1920（大正9）年、東京商科大学に昇格）といった各校の伝統も生まれ始めていた（天野郁夫《あまのいくお》『学歴の社会史』平凡社ライブラリー、2005年）。

しかし、今日的な就活のあり方が定着し始めたのは、やはり今から100年ほど前、大正期に入ったあたりのことのようだ。

松下浩幸《まつしたひろゆき》編『コレクション・モダン都市文化第33巻　サラリーマン』（ゆまに書房、2008年）に付された関連年表の1914（大正3）年の項には、「この頃から入社試験始まる」とある。

おおむね明治から大正にさしかかる時期に、推薦者・紹介者を介して随時希望する就職先にコンタクトを取るような求職活動――企業の側からすれば、推薦者（政財界の有力者、大学教員など）の見識を信頼し、その社会的地位を尊重した縁故重視の採用活動――のあり方から、今現在のような「定期に新卒（予定）者に対して一括して採用試験を行なう」仕組みへと転換が進んでいった（福井康貴《ふくいやすたか》「就職の誕生」『社会学評論』第59巻第1号、2008年）。

戦後長きにわたって東京大学文学部事務長をつとめた尾崎盛光《おざきもりてる》の『日本就職史』（文藝春秋、1967年）にも、「各社が大学卒の定期採用を始めた大正六、七年、つまり大正初年代を特長づけるものは、第一次世界大戦を契機とした日本資本主義経済の飛躍的発展と、吉野作造《よしのさくぞう》博士の民本《みんぽん》主義に象徴される大正デモクラシーである」とある。

尾崎によれば、当時の好況下、大学生の進路希望も「官界から会社・銀行へ」という流れがあり、徳富蘇峰《とくとみそほう》などは「今日に於て成功と云えば十中八九迄《まで》は、金持となること也。カアネギー、モルガンは固《もと》より、近くは岩崎《いわさき》、安田《やすだ》より、あるいは現在の船成金に到る迄、凡《およ》そ成功青年の標的となるものが、此の近来、若《も》しくは最近来、若しくは最々近来の成金ならざるはなし」と嘆いたという。

たしかに、東京帝国大学法科大学（現東京大学法学部）の学生ですら、官吏よりも「銀行及《および》会社員」へと至る者が増えている【図表1】。

言わずもがなのことだが、岩崎は三菱グループのファウンダー岩崎弥太郎《やたろう》であり、安田は現在のみずほフィナンシャルグループにつながる財閥を築《きず》き、東大安田講堂に名をのこす安田善次郎《ぜんじろう》。徳富蘇峰は、「末は博士か大臣か」の明治の気概を失くし、「サラリーマンから三等重役へ」と志を低くした大正の大学生たちに苛立《いらだ》っていたのだと尾崎は言う（ちなみに「三等重役」は1950年代の流行語で、創業社長やオーナー社長とは違い、平《ひら》社員から昇進して取締役や社長となった人の意）。

今ならば、「大企業に入り、ゆくゆくは取締役（執行役員）までいく」は、相当な大志の

	法科大学				総計（法科・医科・工科・文科・理科・農科）			
	明治43（1910）年度		大正5（1916）年度		明治43（1910）年度		大正5（1916）年度	
	単年度数	累積数	単年度数	累積数	単年度数	累積数	単年度数	累積数
行政官吏	61	717	50	1010	61	748	50	1075
司法官吏	38	516	37	638	38	516	37	639
宮内官吏		7		19	1	32		54
学校職員		60		117	97	1857	74	2515
官庁技術員					109	1366	111	1831
官庁及病院医員					128	717	119	805
帝国議会議員		31		52		40		73
弁護士	5	165	33	583	5	165	33	585
会社等技術員					85	831	102	1263
銀行及会社員	40	453	162	1021	45	534	185	1406
医術開業者						372		847
獣医開業者						5		6
外国政府又は会社等の招聘に応じたる者		11		10	1	69		30
其他の業務者	48	231	57	1031	60	397	100	1356
大学院学生	30	29	74	25	84	198	125	141
分科大学研究生			―	―	1	28	―	―
他分科大学生				2	28	10	14	35
外国留学生	1	9		17	2	126	3	60
職業未定又は不詳の者	107	577	470	746	172	770	561	1401
死亡したる者		195		322	1	787	4	1348

【図表1】東京帝国大学、同法科大学卒業生の進路の各年度数及び創立以来の累積数

法科出身でも、「銀行及会社員」となる者が増えてきている。※原注に「一人して二種以上の事項に亙《わた》る者は其の主たる一方にのみ之を掲載せり」とある。（出典：『文部省年報』）

ように思えるが、大学進学率数パーセントの当時としては【図表2】、大学卒は重役くらいになって当たり前という意識がまだまだ強かったようだ。

しかし、1920年代に入ると様相は一変する。第一次世界大戦が終わると輸出は激減し、会社の整理・倒産が相次いだ。そうなると学生の志望は、実業界への勇躍から、役人や教師の安定した生活へと急旋回する。青野季吉《あおのすえきち》『サラリーマン恐怖時代』（先進社、1930年）は次のように述べている。

「サラリーマンの就職難が殆《ほと》んど半永続的となり、絶望的となったのは、比較的新しい現象であって、世界戦争後の最初の大恐慌からだと言ってよいのである。しかもその度合いは急激に高まって、就職率から言うと、今日では知識階級の方が、労働階級よりも遥《はる》かに以下だと言う惨状を呈しているのである。最近よく知識階級の就職闘争とか、就職戦術と言った言葉が人々の口に上るが、その闘争にしろ、戦術にしろ、若干の「スキ間」を見て、いかに巧みに、いかに幸運に、そこへ辷《すべ》り込むかと言う、徹頭徹尾《てつとうてつび》、個人的なものであって、サラリーマン層の全体乃至《ないし》は大部分にとっては、そこに戦術も何も有り得ないのである。…サラリーマンの場合では、個人的の知識や技能によって、個人的に、雇主と結

● 明治８年～昭和25年までの大学進学率（進学者数）は高等教育機関の就学率（在学者数）。（高等教育機関：高等学校（旧制）、専門学校、実業専門学校、大学（旧制）など）
● 高等専門学校の入学者数は第４学年の在籍者数
● 専門学校は専門課程入学者数

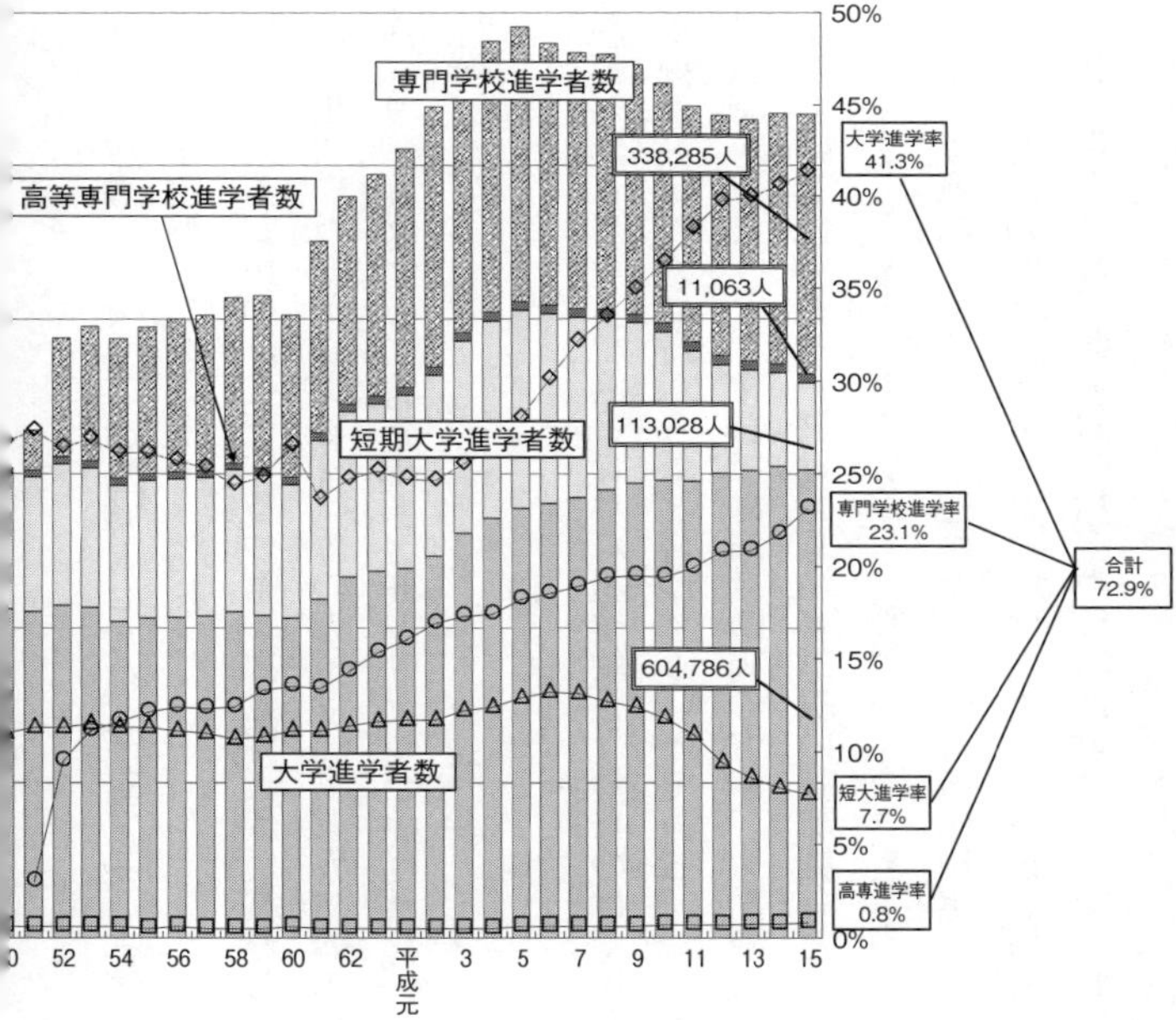

進学率＝
大学進学者数、短期大学進学者数、高等専門学校第４学年在籍者数、専門学校進学者数／18歳人口（３年前の中学校卒業者数）

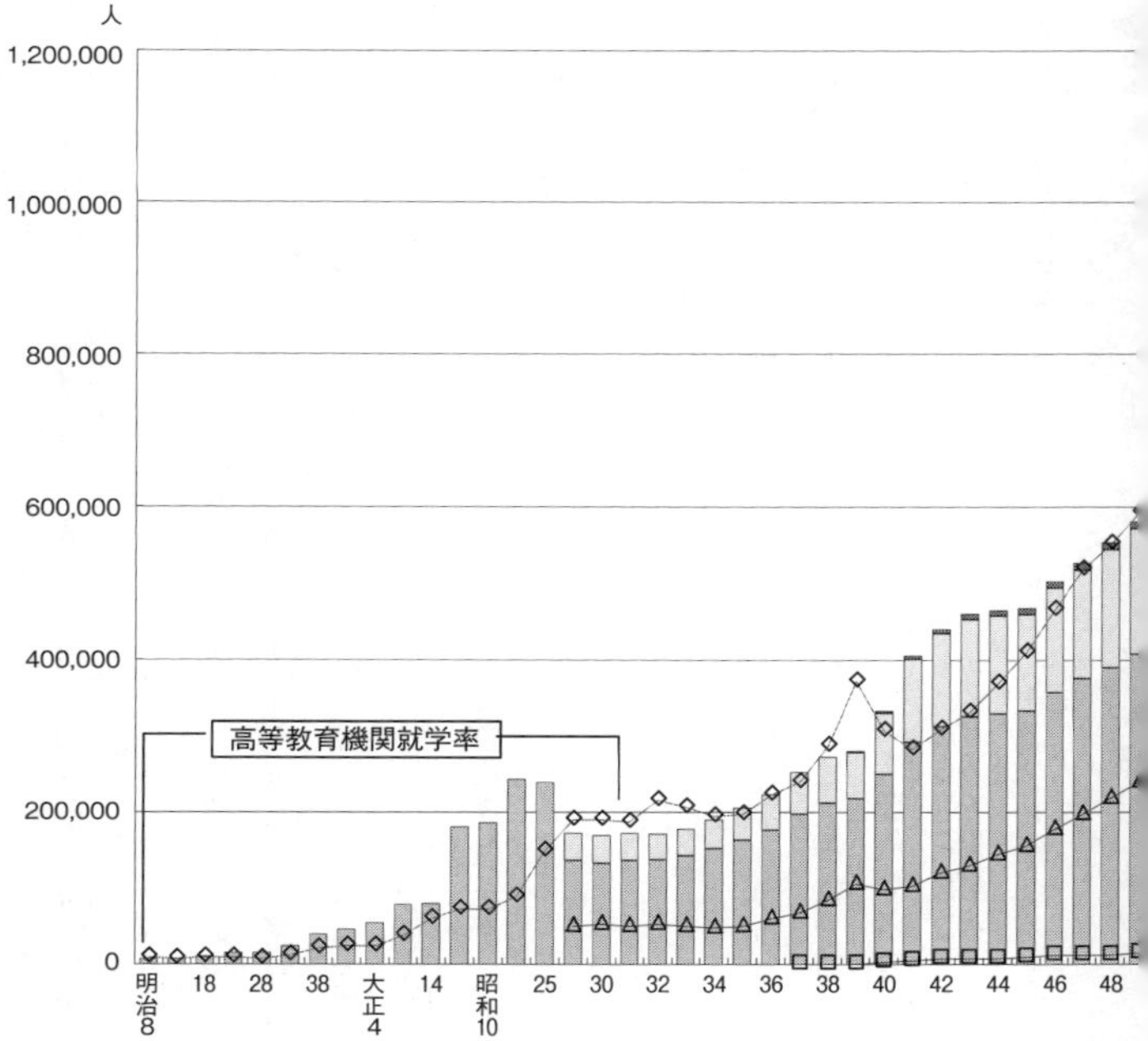

【図表２】大学・短大・専門学校等の入学者数および進学率の推移
戦前までの大学進学率は数％にすぎない。（出所：文部科学省 HP）

びついているのだという意識――実は幻想――が強く働いている。而《しか》して彼等の現実に与えられた位地《いち》は、サラリーマンとしての固定的のものでなく、或《あるい》はブルジョアへの上進か、それとも事実上のプロレタリヤへの下降か――その過渡にあるものと、彼等によって考えられている。そしてその上進と下降とは、懸《かか》って彼等の個人的な努力又は幸運の如何にあると、考えられ、又は深く他から教え込まれている。それだけに、内部競争や共喰いが、他に優《まさ》って激甚《げきじん》なのである。この頃はそうでもないが、一時「処世術」とか「成功談」とか言ったものが、大いに一般特にサラリーマンから歓迎されたが、その社会心理的基礎は、実にここにあったのである」

この「処世術」「成功談」が、現在の自己啓発本にあたるのだろう。

青野にはマルクス主義の影響が色濃くあり、ややその手の用語が前面に出ているきらいはあるが、とても80数年前に書かれた文章とは思えないほどに、現状と符合している。それに見合うだけの職がないにもかかわらず、過剰に供給される大学卒業生たち（竹内《たけうち》洋《ひろし》『競争の社会学――学歴と昇進』世界思想社、１９８１年）。大正から昭和にかけての言説と、いわゆる「失われた10年」以降の平成の現実との間に、さほど大きな落差は感じられないのである。

また青野は東京市（現在の東京23区にほぼ相当する）の統計調査を引きながら、1908（明治41）年と1920（大正9）年とを比較し【図表3】、「この満十二年間の推移の跡を見ると、実数において他の社会層がいずれも多少とも増加して行なっているのに、業主は反《かえ》って減少している。また労務者層や家事使用人層の増加は一二《いちに》割でしかないのに、職員層はこの満十二ケ年間に約四倍となっている」と述べている。

東京では自営業者や起業家よりも、ホワイトカラーのサラリーマン――当初は腰に弁当を下げて通勤する姿から「腰弁《こしべん》」とも呼ばれた――の増加が際立《きわだ》ったわけだが、その中の幹部候補生たる大学新卒組は、大学および大学生の数が増えたこともあって、1920年代から30年代前半を通じて過当競争にさらされ続けたのである。

出身校間の給与格差

こうして誕生したホワイトカラーたちの「定期新卒就職」だが、もちろん今の目から見ると、時代の差に驚かされることもある。【図表4】からは、1919（大正8）年の段階では、出身校による給与面でのヒエラルキーが厳然と存在していたことが一目でわかる。

	業主		職員	
	1908年	1920年	1908年	1920年
農業	5752	4393	108	843
工業	106022	90532	6589	41272
商業	135244	130240	31585	97135
公務自由業	22668	22615	4299	69514
家事使用人		593		1511
その他	18796	3045	168	436
計	288482	251418	42749	210711

	労務者		家事使用人		計	
	1908年	1920年	1908年	1920年	1908年	1920年
農業	2853	3793	575	433	9288	10462
工業	176611	249195	12121	17534	301343	398533
商業	123613	147283	28708	31662	319150	406320
公務自由業	55577	26242	16516	13729	99060	132100
家事使用人		960		320		3384
その他	3369	17840	8948	12190	31280	33517
計	362023	446313	66868	75874	760122	984316

【図表3】東京市地位別職業者統計

12年間で「職員」（ホワイトカラーのサラリーマン）の数が急増している。※若干の数値の齟齬は原文のまま。（出典：青野季吉『サラリーマン恐怖時代』）

	三菱		三井		日本郵船	
	大正8年	昭和8年	大正8年	昭和8年	大正8年	昭和8年
第一グループ	40円 帝大法科 東京高商商業士	70円 帝大法文 商大 早慶大 その他私大 専門学校	40円 帝大法科 東京高商商業士	75円 帝大法文 商大 早慶大 その他私大	50円 帝大法科 東京高商商業士	70円 帝大法文 商大
第二グループ	36円 東京高商普通 神戸高商	35円 実業学校 中学校	35円 東京高商普通 神戸高商	65円 専門学校	40円 東京高商普通 神戸高商	60円 早慶大 専門学校
第三グループ	32円 地方高商 早大政経科		30円 地方高商 慶応	40円 実業学校 中学校	35円 地方高商 慶応 早大政経科	50円 その他の私大
第四グループ	28円 慶応		18円 早稲田実業 三田商工		27円 早大政経専門科	35円 実業学校 中学校
第五グループ	25円 早大政経専門科				20円 早稲田実業 三田商工	
第六グループ	18円 県立商工甲種商 早稲田実業 三田商工				18〜20円 県立商工甲種商	

【図表4】戦前のホワイトカラー職（事務職）の学校歴別初任給

1919（大正8）年では、私大出身者の給与は一段低く設定されていたが、1933（昭和8）年になると、三菱と三井においてその格差は解消されている。ただし、日本郵船においては格差が縮小したものの依然と残っている。（出典：竹内洋『日本のメリトクラシー』東京大学出版会、1995年）

しかし、大正デモクラシーの影響か、昭和に入ると露骨な出身校格差は徐々に解消されていった。前出の尾崎盛光『日本就職史』によれば、そのきっかけは1923（大正12）年に「三菱コンツェルンの総本山・三菱合資は、三菱傘下の諸会社に、新規卒業生を採用するにあたって、帝大・一橋・慶応・早稲田を一律に初任給七五円とし、明大以下の私大と地方高商を六五円とした」ことにあるという。まだまだ10円の格差はあるが、それ以前の細かな序列からすれば、たしかにずいぶんとスッキリしており、大学新卒初任給一律化への大きな前進ではあったのだろう。

この時、「渋いので鳴らした三菱さんにしてはハイカラなことをやった」と称賛されたらしいが、尾崎は次のように指摘している。

「渋いといえば、この無差別待遇で、慶応・早稲田が六五円から七五円に一〇円上がった反面、帝大・一橋は八〇円が七五円に五円下がったのだから、その点では初任給の切り下げであった。ちなみに、同年三菱に採用になったのは、志望二〇〇名中、東大一〇、一橋一四、慶応八、早大四、京大二、以下明大五、法政四、小樽二、青山・関学各一など計七〇名。つまり上がったのは慶応・早大の計一二名で一二〇円。下がったのは東大・一橋・

京大の計二六名で一三〇円。会社のふところはぜんぜんいたんでいない。三菱さん、儲《もう》けてほめられたのだから、うまい話である」

ちなみに【図表4】の「地方高商」にあたるのが、小樽高等商業学校（現小樽商科大学）など。学生が殺到しそうな三菱にもかかわらず、志望者200名、倍率3倍弱とはどういうことかと不審に思われるむきも多いと思うが、当時の就職試験では学校からの推薦が前提となっており、企業の側から各大学に何名推薦してくださいと枠を設定するやり方が一般的であった。高等教育機関の数も限られており、今のようにむやみやたらと、「誰でもエントリー（は）できる」という時代ではなかったのである。

そして翌1924（大正13）年には、「わが国実業界の二大巨柱のもうひとつ、三井コンツェルンの中核である三井銀行が、初任給の完全なる差別撤廃を行なった。三井銀行は、帝大、商大、慶応、早大、明大、中大、法大、日大など新大学令による大学の卒業者を、一律に初任給五〇円、手当六割、計八〇円也、としたのである」（尾崎盛光『日本就職史』）。

言わずもがなのことだが、この「商大」は東京商科大学、今の一橋大学である。さらに言わずもがなだが、「帝大」とは東京帝国大学（現東京大学）をはじめとした「帝国大学」

のことであり、帝京大学（帝京平成大学・帝京科学大学）でも、帝塚山《てづかやま》大学でも、帝塚山学院大学でもなければ、くどいようだが帝国女子大学（現大阪国際大学）でもない。

さて、一転して就職難となった１９２０年代、大学生たちはどのような状況におかれていたのだろうか。東京市役所による１９２６（大正15）年度の「学校卒業者就職状況調査」の結果を掲げておく【図表５】。

調査対象となった学校は、「大学程度」としては、東京帝大・東京商大・早稲田・慶応・上智・明治・立教・国学院・駒沢・専修・東京慈恵会《じけいかい》医科・東京農大などである。ちなみに「専門学校程度」は、各大学の専門部や高等師範学校、私立の高商（東京経済大の前身である大倉《おおくら》高等商業など）、女子教育機関（日本女子大・東京女子大など）、東京高等商船（現東京海洋大）、東京高等工業（現東京工大）、東京外国語学校（現東京外大）、東京美術学校・東京音楽学校（現東京芸大）などなど。「中等実業程度」は早稲田実業をはじめ、商工業等の実務家養成を主眼とした学校があがっており、おおむね入学資格14歳以上、修業年限３年程度のものを指したようだ。ほぼ現在の高校にあたり、実際、戦後その多くが新制の高等学校となっていったような学校群である。

１９２６（大正15）年度の方が若干好転しているように思えるが、大卒組がそれまで中

【図表5】大学等の就職状況

	大学		専門学校		中等実業		計	
	前年度	本年度	前年度	本年度	前年度	本年度	前年度	本年度
卒業者数	4498	3638	6600	5583	5216	4870	16314	14091
需要申込数	2826	1220	2988	3660	2887	2715	8701	7595
就職者数(率)	2511(55.8%)	2233(61.4%)	3254(49.3%)	3610(64.7%)	3917(75.1%)	3029(62.2%)	9682(59.3%)	8872(63.0%)
上級学校入学者数	187	287	246	411	599	757	1032	1455
未就職者数	1800	446	3173	1118	678	547	5651	2111
不明		672		444		537		1653

就職先比率(%)

	大学		専門学校		中等実業		平均	
	前年度	本年度	前年度	本年度	前年度	本年度	前年度	本年度
銀行	18.3	14.4	5.9	6.7	9.8	11.6	10.9	10.9
会社	38.3	36.4	25.9	21.2	30.6	22.6	31.3	26.7
商店	2.5	4.3	2.4	4.7	7.0	8.2	3.9	5.7
官公衙	10.1	11.2	6.7	6.8	12.4	11.0	9.5	9.7
新聞雑誌社	2.2	2.4	0.8	1.3	0.2	0.1	1.0	1.3
教員	9.0	13.7	35.2	30.9	16.3	16.2	21.3	20.3
其ノ他ノ職業	15.5	4.3	12.7	15.4	1.9	9.7	9.8	9.8
自営	3.8	13.0	10.4	13.0	21.8	20.5	12.3	15.6

学校種別による就職状況(大学)

	前年度		本年度	
	就職者数	就職率(対卒業者)	就職者数	就職率(対卒業者)
法科	258	28.1%	222	25.5%
経済商科	1181	54.2%	1163	74.2%
文科	217	56.4%	204	59.8%
理工科	411	82.2%	394	84.5%
農科	100	58.1%	155	81.2%
医科	344	100.0%	95	47.0%
計	2511	55.8%	2233	61.4%

※1926（大正15）年とその前年の就職状況を比較したもの。（出所：近現代資料刊行会編『東京市社会局調査報告書』SBB出版会、1995年）

等実業組が就職してきたような職場に流れ込んだ結果なのかもしれない。また、全般に「商店」への就職率が伸びているが、これなども、これまで高等教育修了者が行かなかったようなところにも、学生たちが入り込んでいった結果とも考えられる。

1926(大正15)年6月号『日本評論』の特集「採用試験から見た教育と世相」において、安田財閥の要《かなめ》に位置する安田保善社《ほぜんしや》の丹治経三は、「大学卒業生は供給過剰　大学を出て志望通りの所へ就職するのは百人中数人に過ぎない状態でありまして、他の者は自分の志望しない仕事に従い或は又高等遊民となる」一方で、「商業学校卒業生は比較的就職容易　就職の為《た》めには勉強せしめるものとすれば、むしろ中等程度で止《よ》す方が得策であると言うことが出来ます。然《しか》るに往々家産を傾けてまで高等の学校へ入れようとする人がありますが、之《これ》は大いに考うべきことではありますまいか」と大学教育に警鐘を鳴らしている。

そして、「近時大学を卒業した優秀な人物でも、就職に際してより好みをしないで、如何なる仕事でも真剣にやるという傾向が見えます。之は洵《まこと》に結構な事だと思います。例えば今年東京火災で外務員を募集した所六百人以上の志望者がありました。之等《これら》の人々は将来必ずや優秀な成績を挙げるでしょう」と、大学卒業生の就職に対する態度の変化を歓迎し、「就職難緩和の根本策」として「法経商系等の大学を減ずるか、それが出来なければ各学校の収容定員を遙かに減ずると倶《とも》に之に使用すべき経費を以《もつ》て産業の振興に充《あ》てることにしてはどうであろうか。…現在の各学校の修業年限を大いに短縮し、二十一二《にじゆういちに》歳位で大学を卒業し得るようにし、一方官庁銀行会社とも之をどしどし採用するようにすればどうであろうか」と提唱している。

2012（平成24）年に時の文部科学大臣田中眞紀子《たなかまきこ》は、大学設置・学校法人審議会が認可を答申した新設大学に「待った！」をかけ、物議をかもした。その時の世論の大勢は、田中大臣のやり方は乱暴だが、「大学が多すぎる…」という問題提起は有意義なものだ、といったあたりだったように思う。大昔から就職難のたびに、大学（生）が多すぎる、大学教育の見直しが必要等々の議論がわき起こってきたのである。経済界からしてみれば、経済環境の悪化は、人材をきちんと輩出しない学校の側に責任があるとの言い分である（好況の際には決まって、「企業は学校に何ら期待していない、余計なことをせずに卒業生をよこせ」という話になるのだが…）。

話を【図表5】に戻すと、専門学校のカテゴリーに女子の学校が含まれるので、どうしても就職率が低く出てしまいがちであるとか、急に医科の就職状況が悪化したように見えるが、1926（大正15）年度は「上級学校入学者数」が107名にのぼったから…など、いろいろ注釈も必要なのだが、ともかく就職氷河期と呼ばれる現在と同等か、それ以上に厳しい数字が出ていたことはたしかであろう。

ただ、当然のことながら、今日と異なる点もある。たとえば、「需用申込数」。前述のように、当時の新卒定期採用の基本は、企業から各大学に、それぞれの大学からの採用予定者数を知らせ、大学側でそれに見合った人数の学生を推薦するという仕組みにあった。その「需用申込数≒求人数」が、大学卒業者総数よりも極端に少ない当時の状況は、大学新卒者への求人倍率が少なくとも「1」を超えることが多い現在――業種・職種、就職先の規模、勤務地などを選びさえしなければ、皆どこか入るところはあるはず――よりも、相当厳しかったと言えるであろう。

「大学は出たけれど」

大卒者を迎え入れようにも、その空き枠はない、経済の先行きが不透明な状況で、幹部候補生ばかりにいられても、どうにも使い勝手が悪いし、人件費もばかにならない…。それが、1920年代の全般的な情勢であった。そうした時代を象徴するサイレント・ムービーが、小津安二郎《おづやすじろう》監督の「大学は出たけれど」（1929年）である。このタイトルは当時の流行語となり、その後も今日に至るまで、不況（就職難）のたびごとに「大学は出たけれど」はマスコミに重宝されるフレーズとなっている。

1970年代頃から、「大学は出たけれど」定職に就かない（就けない）若者たち——「遊民」や「プー（タロー）」、後に「フリーター」「ニート」、さらには「新卒無業」や「非正規雇用」「プレカリアート」などと呼ばれる（もしくは称する）——が問題視され、ここ数年では「大学は出たけれど」奨学金が返還できない事態の広がりが取りざたされている。

さて、映画「大学は出たけれど」であるが、全70分のうち12分のフィルムしか現存しておらず、残念ながら今日そのすべてを観ることはできない。だが、シナリオが残っているので、おおよそのあらすじをたどることは可能である（井上和男《いのうえかずお》編『小津安二郎全集（上）』新書館、2003年）。

高田稔《たかだみのる》演じる野本徹男は求職中。ある会社の社長室に通され紹介状を差し出すが、残念ながら欠員はない、受付の仕事ならば空きがあるが…とあしらわれてしまう。野本は「僕は大学を卒業しました」と憤然と立ち去り、紹介状をビリビリに破り棄《す》ててしまう。下宿には妻の町子（田中絹代《たなかきぬよ》）と母親が上京してきているが、野本は二人に無職であることを打ち明けられていない。町子の手前、仕事に行くといいつつ、日がな一日空き地（戸山《とやま》ヶ原《はら》）で子供と遊んでいる始末。野本はついに、町子に『サンデー毎日』を見せながら、僕は毎日が日曜日なのだと告白する。だが、そんな状況にありながらも、新聞案内欄を見ては「相変わらず外交員やコックの奴ばかりさ」といった具合で、野本はなかなか本気で就職口を探す気にはなれない。

事情を知った町子は、カフェの女給として働きだす。最初は、そんな仕事はしてほしくないと町子をなじる野本であったが、自分がのんびりし過ぎていたと反省し、再度求職活動を開始する。そして、以前訪れた会社に、「受付からで結構です」と再検討を願い出ると、社長から「君も苦労したようだね」「社員として働いてもらおう」と声をかけられる。町子に「あったよあったよ立派な仕事が」と報告する野本。

ラストは高田馬場《たかだのばば》の駅にて、忘れ物の腕時計を野本に手渡し、彼の乗る通勤電車を見送る町子。まさに、『遅刻の誕生』である。

野本の下宿には、ハロルド・ロイド——サイレント映画の大スター、チャーリー・チャップリン、バスター・キートンと並ぶ世界の三大喜劇王——の名が見えるポスターが貼られており、背広をスマートに着こなしている野本だが、大学卒やモダンボーイとしてのプライドをかなぐり捨てた時、ようやく活路が見いだせたのである。

当時は、就職活動（当時の言い方では「就職運動」）の時期が、卒業後であったこともこの映画からは見てとれる。

緒方潤《おがたじゅん》『就職哲学』（財政経済時報社、１９３０年）によれば、就職難の中、「来年三月は卒業という最終の学年にも入らば、あらゆる方法を講じて就職口を探すという事」になり、「学生が学校における学業を等閑《なおざり》にして、就職口あさりに熱中するなどは、何としてもその本分に反した事である」ため、「昭和三年三月、日本銀行、正金《しょうきん》銀行、三井銀行、三菱銀行、安田銀行、川崎第百銀行等の重役連の社交倶楽部である常磐《ときわ》会例会でも、この事が問題となり、今後学校の新卒業生の採用銓衡《せんこう》は、すべて卒業決定後にこれを行なう事を申し合せ、これを各大学、専門学校に申し送ってその同意を求めたのに、すべて異議なき旨の返答があり、各官庁やその他の銀行会社に対しても賛成を求め、昭和四年三月の新卒業生からこれを実行する事になった」という。まさにその１９２９（昭和４）年に、「大学は出たけれど」は封切られている。

また、１９２９（昭和４）年３月号『中央公論』には、大宅壮一《おおやそういち》の「就職難と知識階級の高速度的没落」が掲載されている。昨年東京市社会局が、「本所深川《ほんじょふかがわ》方面で働いている自由労働者」約4000人の身元調査をしたところ、その中で知識階級もしくは準知識階級とみなすべき者として「大学または専門学校卒業者一九人　同半途退学者六五人　中等学校卒業者三八人　同半途退学者三九四人　計五一六人」。本所深川方面の自由労働者とは、今日の言い方では、ドヤ街で暮らす日雇いの労働者といったところであろうか。

そして大宅は1920（大正9）年頃の自身の旧制高校（京都の第三高等学校）時代を振り返りつつ、「吉田山から出て来るとりは　とりはとりでも天下とり　デカンショ、デカンショ　これは今から約十年ばかり前、私がまた《ママ》（難波注：まだ）京都にいた頃、当時の学生達が、酔っぱらって都大路を練《ね》り歩きながら、大声でうたった唄である。その頃はまだこうした唄を聞いても、それほど不自然には聞こえなかった」とも述懐している。

しかし、1929（昭和4）年現在、「東京や関西の大新聞の入社試験委は数百人の志望者が押し寄せて、採用されるものは僅かに一%位《くら》いで、全く富籤《とみくじ》のようなものであることは、普《あまね》く知られているところ」であり、また円タク——大正末に登場した、一円均一で都市部を走るタクシー——の運転手志願の5名のうち「一人はフランスの大学に学んだ男であり、他の四人もすべて知識階級」であったという。大宅いわく「円タクの運転手は、その社会的地位からいって、以前の俥夫馬丁《しゃふばてい》に過ぎないのであるが、この広い東京に、失業知識階級を容《い》れる余地は、この新職業の外には見当たらないそうだ」。

「大学は出たけれど」の受付からの職歴スタートという設定は、それなりにリアリティがあったのだろう。

そして1930（昭和5）年4月号『中央公論』「現代就職希望者気質」では、三菱合資の堤長述《つつみながのぶ》が、「一体大会社に集る人達は、生涯月給取りを目的にしている様である。それが、現代大学生一般の風潮であるとしたならば、嘆かわしい現象だと思う。独立して一旗上げる気魄《きはく》こそが、この就職難時代の最もよき解決策ではなかろうか。愚見ではあるが、大体月給取りを目的に、学校に行く事は断然廃すべきだと思う」。今日で言うならば、「起業のススメ」ということになろうか。

また『中央公論』に限らず、当時大学生が目にしていたであろう総合雑誌には、就職特集がよく組まれていた。

たとえば、1930（昭和5）年2月号『現代』の「就職戦線に立つ人々へ」。賀川豊彦《かがわとよひこ》「此の方面を開拓せよ」では、大学生は地方での就職や肉体労働にも目を向けよ、と語られている。

一方、採用する側として、豊年《ほうねん》製油社長・杉山金太郎《すぎやまきんたろう》は、「今日では大学はもう月給取り養成所じゃありませんよ、大学を出て日本でいけなきゃ外国へでも出掛けて行って大いに働く覚悟があればこそ大学教育も役立つのです、それを学校を出たからどっかへ月給取りに入ろうと云《い》うようなことでは、もう今日はダメです」と述べている。昨今の「グローバル人材育成」のかけ声を、髣髴《ほうふつ》とさせるものがある。学生たちにとって、海外、とりわけ満州《まんしゅう》に就職先を求めることは、ひとつの有望な選択肢となりつつあった（町田祐一《まちだゆういち》『近代日本と「高等遊民」』吉川弘文館、2010年）。

その後も『現代』は1930（昭和5）年4月号や1934（昭和9）年9月号、1935（昭和10）年10月号においても、「大学は出たけれど」「就職戦線に立つ人々へ」といった特集を繰り返している。

「落第はしたけれど」

小津安二郎監督は、「大学は出たけれど」の翌年、今度は「落第はしたけれど」というサイレント映画を世に送り出している。「大学は出たけれど」では、シナリオのト書きにある戸山ヶ原や高田馬場などの地名から、何となく主人公野本徹男が通ったのは早稲田大学だと感じられるが、この「落第はしたけれど」（1930年）では、しっかりと大隈《おおくま》講堂や角帽が映し出されている。

主人公高橋（斎藤達雄《さいとうたつお》）は、喫茶店のウェイトレス小夜子（田中絹代）と恋仲にある。卒業のかかった試験に、目いっぱい書き込みをした「カンニングシャツ」で臨もうとする高橋だが、下宿屋のおばさんの手違いでそのシャツはクリーニングに出されてしまう。その結果、下宿仲間のうち高橋だけが落第の憂き目にあう（及第組の一人として、当時25歳だった笠智衆《りゅうちしゅう》が出演）。一時はハサミで喉を突こうかとも思いつめる高橋。桜の季節、卒業組は謝恩会を兼ねてピクニックに行くという。これから「就職運動が忙しくなるから」、今日は思いっきり遊ぼうというわけだ。下宿の部屋に洋画「Charming Sinners（美貌の罪人）」のポスターを貼るモダンボーイ高橋だが、就職活動のためにとせっかく新調した背広に手を通すこともできない。だが、一人落ち込む高橋も、小夜子にやさしく励まされ、元気を取り戻していく。

その卒業組だが、やはりなかなか就職口が見つからない。高橋の下宿仲間のところに封書が届くが、「又断り状だ　当分就職の見込みはないよ」。シナリオには「大学の四月なかばは椎《しい》の暗き下かげ」との文字も挿入されている。高橋は「又、学務課へ寄って何処か就職口を聞いて来てやるよ」と卒業組に声をかけたりするが、野球の早慶戦の応援準備で忙しそうである。就職運動中の卒業組は、「もう一度学校に行きたくなったなぁ」「こんなんならなにもあわてて卒業するんじゃなかったな」。

そして「落第はしたけれど」の続編的な性格を持つのが、1932（昭和7）年の小津作品「青春の夢いまいづこ」である。冒頭いきなり野球の応援の練習シーンで始まり、ここでも大隈講堂が登場している。学生たちはあいかわらずカンニングを繰り返し、学生街のベーカリーにたむろしている。そのウェイトレスとして、ここでは「お繁ちゃん」の役名で田中絹代が登場。やはり、学生たちのマドンナ的存在である。

ストーリーは、そうした学生連中のひとり、江川宇礼雄《えがわうれお》演じる堀野哲夫が在学中に父を急に亡くしたため、大学を二年で中退し「堀野商事」を継ぎ、そこの社長におさまることから急展開していく。就職難のおり、学生時代の遊び仲間たちは堀野を頼って、堀野商事に入社しようとする。入社試験においてすら、堀野の力を借りてカンニングする島崎（笠智衆）ら悪友たち。

ちなみに入社試験の問題は、「一、インフレーションとは何ぞや　二、九月十八日事件とは何ぞや　三、次の語句を簡単に説明せよ　リットン報告書・生命線・ホラ信《しん》・天国に結ぶ恋・大塩平八郎《おおしおへいはちろう》」。

満州事変下の時事問題というところだろうが、「ホラ信」は当時評判となっていた泥棒の通称で、「天国に結ぶ恋」は若い男女の心中事件から。なぜ「大塩平八郎」が出題されたのかは、不明。ともかく、こうした論述問題・常識問題が、当時の採用選考の筆記試験によく出題されていたことはたしかである。

そうして堀野商事に無事入社した島崎たちであるが、社員となってしまえば、どこか社長である堀野の前ではかしこまってしまっている。堀野はそれがおもしろくない。そんな時、偶然堀野は、ベーカリーが閉店し、次の職を探しているお繁と出会い、同様に堀野商事に「女事務員」として雇い入れる。割烹着《かっぽうぎ》のようなものを着て、オフィスで働くお繁。堀野は、お繁と結婚したいのだがと、かつての悪友（今は部下）たちに相談する。大学時代、皆の共通のアイドルだった以上、仁義を切っておこうというわけだ。

だが実は、その旧友の一人である斉木（斎藤達雄）は、お繁と結婚の約束をすでにしていたのだ。斉木はそのことを堀野に切り出せずにいる。斉木の母（飯田蝶子《いいだちょうこ》）の語る「この不景気に就職難にもあわずにいるのは社長さんのおかげ」のひと言が重たい。堀野はそのことを知り、旧友たちのあまりにも水くさい態度に激怒する。

ラストは、堀野商事のビル屋上から、斉木とお繁の新婚旅行の列車に手を振る堀野や島崎たちという大団円。二人は東京発の東海道線で、西を目ざすらしい。当時内幸町《うちさいわいちょう》に本社があった「仁壽生命《じんじゅ》」の看板などが見える（仁壽生命は、その後紆余曲折《うよきょくせつ》あって、現在のT&Dフィナンシャル生命保険につながっている）。

また映画「淑女と髯《ひげ》」（小津監督、1931年）にも、大卒就職の様子が描かれている。この作品は、まず剣道の試合から始まる。応援に駆けつけた学生服の大学生たち。試合に勝った岡島（岡田時彦《おかだときひこ》）は、豊かに髯をたくわえ、古風な和装姿で通しており、モダンな風俗を受けつけない。だが、その偉そうな髯のおかげで、就職には失敗してしまう。たまたま知りあったタイピスト広子（川崎弘子《かわさきひろこ》）の助言に従い、泣く泣く髯を剃《そ》り落としてみるとホテルへの就職が決まる…。

物語はこの先いろいろあるのだが、ともかく戦前の小津映画には大学新卒就職とその苦労を扱ったものが多いことをここでは確認しておきたい。誰もが淡々とした小市民モノをすぐに思い浮かべる小津作品であるが、この時期に大学生モノを撮る以上、就職難はどこかでストーリーに反映せざるをえない、避けては通れない要素だったのであろう。

大学スポーツと「マネキン」就職

野球や剣道など、小津の大学生を描いた作品にスポーツはつきものである。映画「落第はしたけれど」には、まだ高橋の落第を知らない小夜子が、高橋にむかって「でも皆さん、就職がたいへんですってね」「貴方は運動部だから安心だわ」と語るシーンがある。「落第はしたけれど」には、「伊丹《いたみ》や水原《みずはら》は打撃が利《き》いたからなぁ」と早稲田の野球選手たちの名前も登場する。伊丹安廣《やすひろ》と水原義明《よしあき》のことであろう。二人ともプロ野球での活躍がなかったため、現在では一般には忘れられた名前だろうが、早稲田時代には東京六大学の首位打者をとった名プレイヤーたちである。

束原文郎《つかはらふみお》「〈体育会系〉就職の起源」（『スポーツ産業学研究』第21巻第2号、2011年）によれば、『実業之日本』誌において「日清生命が、かつて早大野球部の名選手として、また名主将としてその名一世に高かった伊丹君を外務員として持ったことによって、如何にとくをしているかは、既《すで》に本誌上でも度々かいたこと」であり、「伊丹君は、とにも核《ママ》（難波注：かく）にも自分が自分の名において保険の勧誘をして歩き、それによって多くの契約を取って来るのだから、単なるマネキン的存在とは少し異《ちが》おう」と述べられているという。

また同誌において伊丹自身も、「私が学生時代に野球の選手であったという名目の下に、就職上の条件として、矢張《やは》り同じように野球を行なわなければならない会社、即ち職業線上に野球というものを必要としなくてはならない就職口を避けることを、私は第一の主要条件とした」と語っているという。

私事ながら、子供の頃大好きだった近鉄バファローズ（現オリックス・バファローズ）の永渕洋三《ながふちようぞう》選手のプロ入りのきっかけを作ったのが、この伊丹安廣であった（澤宮優《さわみやゆう》『「あぶさん」になった男』ＫＡＤＯＫＡＷＡ、２０１４年）。伊丹は社会人野球の監督などとして、戦後の球界に貢献した。一方の水原義明は、早大を卒業後出征し、中国で没している。

ここで「マネキン」とあるのは、同時期に大学野球で活躍した慶応の宮武三郎《みやたけさぶろう》を意識してのことであろう。１９３１（昭和６）年１月29日付「東京朝日新聞」には、「この不況を外に三百円の初給　選手マネキン時代」として、名投手かつ強打者として名高い宮武の「日蓄《につちく》入り」を伝えている。日蓄は、日本蓄音機商会で、現在の日本コロムビアにつながる会社。「従来選手高給採用の最高といわれる満鉄《まんてつ》および朝鮮殖産《ちようせんしよくさん》等の本科百五十円、専門部百二十円の率と比べるとまことに思い半ばの感があろう」。

また同記事は、保険会社各社にスポーツマン（野球以外にも陸上選手なども）が次々と入社するのは、「運動奨励を名とし、その実は保険勧誘の道具」としてであり、「選手には知己《ちき》が多くコーチ出張などで保険勧誘員としては最適の条件を備えている」からだとある。さらには「変り種では古川鉱業が本年早大を出る柔道部主将笠原五段および大崎五段を採用し直ちに足尾《あしお》銅山勤務としたが柔道の猛者の足尾出現は相当興味あるものと見られている」。

なお宮武は、クラブチームで活躍を続け、1936（昭和11）年に結成された阪急軍（現在のオリックス・バファローズにつながる）の主将となり、戦後は実業団チームの監督などをつとめた。

東原論文に話を戻すと、大学スポーツにおいて活躍した選手への、採用選考における高い評価は大正期から定着したようだ。頑健な身体、快活さ・社交性、企業の広告塔としての価値などに加え、いわゆる「赤化」学生とは対照的な思想の穏健さ、不況期ゆえの馬力・突破力への期待――採用における学力偏重主義への反省――などがその理由であった。

もちろん、伊丹安廣が営業マンとしての成績、会社員としての能力を評価されていたように、スポーツ一辺倒でも困るという議論も当時からあった。1930（昭和5）年4月号『中央公論』「現代就職希望者気質」では、東京朝日新聞社の美土路昌一《みどろますいち》が、「現代学生の試験制度の桎梏《しっこく》からの解放、学校スポーツの少数選手独占の弊《へい》を排し、一般学生大衆のスポーツの併立を唱えたい」と、文武両道の学生を求めている。

また尾崎盛光『日本就職史』によれば、大正の半ばくらいから「知識の正確さ、かぎられた断面や部分で調べる高文《こうぶん》的筆記試験よりも、全人格的把握のできる面接を重視し、いわゆる「人物本位」で採用する習慣」が生まれつつあったという（「高文」は、高級官僚になるための当時の試験）。

しかし、求職者の殺到は、採用者側に学業成績による「足切り（予備選抜）」を余儀《よぎ》なくさせていく。1936（昭和11）年9月号『文藝春秋』の高木宗二郎「就職と学業成績」には、当時の採用試験の様子が次のように記されている。

「採用者側で提出を求めるのは自筆の履歴書の一通だけではない。三ケ月以内に写した無帽半身手札型《てふだがた》台紙なしの写真の裏に学校名と本人の氏名とを書いたもの、卒業証明書、または見込証明書、戸籍謄本、身体検査証、人物考課書、学校長の推薦状その上に学業成績表、但各学年別に詳細記入のものを差し出せとあって、特に級中席次三分ノ一以内の者に限るとある。三分の一以下の者は卒業と同時に失業者であるべきものとでも考えるかのように見える。希望者が何十倍と押しかける以上これもやむを得ない事で、徒《いたずら》に失望を味あわせる為に多数の者を呼び集めまいとの老婆心から出た事であろう」

現在、「学長の推薦状」などは通常必要とされないし（ただし、ゼミ担当教員などの推薦状は、時として要求される）、学業成績表の類《たぐ》いも提出はさせられるが、成績そのものは参考にされる程度であろう。しかし、大学での学業成績ではないにしても、ウェブテストなどによる学力考査での「粗選《あら》び」は、今日の就職活動のプロセスにおいて一般的なものとなっている。体育会系学生の就職における相対的な強さの一方で、最低限の学力の担保も求められる点などは、昭和恐慌期も平成不況期も変わるところがないのである。

そして、今日とつながる点として、大学側の就職支援の体制作りが、この時期本格的に始まったことが挙げられる。慶応義塾は、その初期から実業界への人材紹介・あっせんに熱心であったが、早稲田大学も「一九二一年に臨時人事係を設置すると、二三年にはそれを常設にして人事係に改称し、嘱託として東京市会議員、博文館《はくぶんかん》取締役を歴任した坪谷善《つぼやぜん》四郎《しろう》を招請した。また明治では、二四年に人事課が設置されるとともに、同年、理事と教授で構成する就職委員会が組織された」という（大森《おおもり》一宏《かずひろ》「戦前期日本における大学と就職」川口《かわぐち》浩《ひろし》編『大学の社会経済史』創文社、２０００年）。

「落第はしたけれど」にて高橋が、就職運動中の卒業組に対して、大学に行ったついでに求人情報を聞いてきてやると語るのは、こうした体制整備を背景としているのであろう。

採用方法と就職戦術

戦前の雑誌を繰って就職関連記事を探っていると、まだしも牧歌的であった大正期と、いよいよ殺気立ってきた昭和期という対照が浮かび上がってくる。

たとえば１９２４（大正13）年3月16日号『サンデー毎日』にて、日本綿花株式会社副社長・山田穆は、「社員採用は平凡主義」を掲げ、「長男と「左」とは歓迎しない」「愛嬌と元気があれば他に註文はない」「資格からいうと普通大学その他の高等学《ママ》（難波注：学は不要か？）専門学校乃至普通高等学校などへ紹介《ママ》（難波注：照会か？）してそれぞれの学校長の推薦者でさえあればよいので、一見頗《すこぶ》る平凡主義であるがこれが又それ相当の成績をあげているのでなまなか奇抜な試験などを行なわぬ所に反って長所がありはせぬか」などと述べている。

だが、学校側が成績順に学生一人につき一社ずつ推薦を割り当てていれば、いずれは皆どこか行き先が決まる…という状況では、とうになくなっていた。

1926（大正15）年6月号『日本評論』にて三越秘書課長・渡邊新三郎《わたなべしんざぶろう》は、「新入社員詮衡《せんこう》の感想」として「予《あらかじ》め帝国大学経済学部、商科大学、慶応大学の三校に一両名ずつの希望者推薦を依嘱《いしょく》しました。所が、之に対して推薦下すったのは合計九十名、意外の多数に上ったのでしたが、この中から、数次の詮衡を経て八名を決定した次第」。人気の就職先に学生が殺到し、多めに推薦せざるを得なかったのであろう。

渡邊からのアドバイスは、「最後に、応募諸君の為に一言すれば、今少し応募先の事業なり組織なりに理解を持って臨まれたいことです。漫然と、行なったらどうにかなるだろうというような態度で一生の大事に臨まないことです」。

青野季吉も1930（昭和5）年4月号『改造』にて、「就職難が大衆的になって来るにつれて、就職競争が、この「文化的な」「道徳的な」知識分子の間にも、激烈に、露骨に、極端になって来た。就職戦術と言うような、競争・闘争を旗印にしたような言葉も、次いで大ぴらに用いられて来た。これは良い、悪い、上品、下品を絶した、現実の必要からであって、何とも致《いた》し方のない事柄である」としながらも、次のように嘆《たん》じている。

「最近私は偶然、戦後の好景気時代に実業界に身を投じた某経済学者(?)の「就職戦術」なる講演を聴いた。その時、満堂に青年学生が満ちあふれ、生活の福音《ふくいん》に接するような厳粛さで聴講していたのに、思わず驚嘆したが、その実業家学者の説くところは、第一に学校の成績を図抜《ずぬ》けてよくしろとか、志望職業の有力者と平生《へいぜい》からコネクションをつけておけとか、在学当時から志望の方面に最下級者としてでもよいから入れとか、敏速に機会を捉《とら》えることが何より肝要だとか、マーデンの修養書もどきの分り切った説法に過ぎないのに一驚した」

「マーデンの修養書」とは、おそらく「ポジティブ・シンキング」や「成功哲学」の提唱者とされ、自己啓発の源流とも目されるオリソン・マーデンのことであろう。

前出の坪谷善四郎も、1930(昭和5)年2月号『現代』特集「就職戦線に立つ人々へ」では、「概して実業界に入る採用試験に髪を長くしたり、髭を伸び放題に伸ばしたりするは禁物にて、豪傑振《ぶ》らず、ハイカラらしからず、なるべく学校の制服で臨むのが最も感じが宜《よ》い」といったアドバイスを送っている。

その坪谷の『知識階級と就職』（早稲田大学出版部、１９２９年）をはじめ、この時期にはさまざまな就職マニュアル本が上梓されている。

たとえば、壽木孝哉《すぎこうさい》『就職戦術』（先進社、１９２９年）。「腕利きより一業終始を歓迎の三菱」「就職者に好意的忠告をする安田」「実務的訓練者を求むる三井」と各社ごとの特色・傾向とそれへの対策を掲げるなど、懇切丁寧《こんせつていねい》な指導ぶりである。以下、半沢成二《はんざわせいじ》『就職戦線めがけて』（金星堂、１９２９年）、緒方潤『就職哲学』（財政経済時報社、１９３０年）、尾崎定一《おざきていいち》『彼は斯《か》くして就職せり』（丁酉出版社、１９３０年）、諸橋有信《もろはしありのぶ》『就職と面談の秘訣』（博文館、１９３０年）、読売新聞社会部編『彼と彼女は斯《こ》うして就職した――応用就職戦術』（文明社、１９３１年）、青雲社同人『必ず成功する就職戦術』（高千穂社、１９３６年）など枚挙にいとまがない。

内容的には大同小異で、履歴書の書き方、就職依頼の手紙の文例、面接時の「舞台度胸」や「ファースト・イムプレッション」の重要性に始まり、各業種・企業ごとの「採用振り」の一覧や、実際の採用試験問題・解答例などが付されていることが多い。

緒方潤『就職哲学』では、矢継《やつ》ぎ早《ばや》にさまざまな質問を行ない、「それを行なっている間に、その人間の態度を見、且《か》つは其の人間の人物までを見抜こうとする」「メンタル・テスト」対策にまで言及している。江戸川乱歩《えどがわらんぽ》の小説「心理試験」が『新青年』に掲載されたのは1925（大正14）年2月号であるから、こうしたテスト手法は当時の流行だったのかもしれない。クレペリン検査など、職業に関する適性検査の開発が進んだのは、1920〜30年代のことであった（原克《はらかつみ》『サラリーマン誕生物語』講談社、2011年）。

総合雑誌において、就職特集は毎年のドル箱コンテンツだったようだ。1932（昭和7）年3月号『中央公論』の「就職搦手戦法《からめて》」には、今日までさまざまに変奏されている就活都市伝説——サッポロビールの面接で「男は黙ってサッポロビール」とだけ答えた学生が採用されたらしい、といった類い——も掲載されている。


「君は資本論を読んだことがあるか」

「はァ…実は円本の予約で購読者になりましたが、どうも難解至極——眠くなるばかりですから、多分みんなもそうだろうと思うと一刻も躊躇《ちゆうちよ》すべきでないと決心しました」

「どう決心した？」

「衆に先んじて早く処分せんことには、古本の値が下る一方と睨《にら》んで、早速断乎《だんこ》たる処置に出て健康を祝しました」

「ふむ、マルクスを売ったか。感心！　商機を見るに敏なりじゃ。——即時採用…」

また1935（昭和10）年3月号『文藝春秋』の辰野九紫《たつのきゅうし》「就職戦線めぐり」には、「入社試験の予行演習みたいなことを催《もよお》した私立大学もあるし、各銀行会社諸官庁の採用試験問題集を器用に纏《まと》めて、一冊の本にして発行したところ、売れ行き飛ぶが如《ごと》く悦に入《い》ってる出版屋がある御時勢」とある。東京帝国大学生課ですら「就職の栞《しおり》」というパンフレットを配布し、履歴書は「書体は必ず楷書、用紙は必ず美濃紙《みのがみ》、用筆は必ず毛筆、押印は真直に、紙の天地左右を適宜あけ、紙の折目に文字を書かぬこと」、「面会に行き応接間で待たせられる時に、自ら正座に大きく構えて豪傑振りを発揮するなどは、長上に対する礼儀のテストに於て早速落第」など、懇切丁寧な指導をしている（私の手元にあるのは「昭和十二年九月」のものだが、このパンフレットはそれ以前から毎年改訂版が出されていたようである）。

だが当時の採用側からみれば、学生たちの「先輩について、試験官の性質とか、あるいは先輩の成功した体験談に徴して、その技巧を盛んに研究している傾向」「就職せんがための学問の弊として、いわゆる応試術《おうしじゅつ》（就職に応ずる戦術）」は、「近頃きわだって目につき、かつ不快に感じる」対象であったという（竹内洋『選抜社会』メディアファクトリー、1988年）。

そして先の「就職戦線めぐり」には、「独立自尊の旗風をなびかせる某大学の嘱託は、学生の持参する進物の多寡《たか》によって、就職先の斡旋《あっせん》にAランクBランクの差別待遇を与えたなぞと、可成《かな》り有名なデマが飛んだものだ」と、ここでも就職活動時の不安な心理が生み出した噂話、流言蜚語《りゅうげんひご》の類いが採録されている。だがこのデマにも、それなりの背景があった。【図表6】に見られるように、この時期、学校側からの紹介・推薦がないかぎり、なかなか就職は困難だったのである。大学によっては希望者すべてを推薦する例もあったようだが、学校側で学業成績等により、推薦者を絞り込むことが多かった。

もちろん、就職活動の狂騒ぶりを戒《いまし》める文章も散見される。たとえば東京帝国大学法学部教授・末弘厳太郎《すえひろいずたろう》は、1936（昭和11）年3月号『文藝春秋』にて次のように述べている。

「求職学生の相談相手になっていて非常に驚くことは、彼等が想像以上所謂《いわゆる》就職戦術なるものを気にしていることである。尤《もっと》も就職戦術を教える本まで出版されている世の中だか

	大学			専門学校		
	学校紹介	その他	計	学校紹介	その他	計
1925年	n.a.	n.a.	n.a.	n.a.	n.a.	n.a.
1930年	2,318	924	3,242	5,500	1,384	6,884
	(71.5)	(28.5)	(100.0)	(79.9)	(20.1)	(100.0)
1933年	3,733	1,148	4,881	6,513	2,119	8,632
	(76.5)	(23.5)	(100.0)	(75.5)	(24.5)	(100.0)

	総計		
	学校紹介	その他	計
1925年	4,696	1,487	6,183
	(76.0)	(24.0)	(100.0)
1930年	7,818	2,308	10,126
	(77.2)	(22.8)	(100.0)
1933年	10,246	3,267	13,513
	(75.8)	(24.2)	(100.0)

【図表６】就職決定方法

戦前は、学校紹介が主体であったことがわかる。※単位は、人。（　）内は、％。n.a.は、no answer、もしくはnot available。1939（昭和14）年の厚生省職業部資料をまとめたもの。（出典：大森一宏「戦前期日本における大学と就職」川口浩編『大学の社会経済史』創文社、2000年）

ら、学生が気にするのも尤もであるが、学生の間にはとかく例外的な特異な事例が宣伝され勝ちなもので、先ず普通の場合には学生が多く考えている程特別の戦術などを必要としないのだと私は思う。採用試験に失敗して来た学生はよく「私はこう言うことを言ったから駄目《だめ》だった」とか「こう言うことをしたからいけなかったのでしょう」と言うようなことを言うけれども、多くの場合それは見当違いの想像に過ぎないように思われるのである。求人者側では多年の経験で自分の所に向く学生と向かない学生とを見分ける位のことは自ら心得ているのだから、学生が技巧的に振舞った位では容易に欺《だま》される筈《はず》がない。それを知らないで生中《なまなか》、技巧的な振舞をしたりするから反って失敗する例も少なくないと思う。だから私は常々就職戦術を気にしている学生に「唯《ただ》若者らしくありのままに応答しろ、其外《そのほか》何も心配することはいらない」と教えている」

当時、「箱根八里《はこねはちり》は馬でも越すが」をもじった「大井川《おおいがわ》なら俺でも越すが、越すに越されぬ人物試験」という文句が、大学生の間で流布したという。今も昔も大学生たちは、評価基準が明示的ではないがゆえに、採用面接にふりまわされ、疑心暗鬼《ぎしんあんき》しているわけだが、末弘の明快な姿勢は、今日でも大いに参考となるものであろう。

また尾崎盛光『日本就職史』には、教え子の就職難に苦慮した東京帝大法学部・穂積重《ほづみしげ》遠《とお》教授が、自身で万世橋《まんせいばし》にある東京府の職業紹介所へと足をはこんだ新聞記事が紹介されている。先生自ら「学士はいらんかね」と売り込みをかけ、救済を求めたわけだ。「なにしろ貴族院議長の御曹司で、帝大教授、男爵の穂積博士が、自由労働者のうようよしている職安へ現われたのだから、はきだめに鶴とでもいうか、三面のトップを飾ってもよいビッグ・ニュースであった」。

尾崎の本が発行された１９６７（昭和42）年当時は、戦前の職業紹介所にあたるのが「職業安定所（職安）」であり、これは今で言うところのハローワークである。差別的な言い回しもあるが、文章の書かれた時代的な制約ということでご了解願いたい。

女子とブルーカラーの就職

以上、戦前の日本における大学など高等教育機関卒業者（男性）の就職活動を追ってきた。彼らの多くは、ホワイトカラーとして事務職・管理職・専門職に就くことを考える人々であり、基本的にはその組織における幹部候補生であった。では、女性や初等教育からの就職事情は、どのようなものだったのだろうか。

まず女性について、尾崎盛光『サラリーマン百年』（日本経済新聞社、1968年）から関連する部分を引いておこう。

「オフィスガールが初めて世に現れたのは、明治二十一年の日本銀行である。オフィスガールがまず銀行から始まったのは、札束の勘定・整理や、ソロバンなどは、女性のほうが能率がよいということにあったらしい。明治二十三年には電話局に女性の交換手が現れた。これが職業婦人のはしりである。…民間では、明治二十七年に三井銀行大阪支店が女子行員を採用したが、これは数年で中断した。また、明治三十一年、読売新聞にはじめて婦人記者が現れたが、後続はなかった模様である。さらに明治四十四年には欧文タイピストが現れた。東芝がはじめてである。職業婦人の本命、邦文タイピストが生まれたのは、大正六年。はじめは男にやらせてみたが、どうも女のほうがいいらしい、というので、タイピストといえば女性になった。交換手と同じ経路である。…オフィスガールはまず手先の器用さ、単純作業に対するしんぼう強さ、対人関係におけるあたりの柔らかさ、といったような、女性特有の武器のもとに発足したものである。やがて、第一次世界大戦期からその後になって男子事務職員の補助としてのオフィスガールが登場する。これは、好況で一時的・局部的には人手不足が問題になったのにはじまり、ついでの不況で事務合理化・人件費の節約が企業の至上命令となったからである。したがって、第一次世界大戦を経ると、オフィスガールの数は急増し、大正九年には一七万人近い数となり、サラリーマン総数の一〇％を越えることになった。この年にはタイピストの組合までできた。ついでに主として小学校の女子教員の数は大正七年には五万人余、全教員の三一％に達していた」

他に女性の職場としては、百貨店の店員やバスの車掌が目につくくらいであった。

原克《はらかつみ》『ＯＬ誕生物語』（講談社、２０１４年）によれば、１９３５（昭和10）年2月13日号『アサヒグラフ』に、「処女林」という読み切り小説が掲載されたという（もちろん「ＯＬ」は戦後に生まれた語で、当時は「職業婦人」）。舞台は、昭和銀行計算課の統計室。電話交換手やタイピスト同様、そうした部署には女性が集められており、陰で「処女林」と呼ばれていたというのである。要するに、オフィスで働く女性は基本的に未婚であり、結婚とともに退職し、家庭に入るのが当たり前だったのだ。その就職も、定期的な一括採用試験が定着してきていた男性の高等教育機関卒業生とは異なり、特定の職能の養成機関からの就職や、縁故などでの欠員補充が中心だったのである。

女性の場合、中等レベルの教育は高等女学校で行なわれていたが、それらは「良妻賢母」教育を目ざしていた。学校からの新卒就職があったとすれば、女子高等師範学校や前述の「専門学校」だったのだろうが、師範学校から一般企業への就職はまずなかっただろうし、専門学校も日本女子大学・東京女子大学・神戸女学院大学部など――これらの「大学」は学制上のものではなく、当時はあくまでも自称――は教養教育が中心であった。医歯薬系や商業系の女子職業教育を旨とする専門学校も、きわめて限られた存在でしかなかった。

その後、時代が戦争へ、戦争へと傾斜していく中、男性の労働力不足を埋めるかたちで、さまざまな職場で女性の活用がはかられていった【図表7】。戦後、雇用機会均等法までの期間、暗黙のシステムとして存在した「事務職など補助的なホワイトカラーとしての女性（ただし、もっぱら未婚。高校・短大卒）の姿」は、戦間期、とりわけ戦時期にその端緒を見いだすことができるだろう。

一方、ブルーカラーの職場では、戦前、どのような雇用のあり方が一般的だったのだろうか。菅山真次《すがやましんじ》『「就社」の誕生――ホワイトカラーからブルーカラーへ』（名古屋大学出版会、2011年）によれば、かつて日本の大工場労働者の雇用関係は、「熟練労働者は全

富士銀行

年　末	男性	女性	合計	女性比率(%)
1931年	2,969	511	3,480	14.7
1932年	2,949	569	3,518	16.2
1933年	2,956	609	3,565	17.1
1934年	2,954	656	3,610	18.2
1935年	2,921	721	3,642	19.8
1936年	2,931	787	3,718	21.2
1937年	2,930	886	3,816	23.2
1938年	2,975	1,055	4,030	26.2
1939年	3,129	1,165	4,294	27.1
1940年	3,224	1,367	4,591	29.8
1941年	3,394	1,532	4,926	31.1
1942年	3,594	1,682	5,276	31.9
1943年	4,411	3,017	7,428	40.6
1944年	4,579	3,971	8,550	46.4
1945年	4,250	2,800	7,050	39.7

住友銀行

年　末	男性	女性	合計	女性比率(%)
1931年	2,095	—	2,095	—
1932年	2,051	—	2,051	—
1933年	2,049	—	2,049	—
1934年	2,084	—	2,084	—
1935年	2,173	—	2,173	—
1936年	2,215	—	2,215	—
1937年	2,229	43	2,272	1.9
1938年	2,240	248	2,488	10.0
1939年	2,329	513	2,842	18.1
1940年	2,497	721	3,218	22.4
1941年	2,677	1,314	3,991	32.9
1942年	2,771	1,457	4,228	34.5
1943年	2,766	2,343	5,109	45.9
1944年	2,653	2,487	5,140	48.4
1945年	2,660	1,643	4,303	38.2

【図表7】富士銀行・住友銀行における従業員数の推移

男性の労働力不足を埋めるかたちで、女性の活用が進んでいった。

(出典：金野美奈子『OLの創造』勁草書房、2000年)

国の大工場や中小・零細工場を股にかけて、「渡り」によって腕を磨いていくのが典型的なキャリア・パターンであった」という。

だが、この本の副題にあるように、ある企業に新卒で「就社」する雇用慣行は、まず戦前期にホワイトカラーの間で始まり、戦後はブルーカラー（肉体労働者《マニュアルワーカー》）へと広がっていった。戦前期、ブルーカラーの職業世界とホワイトカラーのそれとは、根本的に異なっていたのである。工員や鉱夫などブルーカラーの労働に対しては、基本的には日給（もしくは週給）の「賃金」が支払われ、ホワイトカラーたちが得る「俸給《ほうきゅう》」とは性質が異なっていた。労働組合にしても、ブルーカラーたちによる企業横断的な、産業別の組織結成への萌芽《ほうが》はあった。中学・高校の新卒者が、工員としてではあったとしても、定期的に一括採用され、ある企業に「就社」し、ホワイトカラーの事務職員たちと同じ企業別の組合――労働組合というよりは従業員組合――に所属していくような仕組みは、やはり戦後に確立されたものである（アンドルー・ゴードン『日本労使関係史』岩波書店、2012年）。

こうした経緯のわかりやすい整理・図示として、野村正實《のむらまさみ》『日本的雇用慣行』（ミネルヴァ書房、2007年）から引いておこう【図表8】。

要するに戦前の企業等においては、流動性の高いブルーカラーの労働者や、結婚を機に

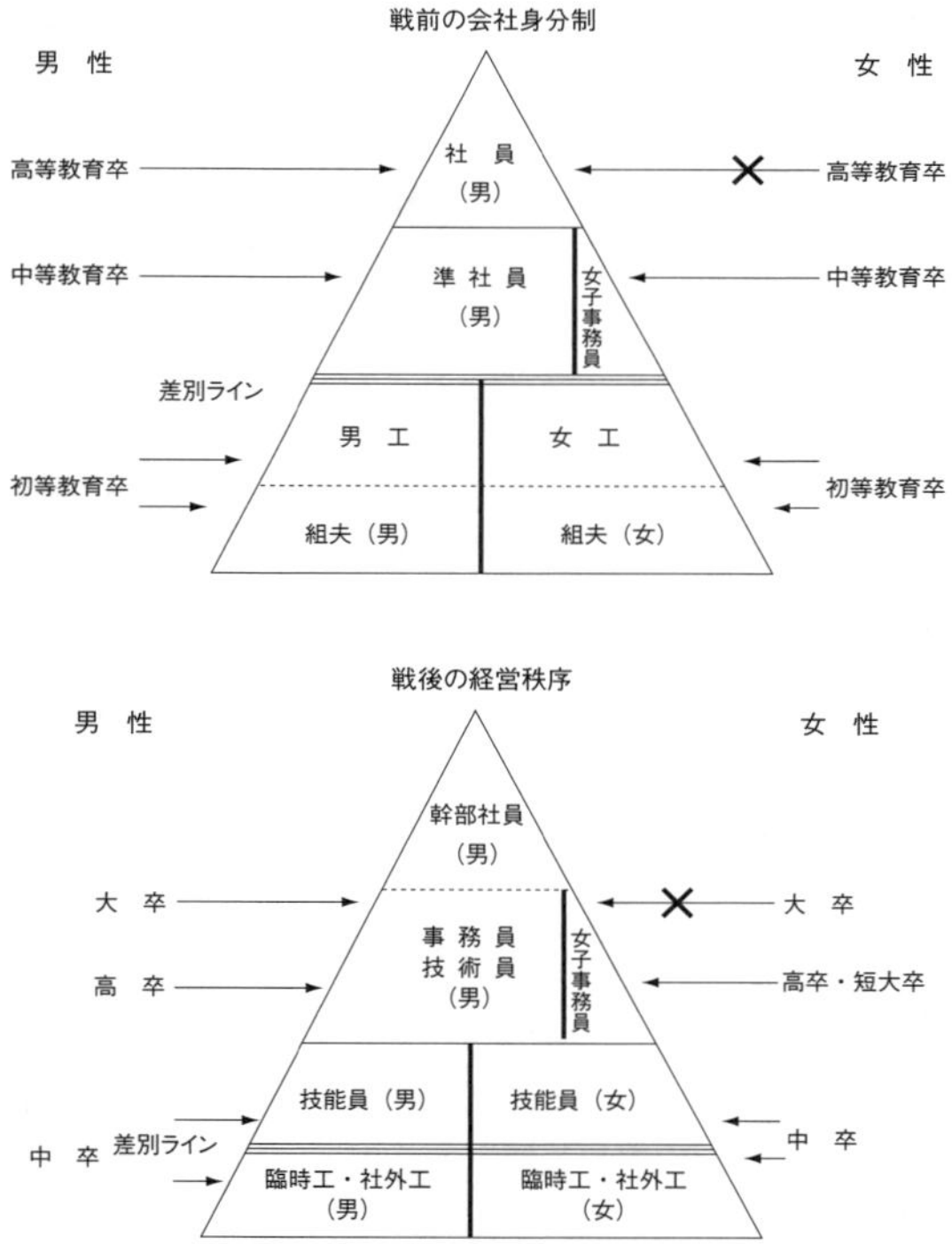

【図表８】戦前の会社身分制と戦後の経営秩序

戦前はホワイトカラーとブルーカラーの区別が歴然としていたが、戦後は正規雇用か非正規雇用かの差の方が大きな意味を持つようになった。（出典：野村正實『日本的雇用慣行』ミネルヴァ書房、2007年）

職場から去るであろう女性などは、より周縁的な場所におかれた存在であり、その採用もあまり長期的な展望をもったものではなく、状況に応じて随時補充される性質のものであった。つまり、大々的な定期採用や採用試験は、あまりなじまなかったのである。

「大学よいとこ」と「一人息子」

戦前の小津作品をもう少し見ておこう。

1936（昭和11）年には「大学よいとこ」が封切られるが、フィルムは一切現存しない。ただし、ゼームス・槇《まき》こと小津安二郎の書いたシナリオは残されている。

この映画も、戸山ヶ原で軍事教練にかり出されている学生たちの姿から始まる。その傍《かたわ》らで「インテリルンペン」こと西田が、模型飛行機を飛ばして遊んでいる。以下は主人公藤木とその妻千代子との会話。

「お前は俺が卒業さえすれば直《す》ぐ勤め口が見つかるとでも思ってるんだろう。そしてゆくゆくは何処かの会社の重役にでもなれると思ってるんじゃないか。そんな立志美談はもっと人間の少なかった時代の話だ」。さらに就職先が「いくら捜《さが》したって無かったらどうするんだ」と憤懣《ふんまん》をぶちまける藤木。「それは捜しかたが足りないからよ」と反撃する千代子。「大学なんてお前の考えてるほど素晴らしいとこじゃないよ。大学なんか出たって就職なんかできるもんか」。「そんなら何も高いお金をだして頂いて大学なんか行ってることないわ。大学なんてやめちゃいなさい!! 直ぐやめちゃいなさい!! 誰も彼も大学なんかよしちまえばいいんだわ。大学なんかみんな潰《つぶ》れちゃえばいいんだ」。

なんとも「大学よいとこ」というタイトルが皮肉である。またこの映画でも、「俺も野球の選手になっておけば好《よ》かったよ」「彼奴等《きやつら》には就職の心配がないからなあ」と藤木や西田、そして友人の天野（笠智衆）が語りあっている。

そして1936（昭和11）年には、「一人息子」も公開された。こちらは、小津監督初のトーキー作品であり、今日でも全編を観ることができる。

主人公の野々宮良助（日守新一《ひもりしんいち》）は、製糸工場の女工である母つね（飯田蝶子）によって育てられ、しかも東京の学校にまで進学させてもらっている。息子を頼って上京したつねであったが、良助と妻と赤ん坊が住んでいるのは、工場の騒音の絶えない場末の長屋。良助は母を洋画「未完成交響曲」に連れて行き、これがトーキーだなどと解説するが、そのために同僚から借金をしていた。良助に進学を勧め、自身も東京に出た大久保先生（笠智衆）も、ひとつ5銭のトンカツを売る毎日。失望する母に、良助は「夜学の先生になるのさえようやくのことだった」と言い訳をする。

信州に母が戻ると、良助は妻に「俺、もう一遍《いっぺん》勉強するぞ。中等教員の検定でもとって見よう。なあ、で、お母さんにもう一遍出て来て貰《もら》うんだ」と告げる。そして赤ん坊の手を握り、「こいつだけは大きな双六《すごろく》の振り出しからやらせたいからなあ」。

だが、こうした小津作品とは裏腹に、1930年代半ばあたりから就職難はやや緩和を始めていた。

1934（昭和9）年3月18日号『サンデー毎日』は、「引っ張りだこの就職景気――春風にのって校門を出る」と伝えている。大戦景気にわいた「大正七八《しちはち》年頃の好況時代には卒業の一年くらい前から予約済みとなり給料は望み次第だし夏休等には会社の仕事を手伝うという名目の下に御馳走《ごちそう》政策で重役が自ら青二才共の御機嫌を取結ぶという今から見れば嘘のような事実もあった。勿論それ程ではないが今年はややこれに近い現象が一部に見られるという話である」。その結果、「採用試験は四月以後に行なうなどという約束は今や全く反古紙《ほごがみ》と化し、官庁を除いて一流の銀行商社はいずれもさっさと採用試験を行なってしまった」という。

国内の求人が増えたことによって、就職先を求め満州へとむかう新卒者の流れも、この

【図表9】漫画〝芸は身をたすくる〟
画小林弘二（出典：1934年3月18日号『サンデー毎日』）

年には落ち着いたようだ。なお【図表9】は、この記事に付された漫画である。

その後、1937（昭和12）年3月号『文藝春秋』の木下半治《きのしたはんじ》「大学出の就職戦線」には、「東大法学部の事務室の扉を叩いてみたものだった。その時事務長のオッサンが筆者に与えてくれた第一声は「今年は何《ママ》（難波注：何処《どこ》の脱字か？）もいいようですよ」ということであった。…就職先であるが、ここにもいわゆる「軍需インフレ」とか「跛行景気《はこうけいき》」とか言ったものが正直に表われている」とある。次いで「工学部事務室の扉を叩いてみた。…全体として卒業生の二―三倍に当る採用申し込みがあって、断るのに骨が折れますということだ」。

また、1937（昭和12）年12月号『改造』島田晋作《しまだしんさく》「事変下の就職戦線」には、「事変下の就職戦線だが、どの大学新聞を読んでも上々吉々のようである。デフレ時代の就職戦線を想起すると、まさに隔世の観がある」とある。東京帝国大学に限ってみても、就職率は「医学部　本年度一〇〇％／昨年度ー　工学部　九八／ー　農学部九〇／九一　経済学部　八三／七五　法学部　七五／五七　理学部　七一／六二　文学部　五六／三七　合計八〇／七〇」という好転ぶりだ。

だが戦況が厳しくなるにつれ、今度は労働力不足が深刻化していく。尾崎盛光『日本就職史』によれば、1943（昭和18）年、日立製作所の茨城地区への学校卒業者の採用は、大学卒業生を295名希望したのに対し、認可されたのは31名、高等学校卒業生763名を申請したのに対し、15名という割当数にとどまっている。「学生にとって就職は、自分の意志で、値のよいところへ、将来性のあるところ、居心地のよいところ等々、就職先を選んで自分を売りこむことではなくなった。つまり就職とは戦争遂行のため、国家がほぼ一方的に必要企業（主として軍需工場）へ配給すること、となったのである」。

学生たちを就職難の苦境から救いだしたのは戦争であったが、それは同時に就職先を選ぶ権利を放棄する事態でもあった。また、統制経済の下、採用する側には学生の商品価値を云々する余地はなく、官給品としての新入社員を公定価格で雇用する以外の道は残されていなかったのである。

2007（平成19）年1月号『論座』に掲載された赤木智弘《あかぎともひろ》「『丸山眞男《まるやままさお》』をひっぱたきたい――31歳フリーター。希望は戦争。」は、就職氷河期に遭遇したフリーターが、持たざる者であるわれらに失うものは何もないとの立場から、それまでの社会的なヒエラルキーが無化するような戦争状態を待望するとの議論であった。戦争が起これば、東京帝国大学で教鞭をとる道を歩んでいた政治学者である丸山眞男二等兵を、「中学にも進んでいないであろう一等兵」であってもビンタをくらわすことも可能なのだ…。

この赤木の逆説的な主張——赤木も本気で戦争を望んでいたわけではなく、戦争くらいにしか希望を抱けない自らの世代の苦境を過激に表現した——は、当然のことながら物議をかもし、批判も相次いだ。だが就職難の解消に戦争が寄与した前例をもつ以上、赤木の論に一定のリアリティがあったことも確かである。もちろん戦争は、早稲田の名プレイヤー水原義明のような犠牲者も生み出したのだが。

はたして、「大学よいとこ」の学生たちや「一人息子」良助などに、戦後の穏やかな日々は訪れたのだろうか？

2章　戦後復興と太陽族たちの就職

難波一康《かずやす》の進学

誰だ、それは？　と思われる方も多いことだろう。ご存じなくて当然で、私の亡父である。私事を書き連ね、読者にはご迷惑とも思うが、しばらくお付きあいいただきたい。

父は1932（昭和7）年、岡山県児島《こじま》郡宇野《うの》町（現玉野《たまの》市）に造船所の技師・難波勘一《かんいち》の長男として誕生する。勘一は、戦時中は軍属としてインドネシアや台湾の工場にいたようで、徴兵は免《まぬが》れている（その頃の話を、生前の祖父からもっと話を聞いとけばよかった…）。父は高校までを地元で過ごし、開学間もない香川大学経済学部へと進む。宇野という街は、宇野線に乗って岡山に出るのも、船で高松に渡るのも、ほぼ同感覚な土地柄であった。1972（昭和47）年、私が小学校6年の時に父は亡くなっているので、あまり明瞭な記憶はないのだが、岡山大学の法文学部か香川大学の経済学部かで迷ったが、経済の方が就職によさそうなので香川大に進んだと聞いたおぼえがある。

戦後、全国各地に雨後《うご》の筍《たけのこ》のようにできた新制大学を指して、「駅弁大学」という言い方があった。急行が停まり、弁当を売っているぐらいの駅のある地方都市には必ず大学が存在する、といった事態をやや揶揄《やゆ》するような表現である。これは大宅壮一の造語であり、大宅発の流行語として他には、テレビによる「一億総白痴化」や、大阪出身者のネットワークを指す「阪僑《はんきよう》」などが有名。

香川大学経済学部は、高松高等商業学校（いわゆる地方高商のひとつ）の伝統を引いており、あっさりと「駅弁」の一言で片づけられる存在ではないが、岡山医科大学や旧制高校（第六高等学校）を起源としている岡山大学の方が、格上とは言えるかもしれない。しかし、戦後の就職難を目《ま》の当たりにして、父は海を渡り（と言っても、小一時間で着くのだが）、経済学士となることを選んだのである。

尾崎盛光は『就職——商品としての学生』（中央公論社、1967年）の中で、新制大学組が就職をむかえた頃のことを次のように描いている。

「彼らが大学を卒業するに際して直面した現実といえば、一つは戦前の数分の一に縮小した日本資本主義の規模であり、就職口の絶対的な不足であった。わずかに終戦直後におこった繊維関係の糸へんブームと、朝鮮戦争の特需による金へんブームが救いといえばいえる程度であった。だがこれも、ある年の、それもごく少数の卒業生をうるおしただけである。…もう一つは、軍隊と軍需産業と海外植民地から放出され、死にもの狂いになった失業者の大群である。彼らは、それでなくとも狭い就職口に殺到し、新しい大学卒業者にとって強力な競争者となった。…第三は、彼らに対する社会的評価の低さである。学力低下時代の産物という評価と、新制大学は戦前の旧制大学に比して安物であるという評価は、彼らに対する一般の評価をいちじるしく低下させた。…これらのいくつかの障壁のために、彼らの就職率、つまり昭和二十年代の就職率は、よくても六、七〇%を越えることがなかった。この点でも彼らは、大恐慌世代にまさるとも劣らぬ鍛えられかたをしたのである」

他にも、私の父の世代の大卒就職組に関して、辛口の批評はさまざまに加えられたようだ。松浦敬紀《まつうらたかのり》『就職——採用試験の舞台裏』（日本経済新聞社、1978年）によれば、「昭和二十年代の就職で現在も話題を呼んでいるのは、新・旧両制大学生が同時卒業の二十八年組」で、その「採用試験は、かんばしくなかったようだ。この年、日経連が採用試験を通じてみた新制大学学生の学力、常識などについて一六〇社を対象に調査を行ない、大学、会社両関係者を招いて「採用試験総決算の会」を開いている。日経連の調査では、新制大と旧制大を比べると、数学などの基礎学力で一一一社、専門的知識で一一四社、論文をまとめる力で九一社、常識で七七社から、「新制大は旧制大に大きく劣る」とされた」。

当時の雑誌記事を見ても、1954（昭和29）年5月2日号『週刊読売』「戦後版大学は出たけれど――新学士さま八万人の行方」は、大学新卒者の学力低下を、採用試験への珍解答を挙げつつ紹介している。

「まず最初に問題の「当用漢字」であるが、これを「東洋」「登用」などと書く例は珍しい部類には入らぬということだ。その二、三をあげてみると　労働価値設（説）　去去（云々）　される…」

「常識の点になると　写楽＝落語家、写真道楽、楽譜を写すこと。（読んで字の如しといったところ）　高村光太郎＝最近カムバックした政党人。もちろん自由党。（ご丁寧に党籍までつけ加えている）　溝口健二＝日共党員。スパイ問題で除名された。（天下の映画監督もびっくりしている事だろう）　民放＝民族解放のこと、民主放送の略で赤色系秘密宣伝放送。（共産党も苦笑しているだろう）…」

ちなみに民間テレビ放送（民放）の開局は、1953（昭和28）年のこと。

こうした大学生の低学力への揶揄は、その後も幾度となく繰り返されていくのだが、戦時中、勤労奉仕でろくに勉強する機会もなかった父親たちを、学力不足と責めるのも理不尽な気もする。

また1953（昭和28）年当時、『文藝春秋』誌上において中野好夫《なかのよしお》（英文学者、東京大学教授）と鹿内信隆《しかないのぶたか》（日経連専務理事、後にニッポン放送社長）の間で、大学生の就職をめぐり、「大学側vs企業側」「学界vs実業界」の論争がなされていた（2月号に中野の「重役諸君への警告」、3月号に鹿内の「教授諸君への警告」を掲載）。鹿内は言う。「東京では警察署の数よりは、大学の数の方が多いとか、駅弁を売る町には必ず大学があるとか、笑い話になって居るけれども、これは笑ってばかり居られない問題である」。

また、この論争への感想を綴《つづ》った、1953（昭和28）年4月号『人物往来』掲載の宮《みや》崎《ざき》輝《かがやき》「中野・鹿内論争に寄す——左翼学生の就職問題」にも、「私は新制大学はダメではないかと思う。というのは、過去においては専門学校出の専門型と大学出の一般教養併有型とを適当に按配《あんばい》して採用していたのであるが、新制になってからの大学卒業生はどちらつかずの型になってしまって、われわれの期待する人材はでないように思われる」とある。宮崎も、後に旭化成社長となった財界人である。

難波一康の就職

散々な言われようの私の父親世代だが、その就職状況はやはり困難をきわめたようだ。

1952（昭和27）年12月7日号『週刊朝日』の「卒業即失業――新版〝大学は出たけれど〟……」という記事には、「最近、関西のある紡績会社の採用試験に「大学は出たけれど」という作文の問題を出して、受験した学生を「バカにしてる」と憤慨《ふんがい》させた」「差引き四万人は失業　来春、大学を巣立つ卒業見込者は、十二万五千名（新制八万、旧制二万三千、短期大二万二千）で、今春に比べて五万の増加。国立新制大学の最初の卒業生と、旧制の卒業生とが同時に、ダブって卒業するためだ。これに対して、新学士を受入れるべき経済界は不振。「多く見積っても約六万しか消化し切れない」（経団連、花村総務部長談）」とある。

だが、学力低下と指弾された世代にしては、私の記憶の中にある父親は、旧制高校的な読書家だった。子供の頃、宇野の祖父母の家に帰省するたびに、私は父の古い蔵書を引っ張りだして読みふけっていた。最初は、戦前の少年向け冒険小説あたりから。その時、旧漢字を覚えたことが、大学時代日本近世史を専攻した際には役立った。今では日本文学や日本史専攻の大学生でも、旧漢字の読解はかなりの難題――すらすら読みこなすのは台湾など繁体字圏からの留学生——となっているが、私はサトウハチローなど児童文学を読んでいるうちに自然と身につけた。その後、父親の大学生時代に読んだと思われる文庫本の類いを漁ってもみた。経済学部生だから当たり前なのかもしれないが、『資本論』は全巻そろっていたはずだ（父はリベラル派経済学者として知られた大泉行雄《おおいずみゆきお》ゼミ所属）。それら蔵書の何冊かを貰い受け、わが「中二病」時代に、わけもわからず読んだ記憶もある。

その結果、私の中学時代の読書感想文は、1年の時がショーペンハウエル「女について」、2年が徳田秋声《とくだしゅうせい》「黴《かび》」、3年が「寺田寅彦《てらだとらひこ》随筆集」と、異様な選書ラインナップとなった。多分、父の大学時代の蔵書の中から、社会科学系を敬遠し、文芸・人文学系をピックアップして宇野から持ち帰った結果なのであろう。たしか、「女について」は、石井《いしい》立《たつ》訳の角川文庫で、1952（昭和27）年発行のもの。実家を探せば、「昭和49年度第25回堺市《さかい》読書感想文コンクール入賞「女について」日置荘《ひきしょう》中学校1年難波功士」という賞状が、どこかにあるはずだ。

さて、その父の就職であるが、やはり苦戦したものと思われる。松浦敬紀『就職』には、「昭和二十七、八年というと「四白時代」であった。砂糖、セメント、肥料、紙の四業種がデフレ下の繁栄を誇った。映画も恵まれていた。…海運は下降線をたどり始めていたが、それでも日本郵船、三井船舶、大阪商船、造船ブームが起きる前で四苦八苦の造船業では、三井造船、三菱造船、川崎重工、日立造船、鉄鋼では富士製鉄、八幡《やはた》製鉄、それに家電、電力、電鉄各社――に学生の熱い視線が注がれた。しかし何といっても、昭和二十年代を通じて、もっともはなやかな産業は石炭であった。したがって石炭産業なかでも大手四社（三井鉱山、三菱鉱業、住友石炭、北炭《ほくたん》）は学生の人気の的だった」とある。

もちろん、旧帝大卒でも都会の私立伝統校卒でもない父には、こうした人気企業は高嶺《たかね》の花だったのであろう。

就職先は結局、親戚のツテをたどり、当時の社長が香川県出身――たしか大平正芳《おおひらまさよし》後援会でも中心的な位置にあった方のはず――という縁もあって、某関西私鉄の関連企業となった。戦後に設立され、主要な業務内容は、沿線にある施設内の飲食店や企業の社員食堂などの経営。大阪万国博会場などにもレストランを出店していたらしい。今から思えば、石炭産業よりも、外食産業の方が将来性はあったのだろうが、まぁ、安定はしているが「大化け」はしない中堅企業といったところだろうか。20代半ばで見合い結婚をし、30歳頃に近郊の住宅地で2人の子供を育てはじめた。

就職してからは小難しい本よりも、加藤秀俊《かとうひでとし》言うところの「中間文化」を享受し、本棚には山口瞳《やまぐちひとみ》・山本周五郎《やまもとしゅうごろう》・松本清張《まつもとせいちょう》・北杜夫《きたもりお》・石川達三《いしかわたつぞう》・井上靖《いのうえやすし》・司馬遼太郎《しばりょうたろう》・海音寺潮五郎《かいおんじちょうごろう》などが並んでいた。独身時代はギターも弾き、ラテン音楽のレコードも買っていたようだが、その後レコード・プレイヤーは、もっぱら宴会芸対策として歌謡曲の練習に用いられていた。

父は入社後、一貫して経営管理畑を歩んだらしい。経理に長くおり、人事にもいたことがあったようだ。人事課時代にはレストランの職員募集のために、四国あたりの中学・高校まわりもしていたらしい。「田舎に行ったら、人買いみたいに言われて…」と愚痴《ぐち》っていた姿を憶えている。またある時、「経理の仕事と人事の仕事のどちらが好き?」とたずねたら、「金相手してる方が気楽でよい…」とマジ答えされたこともあった（小学生に言うことではないような気がする）。そういえば若い頃はおもしろくないこともあったらしく、母の言によれば、会社辞めて商売でも…と言ったこともあったようだ。その時母は、「あなたみたいに人と話すのが苦手な人に、商売は無理」と反対したらしい。このあたりの性格は、つくづく自分の親だなぁと思う。

父が41歳で亡くなった時の肩書きは、総務部次長だった。告別式の時に同僚の方が「言葉はあれだが、能吏だったのに…」と惜しんでいた記憶もあるので、早世《そうせい》することがなければ、最後には経営管理担当の「平取《ひらとり》（ヒラの取締役、最近の言い方では執行役員か）」くらいにはなれた人なのかもしれない。だが、母からの伝聞だが、「功士は、高校は地元の公立進学校に進んで、阪大の経済か神戸大の経営にいけたら…。京大は学生運動が激しすぎるので…」とも言っていたらしい。ホワイトカラー（とくに関西圏）として生きていく上で、学歴コンプレックスみたいなものもあったのかもしれない（息子は結局、その期待を裏切る進学をしていくのだが）。

でもまぁ、短かったが、よい人生ではなかったかと思う。戦時期の苦難も最小限で済み、昭和30年代（ゴールデン・エイジ？）を享受し、オイルショックも知らずに済んだ。尾崎盛光の言い方を借りれば、戦後の就職難に直撃されたが「高度成長は、彼らに適度の小市民的家庭を与えた」。それが私の中にある父親像だ。

戦後版「大学は出たけれど」第1期

ひとまず個人的な感慨はこれくらいにして、敗戦後から「もはや戦後ではない」頃までの新卒就職の概況をみていこう。

【図表10】にあるように、1950年代前半までなかなか就職事情は好転しなかった。先

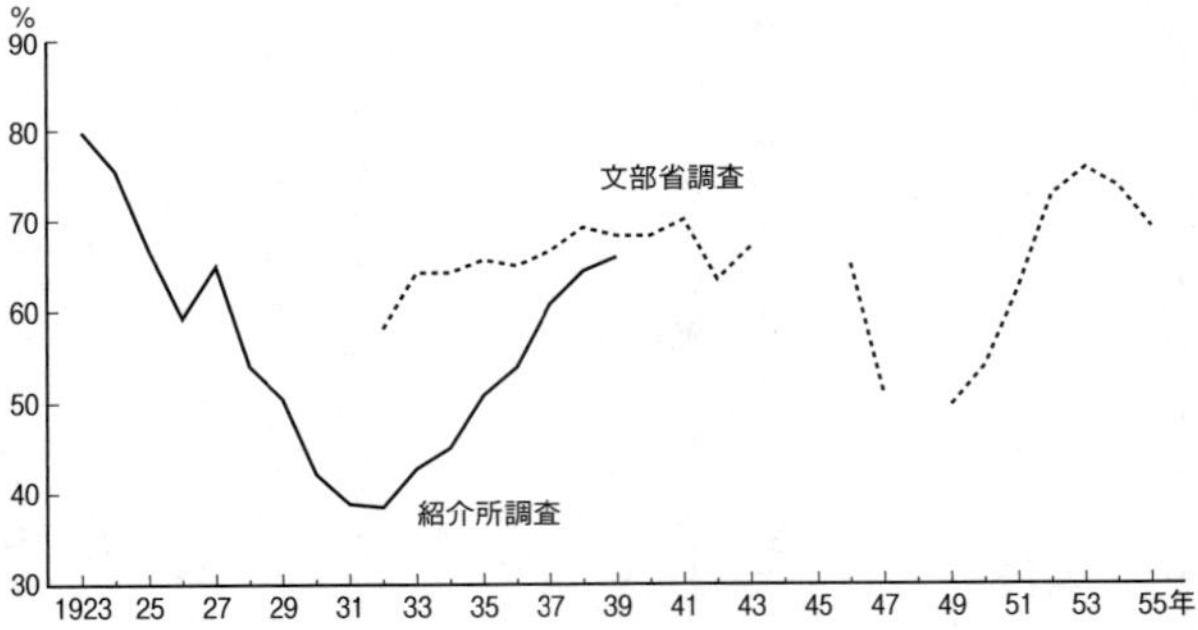

【図表10】高等教育機関卒業生の就職率

就職率は戦後しばらく好転しなかった。（出典：藤井信幸「日本の経済発展と高等教育」川口浩編『大学の社会経済史』創文社、2000年）

にも引いた1952（昭和27）年12月7日号『週刊朝日』「卒業即失業」によれば、各大学の就職率は、その年の11月10〜13日調べで「東大（法）…卒業見込者一、三〇七名中、就職決定者五六六名、就職率四三％。今後決定の分を入れて七〇％までゆく見込。結局、全体の約四分の一は卒業を一年延期してということになるようだ。東大（農）…卒業予定者四〇一名中、決定四七名で一二％。東大（工）…約五割決定。早大（第一政経）…卒業予定者八五三名中、決定二四八名。慶大（法文系）…卒業予定一、六〇〇名、決定六五〇、ほかに縁故就職者が約二〇〇名。大阪市大（法経）…卒業予定三五一名中、決定一一〇。「例年なら七割は定っているが、こんなに悪いのは開校以来」と某教務課長の話。阪大（工）…七四〇名中、決定二五〇。阪大（法）…二三三名中、決定五二。京大（法）…約三割決定。日本女子大…家政、文学部合わせて卒業予定者三八〇名、就職希望者二五〇名、うち就職決定わずか一〇名。関西大…法文経商合わせて一、六〇〇名卒業、そのうち、就職決定は百名に満たない」という惨状だったという。

当時の就職活動スケジュールからすれば、4年生の12月から3月のまでの間に決まる者も、ある程度はいたのだろうから、最終的にはここまでひどい数字ではなかったのだろう。だが、同記事には某大学の例として「保安隊《ほあんたい》の幹部志願を学生課に問い合わせる数も多くなって来た」とあるように、幹部志願という点に大卒の矜持《きょうじ》は感じるが、かなりなりふり構わない就職活動だったようである（保安隊は自衛隊の前身）。

この状況は翌年も続き、1954（昭和29）年5月2日号『週刊読売』「戦後版大学は出たけれど」によれば、「大学さえ出れば…」の夢破れて、最終的に「訪ね当てた会社は裏長屋」だとか、「今年度阪大の経済学部を出た二百名のうち、会社らしい会社に入れたものは、その中の半分、後の百名は中小企業、個人商店にもぐりこむか、失業をしている」と、惨憺《さんたん》たる様子を伝えている。

こうした就職難の時期には、実業界（求人側）から大学（求職側）への圧力が強まってくる。尾崎盛光『日本就職史』によると、1951（昭和26）年5月に学徒厚生審議会は文部大臣の諮問《しもん》に応じて、「各大学においては、就職指導の責任を果たすための機構を整備確立し、職業安定機関、産業界との密接な連絡をはかり、学徒に対してはその就職に関する観念の徹底をはかり指導の強化に努めること」と答申を出している。尾崎は言う。「大学は学の蘊奥《うんのう》をきわめるところではなく、職業人を養成するところとなった。昔のようにお高くとまっていてはいけない。私設・公設の職安でなければならない、といいたげな答申である」。

先述の中野・鹿内論争も、学力低下とともに学生の左傾を憂える財界人たちが、企業サイドから見た大学の健全化を訴え、「赤い学生はお断り」「このままでは、健全な学生の就職も困難になり結果縁故採用が多くならざるをえない」とやや恫喝《どうかつ》にも近い言動に出たことが発端となっている。

中野良夫は、「卒業見込者の採用試験は、年とともに早くなり、早いのは卒業はるか前の九月末から行われ出した。残念ながら、就職期が来ると、学生の頭はほとんど上の空で、学力涵養《かんよう》も人格陶冶《とうや》もヘッタクレもないのである」と、産業側の大学教育への侵害を指摘し、最後には「もろもろの経営者諸氏よ、諸氏は、金を出し合って学生興信所を作るなどという姑息《こそく》な解決よりも、むしろは百尺竿頭《ひやくしやくかんとう》一歩を進めて、専属の徒弟養成所を設立し、日経連大学とでも名づけられてはどうであろう」と啖呵《たんか》を切っている。あくまでも日本の教育制度は、「彼らの使用人だけを養成するためにあるのではない」との立場である。

この中野の「重役諸君への警告」に答え、鹿内信隆は「教授諸君への警告」と反論する。まず鹿内は、「ラジオの学生問題討論会で、教授側を代表された京都のR大学の学長が「学生が破壊的な政治活動に挺身《ていしん》をし、落付いて学業を修めないのは、当り前のことで社会が悪いからだ」と云う暴言を放送した」などの例を挙げ、学生運動に「迎合主義」的な大学のあり方を問題にする。そして、そうした共産主義・社会主義の影響を受けた新卒就職者の一部が、企業内において「破壊行動を計画」した例すらもあるという。最後に鹿内は、「学生を送り出す象牙の塔の人々が、身勝手な放言をして、良い気持ちになって居る時に、送り出される学生は目の色を変えて、先輩諸兄の門をたたいて歩いている。一人高きを持している高慢な人が、何を云うとも、私は一人でも多くの就職の出来る様に努力をする積《つも》りである」と啖呵を切りかえしている。

相互にくいちがった学生像を描きながら、それぞれが自分こそが学生のためを考えていると主張しあう構図は、60年後の現在もよくあるパターンである。もちろん当時も単純な対立図式——ビジネスに適した人材を求める実業側vs普遍的な教養・人格形成を求める大学側——に、すべてが収まっていたわけではない。産業界の中にも、鹿内の議論を実利一辺倒に過ぎるとしていさめる者もあれば、大学側にも職業人・企業人の育成に努めるべきとの立場をとる者もいた。

フランス文学者で大学教授の河盛好蔵《かわもりよしぞう》なども、鹿内の論が載った号の『文藝春秋』にて、一方的に企業側を非難したり、採用の現状を否定したりするのではなく、双方の立場に配慮したエッセイを発表している（『情実入社論』）。

そして、「関西のある紡績工場の話であるが、そこで国立の某大学の教授の推薦で一人の卒業生を採用した。ところがその男は共産党の細胞で猛烈な活動を始め、わずか二、三カ月の間に工場爆破の一歩手前まで工作に成功したが、危機一髪のところで陰謀が発覚して、すったもんだのあげく、やっとその男を解雇することができた。この事件が関西の経営者たちに例の『赤い学生は絶対に採用しない』という声明を発せしめた主な理由の一つになっているのだということを聞いた」と採用側の事情を代弁しつつ、同時にひとりぐらいの破壊分子に翻弄《ほんろう》される企業側の脆弱《ぜいじゃく》さを指摘している。

戦前、「長男と『左』とは歓迎しない」と明言した経営者もいたが、戦後も東西の冷戦対立の中、その流れは基本的に変わらなかった。学生の思想調査のために、興信所に身元調査を依頼したり、面接で支持政党を答えさせるといった「踏絵」を課す例もあったという。その一方で、尾崎盛光『日本就職史』には、採用側が学生の思想傾向にあまり拘泥《こうでい》しなかったケースや、思想調査が空振りに終わったエピソードも見える。

「東大や一橋の連中が、そろいもそろって自由党支持を表明しているのでむらむらっときて、僕は社会党支持で愛読書は河上肇《かわかみはじめ》の「自叙伝」だと大見えをきり、理路整然と自由党を批判してみごと栄冠を獲得した二人の慶応ボーイもあった。また、ある銀行で徴兵について の意見を聞かれて、「本当に国を守らねばならなくなった時は征《い》きます」と答えて合格したものもあった。重役のほうは、その「時」を共産軍が攻めてきた「時」と解釈したらしいが、当人は「一切の外国軍隊が撤退した時」、というつもりでいったのだそうだ。当時、日本はもっぱらアメリカと組んで、一方ではアメリカ軍に基地を提供し、他方では共産軍の侵略から守ってもらおう、という右側と、講和条約を結ぶなら右も左も同じように結んでアメリカ軍に出ていってもらおう、という左側とが対決していた。同じ「時」でも重役は前者の考え方を、学生は後者の考え方をして、結論だけ合致したのであった。珍問答のご愛敬といったところだろう」

自由党は、現在の自民党につながる保守与党。社会党は現在の社会民主党につながる革新勢力。日本国内から米軍を排除した上での独立を、思い描いた人々がまだまだ多くいた時代ならではの応答である。その後現実には、沖縄への米軍基地の集中、基地を温存したままでの沖縄の日本への編入と事態は進んでいき、基地問題は依然、政治の焦点であり続けている。はたして現在の若者たちが、1950年前後の学生たちのように、米軍基地やアメリカとの安全保障関係のない日本を発想することはあるのだろうか。

大学、就職指導に乗り出す

では、文部省から「就職指導の強化」を要請された各大学は、どのような対応をとったのだろうか。

1955（昭和30）年に刊行された日本応用心理学会・日本職業指導協会編『職業指導講座第3巻技術編Ⅰ』（中山書店）には、三島良兼《みしまよしかね》「大学における職業指導」の章が設けられている。当時の三島の所属は、文部省大学学術局学生課とある。

「職業指導ということばのなかには、職業相談（vocational counseling）と就職あっせん（job placement）の二つの概念がふくまれている。ところが、日本の大学においては、職業指導ということばは、就職あっせんの意味においてしか、理解されていなかった。…第一の理由は、大学は、専門的な学術を教授・研究するところであって、職業教育を実施するところではない。大学は学生の職業指導にたいして責任をもつ必要がないという考えである。大学は、すでに将来の職業の決定している学生にたいして、専門的な教育をほどこせばよい。このような考えは、旧制度の大学において、とくにいちじるしく存在した。…第二の理由は、日本の大学においては、制度上、または、学生収容能力の不十分な実状からして、入学後の学生の転学部・転学科が非常に困難であるため、学生がいったん入学した後において、自分の本当の適性を発見し、最初に選択した専攻学科を変更しようと思っても、その実現が不可能に近いので、職業相談や適性指導をおこなっても無意味であるという点である」

しかし、新制大学への移行にともなって、大学教育の目的が、単なる専門的な学術研究にとどまらず「教養の豊かな全人的な民主的社会人の育成をこととするようになり、かくしてしだいに、大学における職業相談の重要性と必要性が認識されるにいたった」という。

こうした大学側の取り組みの様子も、雑誌記事に残されている。

1954(昭和29)年9月26日号『週刊読売』「角帽族売出す——求人・求職の急所」では、「こうなると夏休みもおちついて遊んでいられないわけだが、中大では例年、商事関係店への就職がソロバンを重んじるところからソロバンの夏期講習を設け、休みなしの就職勉強を行なったほど」とある。大学生を指して「角帽族」という言い回しも古めかしいが、当時はまだまだ詰襟《つめえり》学生服での就職活動が一般的だったのである。

そして「商品化された学生たち」として、「パンフレットのなかでも、変わっているのは、東京外語大の卒業予定者名簿。二百二十三名の卒業生を語科別に分け、本人の生年月日、出身校、本籍、現住所、身長、体重から趣味、運動まで一目でわかるようになっている」例が挙げられている。よき学生を企業にピックアップしてもらうための人間カタログといったところだろうか。

また１９５４（昭和29）年12月15日号『アサヒグラフ』「東京・大学生の就職世話係告知板」として、各大学の就職担当職員が登場している。「今年の就職戦線は、すでに一流どころのほとんどで選抜が終り、いまや二、三流会社めざしての終盤戦の段階にある」という。

「約一一万人の大学卒業生のうち七万二二〇〇名が就職した今年の春にくらべて、来春の卒業生は約一三万人で二万人の増加。〝デフレ下の就職〟にそなえて、各大学は就職班を組織、春以来交友会関係などを頼り、地方遊説に乗出すなど求人開拓に大わらわな運動を続けてきたが、いまや師弟一体となって中小企業への「ツテ」「売込み」に全力を傾注している。「このぶんでは去年より二、三割は少なくなる」と見通しは暗い。しかし、「とかく高望みをして、一流会社に入らなければという体裁にこだわって地方へ出ることを嫌う」という批判の声もあがっている。…ただ工科系統は、今年も就職難どこ吹く風という好景気。そのほか東大、慶大のように、「楽観はできませんが、うちの学校は大体採用者側の依頼に応じて推薦しており、別に運動にでかけません」と伝統の強さを見せている学校もあった」

誌面に登場しているのは、東京大学厚生部員、明治大学就職課長、早稲田大学就職課長、津田塾大学厚生課長、慶応大学就職部長、日本女子大学厚生課員、立教大学学生人事課長、法政大学就職部長。それぞれのコメントの内容も興味深いが、津田塾大と日本女子大の女性担当者が「和装」であることに驚かされる。

上記の引用の中に「依頼に応じて推薦」とあるように、当時はまだまだ学校への求人の申し入れがあり、それにあわせて推薦者を就職試験に送り込むというシステムがとられて

	推薦者	採用者
富　士	三一	六
大　阪(住友)	一一	五
千代田(三菱)	二四	八
帝　国(三井)	三三	一
東　京	一二	九
協　和	一五	四
第　一	一〇	五
日　東　化	一四	六
三　菱　重　工	九	四
鋼　管	一一	四
横　浜　ゴ　ム	九	七
内　外　編　物	六	五
鐘　紡	五〇	一九

【図表11】慶応大学1949（昭和24）年卒の企業別就職状況

鐘紡以外は、採用者数がひとケタである。さらにこの図表の原注には、「東芝・日立・古河・王子・昭電・トヨタ・三菱電機・日本精工・高圧・久保田・帝人・東洋レーヨン等々、それぞれ1名かせいぜい2名しかとっていない」とある。（出典：尾崎盛光『日本就職史』文藝春秋、1967年）

いた【図表11】。また理系（とりわけ工学系）優位の状況を知るために、【図表12】を掲げておく。

さて各大学の担当者の言であるが、女子の就職の厳しさを示す箇所を抜き出しておこう。

「女子は七七人のうち四人だけ。東横デパートの希望者が一八〇人もあったが、一人しか採用されなかった」（慶応大）

「一一月二五日現在で決まったのは二〇名。昨年よりこの数字は六名多いんですが、全体の動きをみるとあまり楽観できませんでしょうね。…放送関係は人気があって三〇人位受けましたがダメでした。ここの特徴は教職へ半分以上ゆくことです。ですから年があけましたら、どんどんきまってゆくと思っております」（津田塾大、卒業見込み一七七名）

「とにかく男の関係で相当影響されると思ってるんです。ことに男の方が教職にかなりゆくとみてるので、英文科や国文科の方は、ちょっと心配してます。例年の就職希望者は、卒業生の約半分で、だいたい二〇〇人ぐらいです。一一月二四日現在できまったのは、銀行・NHKへ英文科から一〇人です」（日本女子大、卒業約五〇〇名）

	卒業見込者数	就職希望者数	就職者数	就職率
法学	三、九三〇	三、〇四九	一、三一一	四三・〇%
経済	四、二三五	二、四八七	一、二九五	五一・〇
政治	五一八	四一七	三〇三	七二・七
政経	一、五七一	一、一九三	三四六	二八・九
文学	二、二五二	一、二三九	二七一	二一・一
理学	八〇八	五一八	二三七	四五・七
工学	九二一	八八六	五七八	六五・二
理工	七九四	六七八	四〇六	五九・八
商学	三、四三九	二、六二六	九五一	三六・二
その他計	二一、八八五	一四、五九九	六、一一一	四一・九

【図表12】1952（昭和27）年の都内の大学の就職状況

いずれも都内の大学だが、就職率は平均41.9％と半分を大きく割る。その中にあって、工学部65.2％、理工学部59.8％と、理系優位が表われている。（出典：尾崎盛光『日本就職史』文藝春秋、1967年）

「女子は五〇名のうち二〇名が希望してますが、まだ決定したのは三人。そのなかにオランダの航空会社のスチュワーデスになったのが一人います」（立教大）

それぞれ求人側にどの学生を推薦するかは、やはり就職部が差配することになる。その選考の際の根拠は、学内での面接などもあったようだが、学業成績によるところが大きかった。それゆえ、どの企業に推薦されるには優がいくつ必要かを示す「星取表」なるものも出回っていたという。

尾崎盛光『日本就職史』には、「銀行が概して成績が高く、商事・工業はいくぶん落ちる。工業の中でも「重」より「軽」のほうが落ちる。また財閥系とその他では財閥系が高い」。やはり、旧財閥（三井・三菱・住友・安田など）の銀行、次いで商社や鉱工業（いわゆる「重厚長大」産業）の人気が高かったようだ。

1954（昭和29）年10月号『文藝春秋』の特集「赤信号の角帽市場」——「駅弁ある所大学あり、しかも会社は不景気で求人を減らすという。これは職をめぐって益々《ますます》激烈な様相を呈す就職戦線の、生々しき現地報告である」——には、「現代では、学校教育は、卒業證書《しょうしょ》の発行をもって、完了のシルシとすることが、できない状態になっているのだ。学生を職にありつかせて、はじめて、教育は有終の美を完《まっと》うする。「学校教育」の概念は変化したのである。学長先生は、学問を授けるとともに、それにおとらぬ努力をもって、周旋屋《しゅうせんや》としての実を、あげなければならない」とある。

そこから60年を経た今日、「スターバックスのある街には大学があり、しかも企業は不景気で正規雇用の枠をしぼる」現状にある以上、中野良夫のように「真に人間的に第一級の学生は、残念ながら、諸氏の調査票の外にいる」と、企業に対してみえをきれる大学人は絶滅しつつあるのだろう。

現在の就活との連続性

では、当時の就職活動ないし採用方法は、どのようなものだったのだろうか。

結論から言ってしまえば、「学校推薦」がまだまだ重みをもっていた以外は、往時と現在とでは、基本的に大差ないように思える。先述の三島良兼の「大学における職業指導」には、１９５４（昭和29）年春卒業予定者へのアンケート調査の結果が転載されている。

「昭和二八年度大学卒業予定者の採用試験の方法としては、通常用いられる筆記試験、面接試験、身体検査などのほかに、さいきんのいちじるしい傾向として、集団討論方式や各種テストが、かなり利用されている。集団討論方式は、二六四社中、二〇社が実施しており、各種テストは、二六四社中、性格試験（クレペリン方式、色彩象徴方式など）六四社、興味調査五社、向性検査四社、知能検査四社、管理能力検査二社、適性検査一社、責任感・観察力テスト一社、その他二社の実施をみている。（この数字は、日経連事務局が、昭和二十九年二月に実施した「二十八年度大学卒業予定者の採用試験実施に関する調査」の結果にもとづくものである）　採用者側が、このような科学的な方法によって、採用試験を実施する傾向が増大しつつある現状においては、就職希望学生を教育する大学は、合理的な適性適職と就職の促進をはかる意味においても、学生に対する各種テストや調査の実施に、いままでより以上の努力と熱意とを示さなければならない」

今日、就活のあるフェーズでSPIなど適性・能力テストを課すことは一般的であるが、1950年代にすでにその端緒があり、かつ「集団討論方式＝グループディスカッション」も行なわれていた。

また、前年にも日経連によって採用に関する実態調査は行なわれたようで、先ほどの鹿内信隆の文章にその途中結果が報告されている。それによれば、「地方の新制大学にも依頼した」のは130社中82社、「学校別人員指定の有無」については指定したのが81社、「身上調書を提出せしめた」のは121社、「合格決定後に身元調査した」のは75社である。採用率に関しては、50％（4社）・40％（3社）・30％（5社）・20％（25社）・10％（46社）・5％（39社）・1％（5社）であり、各大学に声をかけ選抜・推薦されてきた者の中から、さらに10分1、20分の1へと絞り込まれるのは当たり前の事態であった。

では、その絞り込みの際の条件や観点は、どこにあったのだろうか【図表13】。

1954（昭和29）年9月26日号『週刊読売』「角帽族売出す」によれば、この点に関しても日経連は調査していたようで、「各会社が採用に当たり重点をおくのは、日経連の調べでは――①人物②健康③思想、信念、学識、識見④性格、素質⑤学業成績⑥身元、家庭⑦言語態度などが、大体の順位になっている」。そして、各企業が嫌ったポイントは、相変わらず左傾学生、両親がそろわないなどの家庭の事情、既往症（肺に影のある学生は、完治してても不利）、夜間学生、地方大学、修士さま（文系）、短大、女子学生などであったという。

また「時には、実力や人物よりも、容ぼうがモノをいい、同志社大学では「この春の卒

【図表13】大学卒業者採用条件各別比重表

項目	25年度	26年度	27年度 重要度 1	27年度 重要度 2	27年度 重要度 3
思想		60	88	62	29
健康	97	57	103	80	70
成績	96	39	45	62	94
性向(人物)	80	24	91	33	22
性別	77				
学歴	74				
年令	77	2			
縁故	73	2			
居住	68				
配偶	67				
運動	63	3			
扶養家族	62	1			
国・私の別	50				
家庭身元		19	6	11	21
勤務地		10	2	1	6
誠実		7	5	8	4
明朗		5	6	7	5
通勤		5	3		2
語学		3	2	2	4
常識		3			
永続性		3	1		2
指導性		3	5	11	3
大学の推せん		2			
現役		1			
職業適性			5	4	5
入社試験成績			1	7	4
その他	23	8	3	7	10

1950(昭和25)年~1952(昭和27)年の採用条件を示したもの。データ採取方法のばらつきはあるものの、一貫して「健康」や「性向(人物)」と並んで「思想」が高い比重を示している。(出典:日本応用心理学会・日本職業指導協会編『職業指導講座第4巻技術編Ⅱ』中山書店、1955年)

業生でしたが、本学一等の美人学生がイの一番に、ある証券会社に就職決定したのはさすがと思いました」」とある。

相変わらずといえば、スポーツ選手の強さである。1951（昭和26）年3月11日号『サンデー毎日』「広き門狭き門――今年の就職戦線を覗《のぞ》く」によれば、その広き門の代表である「運動選手は引張《ひっぱ》りダコ」であり、「何百万、何十万の契約金で誘いをかけてくるプロ野球をけって大昭和製紙に入った早大の石井、荒川、鐘紡《かねぼう》やプロ有力球団の誘いをしりぞけて野球のない都商事に入った慶大の山村をはじめとして有名無名を問わずスポーツ選手は引張り凧である。これは青白きインテリより、明朗で健康な、思想にも安全な運動選手は会社の広告にもなるしといった一石二鳥の策である」。

他方、狭き門の代表は、やはり社会主義・共産主義にシンパシーを抱く「赤い学生」。「赤色分子の職場侵略を防ぐ」ために、「徹底した思想調査」がなされた。「好成績で合格したある学生の身上調査を会社側が最後に仕上げに行なったところ、意外や、これが当局のブラックリストにのっていることがわかって、あわてて採用を取消したが、取消された本人には健全思想の持主であることに自信があり、残念に思って調べたところ、これが何と恋のうらみで根も葉もない投書を誰かにされていたことがわかったということもあった」という。

最近で言えば、知人が内定したことへの嫉妬から、その学生を貶《おとし》める誣告《ぶこく》メールを流す、匿名アカウントでツイートする、掲示板に書き込む等々といった行為にあたるだろうか。また、直接知っているわけではなくとも、非常識な行ないによってネット上で炎上騒ぎとなった大学4年生の過去ログが漁られ、その内定先が特定された場合には（とくにその内定先が有名企業・人気企業であればあるほど）、その企業に対して当該学生の内定取り消しを求めるメールが殺到したり、その企業の代表番号の電話が鳴りやまない――いわゆる「電凸《でんとつ》（電話で突撃）」――といった騒ぎが起こることもある。ここでも、メディアこそ異なるが、往時の学生と現在の学生との間にさほど違いがないように思えてくる。

学生の側の行動の変わらなさと言えば、戦前にもあったマニュアル（手引書）頼りの就職活動もそうだろう。

前出の記事「角帽族売出す」には、「受験理由を聞かれて〝女にほれたようなものです〟と答えて試験官の舌鋒《ぜっぽう》を巧みにかわした学生もあったが、これは某受験雑誌の模範答案の受売りである」とある。

また同じく既出の記事「赤信号の角帽市場」には、面接にて若禿《はげ》をからかわれた学生が、面接者の中に禿げ頭の者を見つけて、禿げ頭が向きそうな会社だと切り返した例などが挙げられている。これなどは、今の言葉でいえば「圧迫面接」であろうし、「この学生は、もちろん採用された。ハゲを買われたのではない。ハゲをからかわれてベソをかかなかったのが、みごとだ、というわけだ。ヒガンで、暗い男になるどころか、彼はくったくのない、明るい好青年であることが、よくわかったからである。——これは、山一《やまいち》證券の採用試験であった話」などというのは、圧迫面接に打ち勝った武勇伝とも、戦前から今日までさまざまに流布している就活都市伝説の類いとも考えられよう。

ともかく「泣き面はいけない。涙声は禁物だ。就職試験とは、はじめてアカの他人に会い、彼らをチャームすることである。ベソをかいている男に、誰がほれるものか」と記事は言う。

同じ「赤信号の角帽市場」には、「大会社の人事部長は、例外なく、声を落として、「もし採用試験に、落っこちたら、しかたがないから、学校も落第するんですな。そのまま学年に、とどまっていて、来年の秋にまた入社試験をうけるんです。浪人しては、いけません。どこの会社でも……いい会社なら、絶対に浪人の経験者は採用しません。学校出たての、フレッシュ・ボーイにしか、魅力を感じないんです。」」ともある。このあたりは現在も同様で、多くの就職留年を生み出している。

そして、選考基準の変わらなさ。「赤信号の角帽市場」にも、いろいろ挙がっている。

「一流会社の人事課長に、どんな人を採るか、ときけば、決まって答えるのが、三原則というものである。すなわち身体強健、成績優秀、思想堅固。…学校成績は、よければ、もちろん申し分ないが、どの程度学校成績を見るか、という点で、各社の見解はマチマチだ。…とにかく口頭試問というものは、答えの正しさやまちがいよりも、答え方で採点されるもの、と思ってよい。…こうなると、どんな青年が、幸運にめぐまれるか、割り切ったことはいえないことになるが、割り切れぬところが、実社会の面白みであろう。学校の試験のように、正と否が、ハッキリした形で採点できぬ。ある会社で、通ることが、他の会社では拒否されることだって、あり得ることを知っておかなければなるまい」

縁故（コネ）の扱いに関しても、当時サラリーマン小説で人気だった源氏鶏太《げんじけいた》の言葉を引きつつ、「裏口採用や縁故採用をおそれる必要はない。大会社なら条件の同じ学生がならんだ場合に、縁故のあるものが有利というていど。もちろん手をまわせるものは、そうするに越したことはない」と述べられている。

　面接にあらかじめ明確な評価基準があるわけではなく、また特別に強力なコネ以外は決定打にならないといった点は、現状とさほど大きな相違はなかろう。

自己分析とペン字履歴書の始まり

　そして、「変わらなさ」の例として、「自己分析」も挙げておきたい。もちろん、自己分析の語が広く就職活動全般に広まったのは、ここ20年くらいの動きであろう。しかし、アメリカ心理学から輸入された「自己分析」の語は、１９５０年代にすでに日本でも用いられていた。日本応用心理学会・日本職業指導協会編『職業指導講座第4巻技術編Ⅱ』（中山書店、１９５５年）には、東京大学教育学部教授の心理学者・沢田慶輔《さわだけいすけ》による「自己分析」の章があり、「シカゴ・プラン」と呼ばれる取り組みが紹介されている。

「シカゴにおいては自己分析は「自己評価と進路」（Self-Appraisal and Careers）の中に位置づけられている。「自己評価と進路」は第十一学年および第十二学年の生徒の選択科目の一つであり、社会科学系に属し、毎週五時間一セメスターにわたって学習される。この科目が最初に設置されたのは一九三八年の秋であり、当時は五つのハイスクールにおいて実験的におこなわれ、単位は認定されなかった。つぎのセメスター、すなわち一九三九年の二月からは正式にカリキュラムのなかにとりいれられるようになったが、その設置は学校長の随意に任されており、生徒にとっても選択科目として課せられている」

少し時代が下るが、中学生の職業教育に「シカゴ・プラン」が取り入れられた例もある。

1959（昭和34）年3月1日号『サンデー毎日』「ついになしとげた完全就職――〝自己分析学習法〟の奇跡」によると、「もう春、またまた〝卒業式イコール失業式〟なんて泣きたいしゃれが、日本中のあちらこちらで語りつがれるシーズンとなった」が、「そんななかで、百％が第一志望のままに完全就職できたという、今時の常識を裏切る中学校があった。三重県四日市市立南中学校（校長・水原寿先生）である。この奇跡ともみえる成果のタネは〝自己分析学習法〟という、これまた耳なれない教育にあった」という。「この学習法の基礎を確立したのは一九四八年で、有名な教育学者ウィリアムソンの業績だった。今日ではフィラデルフィア、シカゴ両市やソ連の一部の学校でも、この学習法を採り入れて」おり、一年次には社会科・職業科・家庭科などの授業の中で知識を習得し、二年次には実習・見学にでかけ、「いよいよ三年生となると現実の職業の選択である。各自が一冊ずつの〝自己分析ノート〟を作らされて、めいめいの性格、興味、知能、得意、家庭環境などなどの詳しいメモを取り、針路決定の資料とする」。

今では大学生たちが、3年生の夏から冬にかけて、「自己分析ノート」を埋める作業に没頭していたりする。

一方、当然のことながら、この時期に大きく変わった点もある。それは、履歴書の書式だ。松浦敬紀『就職』(日本経済新聞社、1978年)は、その経緯を次のように描いている。

「デフレ下の就職難の時代の中で、履歴書のペン字横書方式が始まった。ペン字横書方式が普及するのは昭和三十一年からである。発端となったのは東大法学部の緑会が推進した「履歴書ペン字横書運動」の呼びかけである。「履歴書ペン字横書運動推進委員会」が全国の主な官公庁、民間企業五〇〇社について、アンケート調査を行なったところ、回答を寄せた二三二社のうち「積極的にペン字横書に統一する」五三(回答したものの二二%)「受理するが強制はしない」一二四（五三％）「受理しないが大勢には順応する」二七（一一％）「あくまで毛筆書き」一五（六％）で、残りは「検討中」という結果が出た。つまり八割近くまでが「履歴書はペン字横書でいい」という結果が出た。この中には、東京、中部、九州各電力、三和銀行、三菱商事、住友金属、東京瓦斯《がす》などの一流企業が多く含まれていた。当時いちばん反対したのはデパートであった。ペン字横書運動の効果はすぐ出た。東大法学部に求人を申し込んだ二二〇社のうち、一三六社（六一％）がペン字横書を採用、あくまで毛筆というのは四二社（一九％）にすぎず、残りは「どちらでもいい」か「ペン字縦書希望」となっていた」

百貨店員には、贈答品に熨斗《のし》紙をつけるなど、業務上の必要があったからなのだろうか。

この点について、学生論・若者論も多く著した山下肇《やましたはじめ》（当時、東京大学教養学部助教授）は、１９５６（昭和31）年10月号『中央公論』「就職戦線について想う」にて、「意地悪い見方をすれば、東大法学部学生にとって就職上ほとんど唯一の残された劣等感は、毛筆の字の下手なことではなかったろうか。ぼくのみたところ、東大生は一般におそろしく字が下手である。それに比べて仏教大学の学生などは遙かに能筆の人が多く、案の定この運動に対して反対したのは仏教大学が多かったようだ」と述べている。

この「仏教大学」は、今の仏教大学を指すのか、それとも仏教系大学全般（駒沢大・立正大・龍谷大など）のことを言っているのだろうか。どちらにせよ、和紙に筆という慣習は、さすがに戦後世代にとっては受け容れ難かったのである。

太陽族映画にみる就職

戦後も大学生を主人公とした映画は多く作られた。

１９５５（昭和30）年には「大学は出たけれど」が公開されたが、これは戦前の小津安二郎作品とはまったくの別物である。残念ながらＤＶＤ化された様子はなく、今日観ることは容易ではないが、大学のボート部員であった男性三人組が、恋と友情のドラマを繰り広げるといった作品だったようだ（なぜか力道山《りきどうざん》や遠藤幸吉《えんどうこうきち》などプロレスラーたちも出演）。「落第はしたけれど」の主人公高橋役の斎藤達雄や、同じく「一人息子」の主役をつとめた日守新一などが出演しているのは、小津作品へのオマージュなのだろうか。ただし２人とも、さすがに年齢的に学生役は無理であり、主人公の親世代にあたる役柄を演じたようだ。3人組のひとりが、卒業試験でのカンニングがバレて落第したり、また他のひとりも卒業はしたものの無職など、やはりどこか小津版からの影響が感じられる。

そして翌1956（昭和31）年、「太陽族映画」が旋風《せんぷう》を巻き起こす。「太陽族」も大宅壮一の造語である。石原慎太郎の芥川賞受賞作「太陽の季節」とその映画化が一大ブームを引き起こし、石原慎太郎原作の第二弾「狂った果実」（日活、中平康《なかひらこう》監督）で本格的に銀幕デビューした石原裕次郎（慎太郎の実弟）は、一躍スターダムに駆けのぼった。湘南《しょうなん》育ちの慶応ボーイの遊び人、石原裕次郎がスクリーンいっぱいに暴れまくる姿は、多くのエピゴーネン（追随者）を生み出し、夏の浜辺は、サングラスにアロハシャツ、髪は慎太郎カットの若者たちであふれかえっていた。

大宅と雑誌（週刊誌）ジャーナリズムは、そうした若者たちを「太陽族」と命名し、その傍若無人《ぼうじゃくぶじん》な振る舞いや性的な放埒《ほうらつ》を、社会問題として取りざたしたのである。今では考えられないことだが、当時の石原慎太郎は、既存の体制や大人社会の秩序にたてつく、「価値紊乱者《びんらんしゃ》」だったのだ。

一連の太陽族映画には、当然のことながら多くの大学生が登場している。一橋大学在学中に作家デビューした石原慎太郎にとって、大学生たちの生態、とりわけ慶応大学在学中

（慶応高校からの内部進学組）の弟の周囲にいたややヤンチャな学生たちの風俗――酒・ケンカ・ヨット・女・ギャンブル・ジャズ・ダンスｅｔｃ．の放蕩《ほうとう》ぶり――は、小説の格好の題材であった。「狂った果実」で石原裕次郎演じる滝島夏久の友人たちは、享楽的な生活を送りつつ次のようにうそぶいている。

「学校の教授どものしゃべってること聞いてみろよ、千日一様、昔はあれで通ったかも知れないが、今じゃ時代錯誤の世迷《よま》い言《ごと》じゃないか」
「経済原論の立川な、あいつこの前の時間に、諸君は将来のキャプテン・オブ・インダストリーとかぬかしやがる、サイレント映画の解説じゃあるめぇし、隣にソ連と中共のいる今時によぉ、まぁよくも見果てぬ夢を追ってられるもんだよな」

やはり石原慎太郎原作で、太陽族映画の代表作のひとつとされる「処刑の部屋」（大映、市川崑《いちかわこん》監督）も１９５６（昭和31）年封切り。Ｕ大四年に在学する島田克巳（川口浩《かわぐちひろし》）は、他大学の学生と乱闘したり、野球の大学リーグ戦後に盛り場でみかけた女子大生顕子（若尾文子《わかおあやこ》）を睡眠薬でもうろうとさせ、乱暴するなど無軌道な生活を送っていた。そんな克巳は、高校以来の悪友である良治が、妙に大人しくなったのが気に入らない。授業料を払いに大学事務室の窓口にきた克巳は、事務室内にいる良治を見かけ、近くにいた友人に「おい、良治と就職課長がペコペコしているけどなんだ」とたずねる。すると友人は、「ビール会社の重役だってさ、良治のヤツ、コネがつきそうだと言ってたぜ。はやばやとうまくやってやがる」。克巳は、喫茶店で良治をみかけ、「ビール会社にコネがついたんで、おとなしくしようってのかい」とからむ。昔のように良治と暴れたい克巳は、一計を案じるが…、というストーリーである。

1950年代の買い手市場の就職戦線においては、就職課員が採用先に平身低頭するのと同様に、学内選考を行なう大学の就職課は、学生たちにとって自らの命運を握っている存在であり、その権威の前にひれ伏すしかない相手であった（一方克巳は、大学職員どころか、ゼミの担当教授をいきなり殴りつけたりしている。おぉ怖い）。

興味深いのは、宮口《みやぐち》精二《せいじ》演じる克巳の父親である。銀行の小さな支店の支店長あたりをつとめる、胃弱で痩身のサラリーマン。「私もU大の卒業生だ」と言っているので、1920年代の就職難を乗り越え、無事銀行に新卒採用された世代なのであろうか。克巳の友人のドラ息子に、お父さんのところにもお取引願いたいものですな、なにとぞよろしくお伝えくださいなどと、それこそペコペコしている。克巳は、気弱でありながら家では家長として振る舞い、体面ばかりを気にし、古臭い常識をふりかざす父親を軽蔑している。

そんな父子関係ゆえか、克巳は大卒ホワイトカラーの小市民的な暮らしぶりをどこか小バカにし、そのレールに乗ろうとしているかつての悪友・良治に対して苛立っているのだ。こうした社会への反抗的なそぶりは、大学生や大卒者以上に、戦後の新制中学・高校の卒業生たちの心をとらえたのだろう。ブルジョア大学生の風俗を描いた石原慎太郎の小説、とりわけそれを原作とする映画は、より広範な若者たちに支持され、そのファッションやスタイルが模倣されたがゆえに、「太陽族」は社会的な現象となったのである。

他には、いずれも1956（昭和31）年の作品である「日蝕の夏」（東宝、石原慎太郎原作・主演）、「逆行線」（日活、岩橋邦枝《いわはしくにえ》原作・北原三枝《きたはらみえ》主演）、「夏の嵐」（日活、深井迪子《ふかいみちこ》原作・中平康監督・北原三枝主演）、「太陽とバラ」（松竹、木下恵介《きのしたけいすけ》監督）などが太陽族映画とされる。中でも、「青春の音」（松竹、関川秀雄《せきかわひでお》監督）は、大学生の就職がもっとも中心的なテーマであったようだ。

佐田啓二《さだけいじ》（中井貴一《なかいきいち》の父）演じる杉本は、大学のバスケット部の花形選手で、就職も大企業から誘いがきている。一方親友の小沼（渡辺文雄《わたなべふみお》）は、両親をすでに失っており、アルバイトに追われる苦学生で、就職にも苦戦している。そして、佐田と小沼には、悲劇的な結末が待っている…といった大学モノ、青春モノの映画であったようだ。

なお1929（昭和4）年生まれの渡辺文雄は、旧制高校を経て東京大学経済学部卒という学歴である。新制と旧制の過渡期を生きた世代であり、大学卒業後電通に入社したが松竹に出向し、映画俳優としてデビューすることとなった。二枚目俳優として一世を風靡《ふうび》した佐田啓二は早くに亡くなったが、渡辺は大島渚《おおしまなぎさ》監督らとともに松竹を離れ、その後は悪役としてヤクザ映画に数多く出演するなど、貴重なバイプレイヤーとして活躍を続けた。

話を映画「青春の音」に戻すと、就職においてやはりひっぱりダコの体育会系や、両親がいないことが就職にハンディキャップとなる点などは、それなりに当時の現実を反映していたのであろう。

1955（昭和30）年10月2日号『週刊朝日』「どんな人が選ばれた？――就職戦線始末記」では、採用選考の問題点として、コネ重視、女子学生の不利、学内選考の存在、思想調査、年齢制限などとともに、家庭事情による有利・不利を挙げている。「各会社の人事当局者の間には、「片親のない子は性格が暗い」という、もはや信念といってもよい確信があるといわれている」というような、差別的なものの見方がまかりとおる時代だった。当時の厳しい社会環境を知っていただくために、あえてそのまま引用している。

だが、よく言われることだが、太陽族騒動《クレイズ》にわいた1956（昭和31）年は、「もはや戦後ではない」が流行語となった年でもある。低迷する戦後経済から、ようやく浮上の糸口をつかみ始めた時期だったのだ。1950年代後半に向かって、徐々に新卒就職をめぐる状況は好転の兆しを見せていく。

秋、就職シーズン到来

この頃、「木の葉が黄色くなれば、学生は青くなる」という言い回しが、新聞・雑誌記事において頻繁に用いられていた。要するに、大学4年生の秋が就職シーズンの盛りであり、その時期になると学生たちの顔色が悪くなるというのである。

就職難と聞くと学生たちは早くに動き出し、企業の側も「では、いい学生を早期におさえよう」と躍起になる相乗作用は、当時も今も変わりはない。そして、就職スケジュールの前倒しが進み過ぎると、今度はそれを規制しようとする動きが生じ、日程のルール化がはかられたりもするが、ルールができると今度はフライングする企業や抜け駆けする学生が現われる…といったイタチごっこは、戦前からすでに存在していた。1952（昭和27）年あたりの様子を、ここでも尾崎盛光『日本就職史』で見ておこう。

「就職あっせん、入社試験の期日についての申合せができたのも、二十七年である。「新規卒業生の就職斡旋採用選考試験実施の時期については、具体的方法が不明確のため疑義を持たれている向もあり、又さきに実施しました就職問題連絡協議会における大学関係者及び業界代表者の御意見をも考慮し（つぎのように定めた）。1　大学が求人側と交渉し、その就職分野を開拓する努力は、出来る限り早期より積極的に実施すること。2　大学が求人側から採用申込みを受付け、又就職希望学生を求人側に推薦する時期は、十月一日以降とすること。3　求人側が採用選考試験を実施する時期は、一月以降とすること」（文部次官通達）」

また先ほど引いた三島良兼「大学における職業指導」にも、次のようにある。

「推薦がはやくなると、採用試験の時期もはやくなる。採用試験が、八月、九月ごろに実施されるとなると、学生は落着いて勉強することができなくなり、大学四年目の教育計画が破壊されてしまう結果となる。…文部省としても、この間の事情を考え、大学、求人側両方の要望によって、推薦の時期を調整することになったのである。すなわち、昭和二十八年度においては推薦の時期は十月一日以降とすることに意見の一致をみたのである。この調整は、大学、業界両方の協力を得て、ほとんど九割以上の精度をもって実施された。しかしながら、国立大学の法学部、経済学部は十月二十日以降、工学部関係は十月十五日以降推薦の線を出したため、推薦の時期については、三本立の形態をとることになった。このような三本立の形態に対して、求人側からはいろいろ批判がでている」

この頃「キャンパスの銀杏《いちょう》が黄色くなれば…」は正式にルール化され、1950年代半ばまでは、基本的には就職難が続いたため、秋が深まるにつれ、学生の多くは青ざめていった。

1955（昭和30）年10月号『中央公論』の記事「就職難にどう対処するか」には、「今年の就職戦線はまた昨年以上に深刻だと早くも告げられている。「大学は出たけれど」の嘆きは、ここ当分続くものと覚悟しなければなるまい」とある。とりわけ、女子学生の苦戦は深刻であった。

1955（昭和30）年12月4日号『週刊朝日』「どんな人が選ばれた？――就職戦線始末記」によれば、「表面は、男女に差別をつけるといわないが、実際は女子を敬遠する会社は多くなっている。そのために、情報あつめのベテランがいて、彼女らのあいだで「情報屋」とあだ名されてる者さえある。今年は求人文書に「男子のみ」とはっきり書いてきた会社が三割はある」という。

また1955（昭和30）年10月2日号『週刊朝日』「曇りがち、やや晴れ模様――今年の就職戦線偵察」には、女性の新職業分野としてキーパンチャー、スチュワーデス、スクリプター（映画やテレビドラマの撮影現場で記録・管理を行なう人）、幼稚園の先生、栄養士などが挙がっている。女性向けとされる仕事を「ピンクカラー」と呼ぶことがあるが、大学の家政学部や看護学部、教育学部（とくに幼児教育）などが、それに特化した職業教育の場として地位を得ていた。しかし、そうではない学部を出た女子大生の就職先は少なく、1960年代に入ると、高い教育を受けても活かす場がないのなら、男性に入学を譲れと言わんばかりの「女子大生亡国論」が登場することになる。

さらに女子の場合、採用の際に容姿が問われる度合いも高かった。

1955（昭和30）年12月4日号『週刊朝日』「どんな人が選ばれた？」の「高校生の就職展望」の項によれば、女子に対して身長153センチ以上といった条件がつくことが多かったようだ。

「『ウインドーから売り子の首だけチョコンと出ているのはどうも……』というので、デパートあたりが、女子高校生の身長をやかましくいうからである。…「容姿端麗」もおきまりの要求だ。最近では電話交換手の採用にまで「容姿端麗」とくる。「顔の見えない職場のはずだが」と求人側に問いあわせたところ「うちとしてのレベルがありますから」と突返された――とこれは神田橋《かんだばし》職業安定所での話」

そして1959（昭和34）年9月13日号『週刊明星』「〝容姿端麗〟という狭き門」には、「年々正面切って容姿端麗をうたう社は減っている」が、安田信託銀行によれば「うちは容姿端麗ではなく、容姿端正といっているんです。…身長の制限をしましたが、一四五《センチ》～一六三《センチ》というのですから、たいていの女性があてはまるでしょう。あんまり大きな女性は背の低いお客さんがみえたとき具合が悪いのでね。児島明子《こじまあきこ》さんみたいな大女はちょっとね。そういう意味の容姿端正という点では、うちの場合相当の比重があります。人にモノスゴク好感を与える女性でしたら、少々、生活環境、家庭環境が理想的でなくても合格します」という。これを受けてこの記事では、「まことにスジの通った話で、本人の感じさえよければ、バタヤ部落に住んでいようが片親がなかろうが、喜んで採用する、というのだから、文句のつけようがない」と述べている。

やはり「バタヤ部落」「片親」といった重大な差別表現や誤った認識については、歴史的資料として当時の表現をそのままにした。ご了解願いたい。

児島明子は、1959（昭和34）年のミス・ユニバース世界大会においてアジア系として初めて優勝したモデルで、当時児島に由来する「八頭身」が流行語となっていた。デパートは相変わらずで、十合《そごう》人事課の談によれば、採用要綱の中に「身長一五三チ《セン》以上、視力裸眼〇・六以上（メガネはダメ）、色盲、色弱、腋臭《わきが》不可」とあったという。こちらもご了解願いたい。

だがこうした厳しい就職をめぐる状況にも、徐々に変化が起こり始めていた。1957（昭和32）年10月号『キング』「「就職白書」を分析する」によれば、「経済白書が物語るように、三十一年度の日本経済は、世界一の躍進をとげた年であり、したがって就職状況も、好成績であった。文部省の三十一年度大学卒の就職調査では、今年三月末現在で、就職希望者一〇万人に対し、就職決定者七万一、〇〇〇人で、就職率七一％であった。これは、昨年三月末の就職率五九％を大きく上廻っている」とある。

しかし同記事は目下「就職戦線異状あり」で、「今年五月の金融引締め以後は、大口求人は減り始め、最近では、求人数が激減した反面、新規求職者数は増加の一方にある」「狭まる今年の就職の門」とやや悲観的である。

同様に1957（昭和32）年9月29日号『サンデー毎日』「完全就職大学――人生コースの明暗双曲線」でも、「「就職試験とかけて、パチンコと解く。心は？」こんなクイズが学生の間ではやっている。その心は――一応ネライをつけておいても、どこにはいるか自分でもわからない。結局のところ、アウトになってしまうおそれも多い、というわけだ」。

文科系（とくに文学部）の苦戦の一方で、この記事には理工系学生の争奪戦激化の様子が描かれている。

「〝採用内定〟も、昨年あたりから目だちはじめた学生争奪戦術のひとつ。正式の採用試験の前に予約買付をすましてしまい、試験は形式だけ行うという方法だ。…文部省と大学と会社側（日経連）と、三者の約束で「文科系の推薦は十月一日、試験は十日以降、技術系は推薦は十月十三日、試験は二十日以降、それより早く行なってはいけない」と定められている。ところがこれは紳士協定で、法的な拘束力はないから「バカ正直は損をする」とばかり、抜けがけが横行しているのが現状だ。日経連の事務局でもお手上げの形」

そして同記事は、「稀少価値でなくなった学士様」と締めくくられている。

1950年代後半、就職事情は学生個々それぞれで、晴れたり曇ったり、人によっては雨続きという空模様だった。やはり大学生たちが、「大学は出たけれど」の呪縛から解き放たれるのは、1960年代の高度経済成長をむかえてのことである。

3章　高度経済成長期の新卒者たち

就職情報産業の離陸

さて、いよいよ1960年代。

1960（昭和35）年9月21日付「朝日新聞」記事には、「就職シーズン。今年は例年にない求人ブームで、募集案内が掲示板にはりきれないと、学校側をよろこばさせている。景気のよかった昨年にくらべても、二割から五割も多い求人申し込みだという。あわてているのは求人側で、腰を低くしての、大学参りも多くなった」。

だが、すべての学生の表情が明るいわけではない。就職協定にもとづく正規のスケジュールを真に受け、夏休みの間帰省していたような「学校を通しての正式ルートを信用していた学生は、みな、あわて出した。とても勉強などできる状態ではなかった。これでは九月いっぱい、ゼミナールは開店休業の状態だろう」。夏のうちに、求職側と求人側との間で、さまざまな駆け引きが進んでいたわけだ。

ある学生は、「学校当局にも一言。多くの会社が十月一日以前に、協定破りの試験をしているとき、十月一日前には推薦しないという態度を堅持《けんじ》しているのは、どうなのだろうか」と、採用側のみならず大学側に対する憤懣《ふんまん》も漏《も》らしている。

他にも「優の数で区別することより前に、求人のないのは、もっと気が重い。就職課の求人一覧表を見ると、いくら目をサラにしてみても法律、経済、社会、経営の各学部という条件ばかり。文学部生への求人は実に少ない。まして二部（夜間部）の学生となると、ほとんど一般企業からは求人がない」。

また同記事には、学生側の不満として、相変わらず「最後はコネが物をいう」とある。そして学部の指定とともに、企業から特定の大学だけが採用枠を示される、相変わらずの「指定校制度」の壁に憤《いきどお》る千葉大生の声なども紹介されている。

【図表14】は、当時の大学生の新卒就職が、大学の就職部を通してか、もしくは親類・知人を通じたコネクションによるものかに二分されていたことを示している。

1959（昭和34）年7月5日号『週刊現代』「就職〝コネ〟つけ虎の巻」には、OBの連絡先を知るために「東大紳士録」など卒業生名簿が飛ぶように売れ、次のようなエピソードが紹介されている。

「親が社長や大臣などである七光族のことはいざ知らず、一般の学生は〝コネ〟をつかむために普通以上の努力、研究をしなければならないことはいうまでもない。この熱意と実行力は、現代を生きてゆくための立派な〝実力〟であろう」

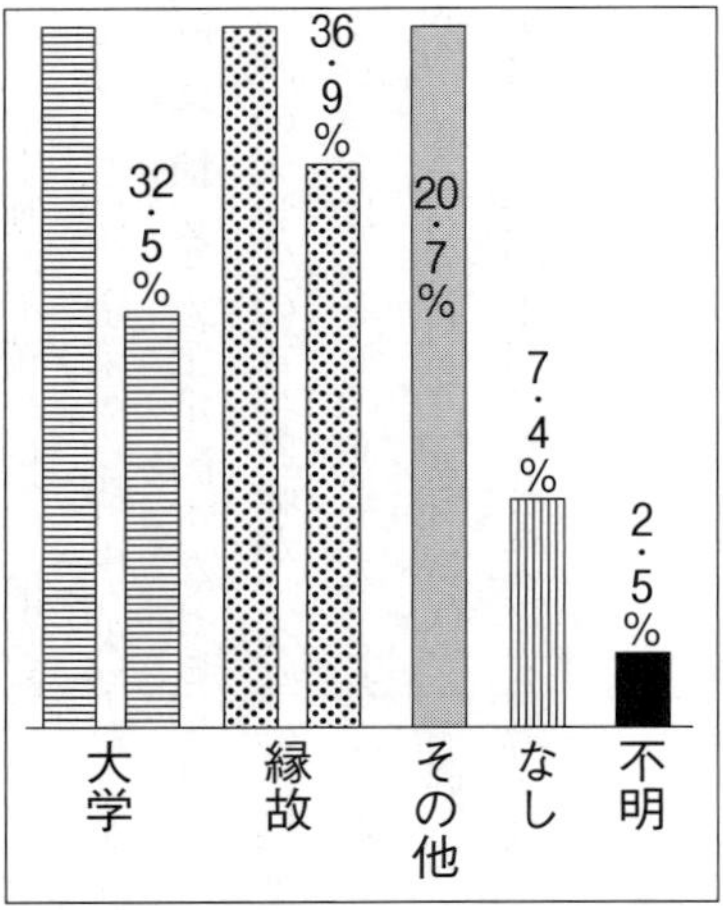

【図表14】1956（昭和31）年3月大学一般学部卒業生の就職のあっせん者

あいかわらず「大学」の推薦が多いが、それを「縁故」が上回っている。「最後はコネが物をいう」時代であった。（出典：1956年11月号『キング』）

「H君のような〝お義理コネ〟は無数にある。ハッキリいえば試験はこんな〝義理コネ〟をふるう（難波注：篩《ふるい》にかける）ためのものだ、という人もあるぐらいのものである」

「スポンサーに弱いのが民間放送やテレビ。昨年さるスポンサーの推薦学生を落としたところ、番組をおりるとゴネられた地方放送局があって、これには会社側もオゾケをふるったものだと伝えられた」

だが、1960年代に入り、新たな動きも現われ始めた。まず注目されるべきは、この時期に就職情報のビジネス化が本格的に始まった点である。大学と縁故以外の経路が登場し始めたのである。

もちろん、明治の昔から就職ガイドのようなものは存在した。たとえば、1907（明治40）年9月17日付「東京朝日新聞」紙面には、報知新聞・細谷丈夫《ほそやたけお》著『銀行会社商店就職案内』が、帝国青年議会編纂『東京苦学遊学案内』とともに広告されている。発行元は、両書とも博報堂。広告代理店として知られる博報堂だが、その発端の時期には出版業も兼ねていた。神田界隈《かいわい》に社屋をおいた博報堂は、出版業界とのコネクションを足がかりに、書籍・雑誌に関する新聞広告の扱いを伸ばしていったのである。一方電通は、当初は通信業を兼営し、新聞社へのニュースの配信も行なっていた。当時の広告産業・メディア産業は、まだまだベンチャービジネスの混沌《こんとん》の中にあったわけだ。

それはさておき、戦前から戦後にかけても、就職事情をガイドした書物や就職活動マニュアル本の類いも存在したが、その影響力は限定的であった。依然職探しの主たるメディアは、映画「大学は出たけれど」にも描かれていた新聞の求人欄、そして職業紹介所・職業安定所などであった。中でも新卒就職の場合は、「落第はしたけれど」にもあったように、学内の掲示板への貼り出しなど、大学経由の求人票が頼りだったのである。

だが、ひとりの奇才によって、事態は新たな展開を始める。

江副浩正《えぞえひろまさ》は、1936(昭和11)年に大阪で生まれ、1955(昭和30)年に東京大学入学のため上京する。そして掲示板に、「東京大学学生新聞」のアルバイト募集の貼り紙を見つける。編集部員ならば定額の報酬だったが、営業部員は歩合制であったという。江副は多くの学生とは逆に、営業部員の方に応募する。広告を一つとるごとに、マージンとして広告料の2割5分が、江副のものになるという仕組みだった(江副浩正『リクルートのDNA』角川ONEテーマ21、2007年)。

新聞を下から読んで(記事よりも広告を先に見て)、広告取りに歩き回った江副は、やがて企業の多くが、求人広告を東大新聞に載せたがっていることに気づく。就職難の1950年代においても、東大生はそれなりに引く手あまたで、企業の就職説明会なども学内で行なわれていたようだ。

1959（昭和34）年7月12日号『朝日ジャーナル』「就職前哨戦の季節——大学卒の求職・求人関係」には、「六月二十日ごろになると、国立大学の有名校では、就職説明会というのがスタートする。毎日ように、大会社から人事担当の課長クラスが、大学の教室を借りて「わが社」について紹介し、ときには、「入社希望者」のサインを集めてゆく」とある。

そうした動きに目をつけ、そこにビジネスチャンスを感じた江副は、大学卒業と同時に「大学新聞広告社」「日本PRセンター」を自ら起業する。森《もり》ビルの森稔《みのる》の知己をえて、旗上げのオフィスとして新橋《しんばし》のビル屋上のペントハウスを借り、数人の仲間と広告取りの奔《ほん》走《そう》を続けていった。

そして江副は、アメリカの雑誌をヒントにして、大学生向けの求人広告専門の冊子の発刊を思いつく。既存の大学新聞の広告欄を埋める代理業よりも、自らメディアを持ち、そこに広告を集めた方がより効率的ではないか…。そうした着想から1962（昭和37）

年、大学生向けの就職情報誌『企業への招待』（のちに『リクルートブック』）が誕生する。企業から広告料をとり、各社の新卒募集の広告を載せ、それを学生に配布するというビジネスモデル――今日の就職サイトに通ずる――は、ここから出発したのである。

この企画はヒットし、１９６３（昭和38）年に社名は「日本リクルートセンター（最初は日本リクルートメントセンター）」となり、１９６８（昭和43）年に『就職ジャーナル』の創刊、その翌年には高校教員向けの『就職指導』（現『キャリアガイダンス』）を創刊するなど、現リクルートホールディングスは急速に事業を拡大していった。

経済成長の追い風を受け、求人難へと向かう時代の流れの中【図表15】、就職（情報）産業は発展し、やがて「リクルート」の語は、大学生などの新卒就職の言い換えとして定着していく。好況期には、よりよい人材を求める競争が激化し、採用側が求人広告の出稿に積極的となる。不況期は不況期で、求人側は厳選採用に動き、よりよい人材への早期アプローチを目ざすし、求職側はより有利な求人情報を求めて就活メディアへの依存の度合いを高めていく。

どちらにせよ、新卒就職に対して世間の注目が集まれば集まるほど、話題となればなるほど、優良な企業や優秀な学生に関する情報へのニーズは高まり、当然その仲介者の価値

	四年制大学卒業者数	就職希望者数	決定者数	就職率
31年	84,410	69,460	45,060	64.9%
32	93,980	77,610	59,810	77.1
33	100,160	84,470	63,310	74.9
34	103,320	87,690	73,090	83.4
35	106,080	93,960	83,960	89.4
36	111,920	97,580	91,780	94.1
37	114,750	101,800	96,510	94.8
38	128,450	113,770	108,630	95.5
39	137,325	119,942	114,350	95.3
40	149,884	125,851	120,342	95.6

【図表15】昭和30年代の大学卒就職状況

好況によって、就職難時代から求人難の時代へと移行していった。

（出典：尾崎盛光『日本就職史』文藝春秋、1967年）

は上がり、就職ビジネスは発展していくのである。

揺れ動く就職協定

もちろん、戦前にも就職協定は存在した。前述のように1929(昭和4)年3月卒業生から、卒業が確定した後で採用試験を行なうとの申し合わせがなされた。

「しかしこの申し合わせは、優秀な学生を確保したいという抜け駆け会社を防ぐことができず、1935年6月、三菱の提案で協定は正式に破棄されて、各社がそれぞれ自由に採用選考の時期を決めることになった。これ以後、高等教育卒者にたいしては、卒業確定前の採用内定が常識となった」(野村正實『日本的雇用慣行』ミネルヴァ書房、2007年)

映画「大学は出たけれど」と「落第はしたけれど」の登場人物たちが、卒業後に「就職運動」に走り回っていたのは、それなりに協定が効力を発揮していたからなのである。その後、戦争による求人難によって、就職スケジュールは前倒しされ、以後在学中の就職活動が常識となったわけだ。

【図表16】は戦後の就職協定の変遷を、1990年代までまとめたものである。

先の三島良兼「大学における職業指導」や雑誌記事の引用にあったように、1950年代はまだまだ4年生の秋から冬にかけてが就職活動のピークであり、就職協定はおおむね守られていた。

ところが1950年代末から風向きが変わり始める。その様子はすでに一部紹介したが、ここでも尾崎盛光『日本就職史』を引いておく。

「いよいよ高度成長の最盛期、三十年代の中ごろから後半になると、話題を呼んだのは、なんといっても「青田刈り」であった。…文科系十月一日、理工系は十月二十日という、企業側と大学側の申し合わせは、三十四年にぼつぼつ破られはじめたが、三十五年にはかなり公然と破られるようになった。三十六年四月には、日経連の常任理事会で一応在来の協定を確認する申し合わせをおこなったが、すでにその内部では、申し合わせ破棄、いわゆる野放し論が出ていた」

そして、1961(昭和36)年の野放し論は、翌年に野放し宣言となる。

年　次	推薦・会社訪問開始日（注1）	選考開始日（注2）	事　　項
1981年	10月1日	11月1日	労働省は中央雇用対策協議会で、「協定遵守委員会」からの脱会を表明
1982年	〃	〃	文部省、大学、経済四団体から構成される「中央雇用対策協議会」による紳士協定としての就職協定が始まる
1986年	8月20日	〃	主要企業52社による就職協定遵守懇談会が発足、就職協定を結ぶ
1987年	会社訪問 8月20日 個別訪問 9月5日	10月15日	就職協定遵守懇談会は就職協定を改定
1988年	〃	〃	大学と企業による就職協定協議会が発足
1989年	8月20日	10月1日	就職協定協議会は就職協定を改定
1991年	8月1日	〃	就職協定協議会は就職協定を改定
1992年	8月1日（目標）	〃	企業の自主的決定とする就職協定を結ぶ
1997年			就職協定協議会は97年以降就職協定を廃止することで合意

【図表16】就職協定の変遷

推薦・訪問の開始日、選考の開始日ともに激しく揺れ動いており、1962（昭和36）年には、ついに協定放棄が起こる事態となった。※注1：1952（昭和27）年から1971（昭和46）年までは推薦の開始日。1972（昭和47）年以降は会社訪問または求人活動の開始日。注2：1987（昭和62）年以降は内定開始日。（出典：木谷光宏「就職と採用をめぐる環境変化とその影響」永野仁編『大学生の就職と採用』中央経済社、2004年）

年　次	推薦・会社訪問開始日（注１）	選考開始日（注２）	事　　　項
1952年	10月1日	1月以降	労働・文部両省次官名の通達で選考期間の特定、採用結果の学生への速やかな通知等を要請
1953年	〃	10月15日	大学・業界団体・関係官庁による学生就職問題懇談会は学生の推薦開始を10月1日以降とする「大学卒業予定者のための推薦時期に関する申し合せ」を決議し就職協定が始まる
1957年	事務系 10月1日 技術系 10月13日	事務系 10月10日 技術系 10月20日	学生就職問題懇談会は「大学卒業予定者のための推薦時期に関する申し合せ」を改定
1961年	会社説明会 7月15日 推薦 10月1日	事前選考 8月1日	学生就職問題懇談会は「大学卒業予定者のための推薦時期に関する申し合せ」を改定
1962年			日経連は「学卒者採用選考の期日を定めない」と事実上、就職協定を放棄
1971年	10月1日		大学側の申し合せにより推薦開始日を定める
1972年	5月1日	7月1日	文部省、労働省、大学関係団体、経済四団体の四者から構成される中央雇用対策協議会は青田買い防止を目的に「中央雇用対策協議会協定」を決議し、就職協定が復活
1974年	6月1日	〃	中央雇用対策協議会は「中央雇用対策協議会協定」を改定
1975年	9月1日	11月1日	中央雇用対策協議会は「中央雇用対策協議会協定」を改定
1976年	10月1日	〃	中央雇用対策協議会は「中央雇用対策協議会協定」を改定
1978年	〃	〃	中央雇用対策協議会は「協定遵守委員会」を設置

「三十七年四月には、ついに日経連が、十月一日等の協定は無意味であるとの、いわゆる「野放し」宣言をおこなった。これに対して、国立大学は、依然として期日協定の確認をおこなったが、私大連盟は、公式推薦状は十月一日だが、実質的な紹介状は七月一日から発行する、との態度をきめ、実質上、採用試験は、一気に三ヵ月をとびこえて、夏休み前期にくりあがってしまった。国立大学協会は、その後も毎年依然として十月一日の線を確認してきたが、三十九年には、文部省が十月一日の線を厳守するのではなく「目途《もくと》」とする、と発言するように変わってきた。これに対し、国立大学の中核になっていた旧帝大と一橋大の法経商学部長会議は、昭和四十年、十月一日の線はくずさないが、八月一日以降の事前選考には協力する。ただし、七月十五日の就職説明会以前、つまり夏休み前の学期中には、学生と接触しないように、と求人側に申し入れを行なった」

新聞・雑誌記事にも、1960年代にさしかかる頃からのアナーキー(無秩序状態)が見てとれる。

1959(昭和34)年9月27日号『週刊朝日』「就職戦線異状あり——まさに無協約時

代」は、先述の有名大学での就職説明会の実態を描いている。

「新聞などでも、今年の就職景気は、戦後最高だと書きたてている」

「今年とくに目立った傾向の一つは「就職説明会」であった。すでに一学期のはじめから目ぼしい大学に、大会社の幹部が出向いて「わが社」のPRをやるのである」

「「内定」という名のもとに、十月の「公開試験」だけは受けて下さい、と言われる。まさに「無協約時代」ともいうべき就職戦線の異状である」

そして1961（昭和36）年10月15日号『朝日ジャーナル』「有名無実の採用試験——要領のいい学生が得をする」では、「引く手あまたの技術系は二、三月ごろから、すなわち三年生の終わりからスカウトの手がのびた。工場見学の折りには〝予備面接〟があって「あなたの診断書を作りましょう」と、書類や成績や家庭状況が書き込まれると、もう事実上の内定で、七月一日の実習開始で採用となる」。

また同年7月1日号『サンデー毎日』「あなたの就職は大丈夫？」では、「文部省の調査によると、昨年などは協定期日の十月一日以前に入社試験を受けた学生は、全部で五五パーセントもあり、特に工学部関係では七一%というありさまだった」とあるように、アナーキーは決定的なものとなった。

翌年もこの状態は続き、1962(昭和37)年7月22日号『週刊読売』「就職戦線突破! 七つのカギ」には、すでに会社回りのエピソードが見られる。

「慶応大学経済学部四年生のW君は「うちの大学では、四月五日に進級が発表される。ぼくは四月六日から〝会社回り〟を始めました。うちは、みんな出足は早いほうです。一か月に三〇社ぐらいかけ回るイダテン男もいますよ」」

また「採用試験を公募組とコネ組と、二段階に分けて行なう会社が多い。公募組の試験は、文部省の通達もあることだから、そう早くは行なわれないが、コネ組のほうは、四月早々に行なわれる場合もある」という事態になった。

【図表16】(140〜141ページ)にはないが、先の『日本就職史』の引用にあるように、1964(昭和39)年の東京オリンピック後の証券業界を中心とした昭和「四十年不況」を背景に、会社説明会解禁を7月15日、事前選考解禁を8月1日とする申し合わせもなされたが、「新協定が守られたのは、この年と翌年のみで、景気の回復とともにくずれた。就職シーズンが早期化し、新協定は再び有名無実化した。一流といわれる国立大学では、大学三年の後期試験終了後の二、三月が採用試験のヤマ場になったほどだ」という（松浦敬紀『就職』日本経済新聞社、1978年）。

求人側の勢いが影をひそめる景気の停滞期には、それまでの行き過ぎへの反省として、採用スケジュールを後ろに戻そうとするバネも働くが、不況を脱するとすぐさま、いい学生をキープしようとする企業側のフライングが相次ぎ、申し合わせは無視されていったのである。

戦前にも第一次世界大戦下の好況期には、大学4年生になると「帝大生・商大生」などは接待を受け、夏休みには小遣《こづか》い稼ぎに内定企業に通うなどの例があったようだが、その戦後版（とくに理工系学生）が出現したわけだ。

2014（平成26）年度までの「3年生の12月に説明会スタート」のスケジュールに慣れている身には、3年生の終わり頃から内定（内々定）が出始めるのは当たり前の光景なのだが、当時としては驚愕《きょうがく》に値する現象であったのだろう。夏場の「青田買い」ならぬ、「早苗《さなえ》買い」「苗代《なえしろ》買い」、さらには「種籾《たねもみ》買い」などと言われた事態である。

大学4年生を指して、「就職零年生」「サラリーマンゼロ年生」という言い方も当時よくなされた。そこには、学業を放り出し、半社会人化した学生たちへの皮肉や、抜け駆けが横行する企業側への批判が込められていたのだろう。このような就職活動スケジュール前倒しの風潮の中で、さまざまな問題が浮き彫りとなっていく。

尾崎盛光『日本就職史』によれば、それは「一つは、青田刈りに漏れた大学の問題、第二は大学の権威失墜、別の面でいえば正直者が馬鹿をみるという問題、第三は、好況のなかでもいっこうに日があたらぬ女子学生の就職問題である」。

二番目と三番目の点に関しては後に述べるとして、「青田刈りに漏れた大学」についてふれておけば、中堅以下の私立大学やかつて「駅弁」呼ばわりされた地方の大学などがそれに相当したようだ。「埼玉大や静岡大のように大産業地帯に近いものか、山口大（山口高商）、長崎大（長崎高商）、滋賀大（滋賀高商）のように戦前の高商時代からの伝統のあるところ以外は、あまり見通しがよくない。特に「受験の機会さえ与えられない」という悩みが大きい」という。

1962（昭和37）年5月28日付「朝日新聞（東京版・夕刊）」には、「大学のレッテルがすべてか」と題された中央大学商学部生の声が載せられている。

「就職のための会社まわりをして、ある会社で「お宅はうちの指定校にはいっておりませんので」と門前払いを食わされた。たまたま一緒になった有名校のA大生は応接室へ。……あっさり頭を下げて退散したものの、お腹の中は失恋したほうがまだましなほどさびしい思いで一杯でした。帰りのエレベーターの中で「おめえんとこの製品は金輪際《こんりんざい》買ってやらねえぞ」と、じだんだ踏《ふ》んでわめいてやりたい気持ちでした」

1885（明治18）年に東京神田に開設された英吉利《いぎりす》法律学校を前身とする私立伝統校・中央大学の学生ですら、法学部生ではなかったせいか、4年生の5月段階における「指定校生」との差別待遇に涙したのである。同様に、早稲田は政経学部、慶応ならば経済学部が特別扱いであるとの他学部生の恨みも、当時の記事には散見される。

だが、1960年代を通じて、時折の不景気や、過度の就職スケジュール早期化への反発などによる揺り戻しはあるものの、男子大学生に関してはおおむね求職側優位の「売り手市場」であり、その恩恵は文系学生や、旧帝大・商大以外の国公立大ないし早慶以外の私大へも行き渡っていった。

「大学は出たけれど」の言い回しが影をひそめていき、採用側が狂奔する意味での「就職戦線異状あり」のディケードだったのである。

就職課の権威が揺らぐ

ここで、この時期の大学側の対応を見ておこう。

1959（昭和34）年7月12日号『朝日ジャーナル』「就職前哨戦の季節」には、「三十三年度の新規就職者のうち四年制大学卒で、学校推薦が四八・五％に対して縁故採用が三一・三％にのぼり、短大卒では縁故採用が三七・四％、学校のあっせんが三四・四％である。学校の推薦やあっせんにも、実際にはコネのつけ加わるのが多いことを考え合わせれば、就職が実力本位、人物本位というのは、名ばかりである」とある。つねに企業側に厳しい『朝日ジャーナル』（朝日新聞社）であるが、一流校の優位、地方大学や短大の不利など「就職機会の不平等」の指摘はもっともな点も多い。

このように縁故重視がある一方で、この段階ではまだ学校の推薦・あっせんもそれなりに意味をもっていた。

1959（昭和34）年12月20日号『朝日ジャーナル』には、「挽歌もて、社会へ踏み出す友を送る」と題した早稲田大学第一理工学部土木科4年生の文章が載っている。

「T君へ――スマートな銀行屋さん。…夏の休みがあけて間もないころだった。ゆっくりした休暇あけというのに、君はほおのつやさえ消え、げっそりやせこけてしまって、おやじさんともども上京して来た。志望のN銀行を訪ね、まず会ったのが、おやじさんの旧友という預金部長。その人の紹介で、次に専務、頭取宅を訪問して何度留守に出くわしたか。三越から重役に贈り物をして、重役の移転のため、ふりもどってきたのが、いま、君の愛用のネクタイだという悲喜劇も君の就職には織り混ざっているはずだ。コネ、コネ、コネ。これが、君の信条だった。四年に入ると授業に出るより〝霞が関〟に通え！　先輩もよくそういった」

「A君へ――恥ずかしい失敗。…飲む、ノム、飲むの学生生活で、成績優等とはおせじにもいえない。次々と提出する就職申込書も、大学の就職課の窓口に三日留まっていて君につき返されるばかりだった。〝優〟の数が大臣のような面がまえをするのかとののしっていた君。大学というところは、〝優〟を一つ一つとることが就職の門を少しずつひらいていく仕組みになっているのを発見したものだ。…ジャーナリストは一〇〇〇人に一人の割合だ。落ちて嘆くこともあるまい。通俗に染《そ》まらず田舎のインテリゲンチャとなる君を喜ぶ」

友人2人に「挽歌」を送った当人も、企業に勤めるようだ。こうした屈折の具合も『朝日ジャーナル』らしい文章だが、まだまだ就職課からの推薦や、その選考に残るための「優の数」が意味をもっていたことがうかがえる。

1959（昭和34）年10月11日号『サンデー毎日』「六大学就職リーグ戦」には、「慶応大学、ここ就職部は、学生さんの世話もさることながら、父兄対策がたいへんだ」とある。なぜウチの息子を学校推薦の枠に入れてくれないのだ、あの会社なら縁故がきくのに……、というわけだ（今で言うモンスターペアレントだろうか？）。

1962（昭和37）年7月1日号『朝日ジャーナル』には、ずばり「『就職部』という大学の権威」という記事がみえる。早稲田大学の就職課長は「ここ二、三年の好景気で求人難が叫ばれているが、法文系の学生に関しては、対象を一流企業に限定すればまだ就職難」と語っている。

ゆえに各大学の就職指導も熱を帯び、明治大学『就職の手びき』や関西学院大学『就職要覧』など、「最近の「就職案内」は就職の原則論をつたえるだけではない。一〇〇ページ、二〇〇ページを費やして、就職事情解説にはじまり、学内選考の要領、「服装はキチンと、言語は明セキに」式の受験心得のあとには、アイウエオ順の公募会社の採用条件と内容までのっている。中には下表のような合格者の成績表をつけ、あるいは、「先輩の座談会」を載せ、試験問題を巻末に印刷するという充実ぶりである」。

あの企業に推薦されるには「優」をいくつ獲得すべきかを示す、採用先ごとの「星取表」も依然各大学で出回っていたようだ。

そうした「優がいくつ、良がいくつというわゆる「×勝×敗」の成績と、就職部の施す、せいぜい五分から一〇分間の面接が学生の就職機会を決定してしまうのである」。

その結果、「就職申込書も、大学の就職課の窓口に三日留まっていて君につき返される」A君の嘆きも生じるわけだ。「もちろん、学業成績と面接のほかに、就職予備テストや職業適性検査などを実施しているケースもある。中大、明大、法大などではほとんど全卒業予定者に〝実戦〟さながらの模擬テストを行ない選考段階の資料にするとともに、それぞれ卒業予定者を少しでも就職試験の形式に慣れさせようとこころみている」。

そして立教大学では、次のような学生からの反発が生じていた。

「人物調書事件というのは、教職志望のある立大生（女性）が、就職部で書いてもらった「人物調書」をたまたまあけてみたところ、思想的偏向を理由に、本人に極端に不利な評価がしてあったという事件だ。…就職部の事務職員の独断で書かれていたというのだ。…立大クラス委員会が、「就職部はいつから治安対策部となったのか」と食いさがるのもムリはない」

だが、好況による求人難は、徐々に就職部の権威を掘り崩し、それまでの大学間のヒエラルキーに揺さぶりをかけ始めてもいる。

「日経連の統計によると、三六年度七〇八社を対象とした調査によれば、大学に制限を設けたものは三二一社（四五・三%）、設けないもの三三七社（四七・六%）、無記入五〇社（七・一%）となっている。三四年度は制限をつけない会社が一四%だったから、これとくらべると、求人難の影響のためか、有名校以外への門戸開放の傾向が強まってきているとはいえる」

1962（昭和37）年7月22日号『週刊読売』「就職戦線突破！　七つのカギ」にも、先ほどの立教大の事件に関連して、「人物調書を、就職部員が独断で書く大学もある（もっとも、この処置は妥当でないというので、後日、問題とされたが……）。就職部の――学校の、と言いかえてもよい――おメガネにかなわなければ、希望の会社に推薦してもらうこともできないのだから、就職部のウケをよくすることも、カギの一つといえるだろう」とある。

就職部がまだまだ権威を維持しているとも、「カギの一つ」へと地位を落としたとも読める記事である。

学生たちの計算高さ

「就職戦線突破！　七つのカギ」によれば、大学生たちも計算高く動いている。

「学生たちは、ゼミナール選択時期である十二月になると、目の色を変えることになる。ただし、学生たちが問題にするのは、ゼミの内容ではない。担当教授が就職に熱心かどうか、大会社に、どれくらいのコネを持っているのか――が学生たちの最大関心事である」

「経済学部の学生に例をとってみれば、経済学史や社会政策などの基本科目は「優」がとりにくいから、あと回しにして、簿記論、会計学といった、簡単に「優」のとれる応用科目を、三年までにせっせとかせぐのである。四年生になってからの成績は、就職に関係ないから、基本科目が「良」でも「可」でも、卒業さえできれば文句はない」

だが、採用側は大学での学業成績をさほど重視していなかったようだ。同記事によれば、「日経連の「昭和三十六年三月採用試験結果の調査報告」によると、項目別の重視度では「面接試験」がトップで八六・二%(六百十社)で、二位以下の「筆記試験」五三%(三百七十五社)、「身体検査」五一・七%(三百六十六社)、「学業成績」三一・九%(二百二十六社)を大きく引き離している。コネの「縁故推薦」は「不明」を除けば最下位で、三・一%(二十二社)である」。複数回答ありのアンケートなので、何がいちばん重視されていたかは判然としない。だが面接試験が最重要であることを考えると、まず書類選考で篩《ふるい》にかける場合には優の数は有意味だったかもしれないが、大学での成績自体は、採否を決定的に左右するものではなかったのであろう。

尾崎盛光『日本就職史』も、「学校の成績があまり意味なくなると、これによって長年月、学内選考権をにぎって学生の上に君臨していた就職部が、こわくなくなる」「星取表や学校推薦がウェイトを失ってくると、浮かび上がってくるのは、「人物」という問題である」と指摘している。

他方、まだまだ大学ないしその就職課の力を感じさせる記事もある。

1960（昭和35）年11月21日号『週刊文春』「同志社大学の就職規定——二つの会社に合格して卒業できないはなし」には、二社から内定を得て、先に決まった第二志望の会社に断りを出した学生に対して、あくまでも同大学の就職課の規定「先決優先」に従うよう指導し、後から決まった企業——その学生にとって第一志望の就職先——に学校側が辞退届を出す事態が生じたという。二つの内定を持ちながら、心ならずもその両方を辞退することになった学生には、卒業せずの「就職留年」しか道は残されていないというのである。

だがこうした大学側の厳しい指導も、いつまでも続かなかったようだ。

松浦敬紀『就職』（日本経済新聞社、1978年）には、「昭和三十七、八年になると、六月七月にかけて大っぴらに試験が行なわれた。学生は四年になると、ほとんど勉強が手につかない。四月、五月、六月と、ほとんどの学生が四、五回は会社訪問をする。そして窮《きゅう》余《よ》の策として「すべり止め受験」が流行した。自分の希望する会社の採用試験が遅い場合には、とにかく、どこかに受験して受かっておく。あとで希望するところに入れば、前の会社はお断りというわけだ」とある。

大学から推薦を得た一社を受験して、だめならば次の会社を…という就職活動のスタイルが、崩れ始めたのはこの頃からだろうか。何十社と並行エントリーする昨今の就活と比べれば、「ほとんどの学生が四、五回は会社訪問」というのは、まだまだ牧歌的には思えるのだが。

また就職情報産業の台頭は、大学就職課の権威を掘り崩す要因のひとつであった。1962（昭和37）年から日本リクルートセンターの「就職動機調査」が始まり、大学生の人気就職先のランク付けが公表されるようになった。初年の事務系ベスト5社は、東レ・旭硝子《あさひガラス》・味の素・日立・富士製鉄であったという（尾崎盛光『現代青年論』読売新聞社、1971年）。すべてメーカーであり、しかも繊維産業がトップに来ているのには驚かされる。ちなみに富士製鉄は、1970（昭和45）年に八幡製鉄と合併して新日本製鉄となり、現在は新日鉄住金《すみきん》である。

その後のランキングの推移は、大学生の製造業離れを示す資料として興味深いが、こうしたものが発表されることで、大学生たちの志望先も左右されるようになった。また企業の側も、よりよい人材確保のために、ランクアップに腐心するようになった。その発端が、1960年代だった点もここで確認しておきたい。

その後1970～80年代には、受験産業による教育現場への「学力偏差値」の浸透があり、今日では就職活動する学生の間で、「就職偏差値」なるものが信じられていたりもする。人気ランキングでより上位にある就職先に内定することこそが、入試同様勝者であり、「勝ち組」への道と思い込まれているようだ。

好況と学生運動への寛容

もちろん、1960年代も一本調子で学生側の「売り手市場」が続いたわけではない。東京オリンピックの反動もあって、先述のように60年代半ばにいったん停滞期が訪れる。

1965（昭和40）年6月24日号『週刊現代』「戦後最悪の就職戦争に勝つ法」では、「今年の就職戦線はベトナム戦争以上のドロ沼」であり、とりわけ女子学生は苦戦必至で「男子学生も『同権の時代でも就職だけは別だ』と、同情しない」とある。

1965（昭和40）年10月10日号『サンデー毎日』「深刻！　大学卒のこの就職難」に

は、「「ひどいですよ。採用内定をいまさら取り消すなんて」（東大生）「六社受けてぜんぶペケ。どうなとなれですわ」（大阪市大生）「養子の口がきまった。これは最高の就職だ」（中大生）――政府も、九月十六日来春大学卒業予定者十七万人のうち五万人はアブレそうだと見とおしを発表した。これは容易ならぬ事態だ。以下は、就職版〝きけ、わだつみの声〟である」。

その声の中には、「「ぼくは兄といっしょに事業をやるつもりです。二、三の会社に願書を出してみたが、考えたすえ受けませんでした。会社にはいって退職金の計算なんかしてるより、自分で金もうけに全力投球するほうが、どれほどいいか。きれいさっぱり、サラリーマンはあきらめました」（明大法学部、T・K君）〝自主独立〟だけが唯一の解決だろうか」というものもあった。

そうした景気の谷間にあった時期の１９６６（昭和41）年7月18日号『平凡パンチ』「就職戦線異状あり――不況で深まる採用の格差」では、尾崎盛光が「東京大学文学部事務局長」の肩書きで登場し、就職難のしわ寄せは、文学部生や女子学生などにとくに強くはたらいているなどと述べている。尾崎の著書『就職』（中公新書、１９６７年）においても、60年代半ばの採用の様子は次のように描かれている。

「不景気の時には各種の格差、つまり採用者側では大企業と中小企業、大学のほうでは有名大学と非有名大学というように格差がはっきりでるものである。同様に、学生の間にも就職に強い型と弱い型といったような格差がはっきりしたようである。…就職に強い型に三つある。一つは、たとえば毛並みよし、スポーツよしといった型である。…第二の型は、よくアクティブとか活動家といわれる学生である。…第三の型は、アクセントが強く、特色のある型である。…これに反して芽の出ないのは、いわゆる「沈香《じんこう》もたかず、屁《へ》もひらず」という型。悪いこともしないが、良いこともしない。サークルは勉強の妨げになる、一度は入ってみたが、愚劣だからすぐやめた、委員と名のつくものには、いっさいならないように心がけてきたといった型である」

第二・第三のポイントを今風に言えば、行動力と個性ということになるだろうか。サークルなどでリーダーシップを発揮した学生に対する評価が、企業側でも高まっているというのだ。大学での学業成績よりも、「コミュニケーション能力」といったことなのだろうか。

この著書で尾崎は、学生の就職先が「大企業から中小企業へ、製造業から商業・サービスへ」と広がっているとも述べている【図表17】。金融業や製造業（重厚長大産業）の事務職・管理職ならば、旧来の優等生型を採用していれば間にあうが、新興のビジネス領域での、とりわけ営業職・販売職ということになれば、また別のタイプが必要とされてくるのであろう。

このように若干のアップダウンはありつつも、1970（昭和45）年の大阪万博にむけて経済は活況を呈していく。そして、戦後の1940年代後半に生まれたいわゆる団塊の世代が成人をむかえ、巨大な消費市場を生み出すとともに、就職戦線になだれ込んでくる。一方、大学を中心に反体制（反政府、反大学当局）をかかげる学生運動が、キャンパスのみならず街頭へと燃え広がっていった。

労働運動が盛んだった戦後から1950年代にかけて、「左傾学生排除」「赤い学生おことわり」とレッドパージに熱心だった財界も、当然のことながらこの時期、大学や文教行政に対して強い不満を表明している。

1969（昭和44）年3月25日発行『別冊中央公論：経営問題春季号』「大学紛争下の採用と就職」によれば、

【図表17】ダイエーの大卒採用人数と店舗数の推移

ダイエーは、新興ビジネスであるチェーンストアの先駆者だった。1966（昭和43）年頃から一気に採用数が増えている。（出典：尾崎盛光『就職』中公新書、1967年）

	大卒採用数	開店数	店舗数
昭32年	—	1	1
33	—	1	2
34	—	0	2
35	—	1	3
36	—	3	6
37	—	0	6
38	18	5	11
39	36	9	20
40	25	0	20
41	28	3	23
42	40	6	29
43	100	5	34
44	100	9	43
45	300	15	58
46	450	18	75
47	250	15	90
48	250	21	111
49	330	9	119
50	380	11	129
51	179	8	137
52	195	12	146
53	228	—	—

「日経連は昨年十一月五日、いわゆる活動家学生に対する採用内定の取消しは、原則として〝自由である〟という通達を㊙扱いで参加企業に流した。この通達は、内定取消しをめぐる法律解釈と実務上の留意事項から成り、その要旨はつぎのようなものであった。①企業側は、電報・電話による内定通知の場合でも、また採用予定者との間に書類によって採用手続きを完了した場合でも、卒業期以前なら原則として採用を取り消すことができる。②採用内定は、一定の時期に卒業することが条件になっているので、学園紛争などで卒業できない場合でも、企業は内定を取り消すことができる。③労働契約として履行する義務はない。したがって、内定取り消しに当って企業側は損害賠償する必要はない」

という事態が生じた。この「㊙通達」に対しては、当然ながら批判もあり、その内容に「違法性があるのでは」との指摘も出ていたようだ。

その一方で同特集には、「活動家学生を企業から排除する道義性を経営者は保持しているか。問われているのは誰か」と、企業側を問う見解も載せられており、東京急行電鉄社長・五島昇《ごとうのぼる》は、「圧力ガマの安全弁を作れ」と、学生たちの不満のガス抜きをはかるべきだとし、「ネトライキ組が、いちばんいけないな。それ以外だったら、少しぐらいのノンセクト・アクティブなら、これまでの大学のあり方からみてこれは当然だと思うな」と学生側に共感するような言辞《げんじ》を残している。

皆がデモしている時に下宿で寝ているような無気力な学生（ネトライキ組）よりも、特定のセクトに深入りしていないならば、少しぐらい学生運動にコミットするぐらいのアクティブさはよしとする、というのである。

「売り手市場」の学生たち

また同誌では、日本リクルートセンター『就職ジャーナル』編集長・渡辺《わたなべ》斉《ひとし》が、「異色採用戦略——七社にみるニュールック〈実例調査〉」を報告している。求人難の中、ユニークな採用への取り組みで学生の人気を得ている事例の、その見出しだけを挙げておくと、

「景品つき採用合戦も」

「電算機講座も一役」

「青田刈り委員会の活躍――大沢商会の特別選考委員会」
「ここにもプロジェクト・チーム――三井物産の人事部員チーム」
「採用と人材育成をつなぐ――東芝の採用センター」
「リクルート・コーナーの開設――協和銀行、三菱自販」
「合宿試験で徹底的相互理解――ソニー、日本オリベッティ」

といったぐあいである。大沢商会や三井物産の取り組みは、「リクルーター制度」ということになるのだろうか。それにしても「青田刈り委員会」とは開き直ったネーミングである。合宿試験などは、今なら「泊まり込みのインターンシップ」となろう。ともかく、やはり圧倒的な学生優位の「売り手市場」だったことがうかがえる。

もちろん、逮捕歴があったり、公判中というのなら話は別だが、好況の中、デモに参加した学生たちの多くは、無事就職を果たしていったのだろう。

1969(昭和44)年4月6日号『朝日ジャーナル』「ゲバ棒《ぼう》から就職への道程」には、「内なる大学」の解体を叫んで、あらゆるものを拒否し続けた学生の多くが、いま企業にはいろうとしている。それは、春ごとに語られる「就職転向」という言葉の範囲を越えている。今年の大学卒業生は、まさにそこを問われている」とある。

そして、1969（昭和44）年6月23日号『週刊サンケイ』「70年就職キャッチフレーズ〝求む、野獣派大学生！〟――早苗刈り時代に突入した一流企業の〝自由化〟求人」では、採用側が学生にすり寄っていった様子が、より生々しく描かれている。

「野獣のような男。筋金入りの個性。果敢な行動力をもった人。挑戦者……。いかにもカッコいい。車や男性化粧品やライターの、テレビのコマーシャルに出てきそうな言葉。だが、これは各大学の新聞に出ている一流企業の求人案内広告。こうまでしなければ、いい人材が集まらないのか、あるいはこんな言葉で、いまの学生は集まるのか」

この「なぜ〝野獣のような男〟がほしいか――」は、東洋レーヨン（東レ）の求人広告のコピー。1962（昭和37）年の人気ナンバーワン企業がこうである以上、他はおして知るべしであろう。こうしたコピーをつくっていたのは、「日本リクルートセンター」という会社。ここで、北大、東北大、東大、一橋大、東工大、横浜国大、名大、京大、阪大、神戸大、九大、早大、慶大の十三大学新聞の九〇％の求人広告をつくっている。もちろん、ねらいとか原案とかは会社側なのだが、最終はここの若いコピーライターが、パンチのきいたバキッとするキャッチフレーズに仕上げる。東レの〝野獣〟もそうである」。

こうしたコピーに当の大学生はどう反応したかは不明だが、「若者にうける広告を出しているところは、集まりがいいようですね。コピー（宣伝文）のよさなんですよ。まあ、学生側が踊らされているというか」という中央大学就職課員のコメントもある。

また同記事には、「早苗刈り。こういう現状。もはや青田刈りより一歩手前で勝負が決まる。文科系の就職戦線は七月一日から事務手続き開始。十月一日から試験開始。そういうきまりがある。だが、いまは大学の推薦ぬきの直取引《じか》。いまが試験の真っ最中」「ストの中の九州大学経済学部ですら、すでに二百二十二人の卒業予定者に対して八百社の求人。今は毎日、十社～十五社ふえている」とある。

就職の憂いがないからこそ、将来を気にすることなく、大学生たちはキャンパスのロックアウトや街頭でのデモに走り回ったということだろうか。

こうした学生運動の盛り上がりと求人難の深刻化とは、採用方法のあり方を大きく変えていくことになる。松浦敬紀『就職』（日本経済新聞社、1978年）によれば、「学校推薦／自由応募／縁故関係」の3本立てで進んでいた採用方法も、1960年代後半以降は自由応募、面接重視が比重を大にしていったという。

「学園紛争で大衆団交方式を身につけた学生たちが入ってくるのを企業側がちゅうちょしたのは当然であろう。大量に応募してくる学生を短時間に選考するという実務上の要請ばかりでなく、学生の言動にも細かい注意を払う必要があった。これらの点が会社訪問による自由応募、面接中心の人物本位の選考が定着してくる大きな要因である」

大学での学業成績だけでは思想傾向は読みとれないし、学生側のつきあげによって、大学（就職課）側で学生を選考し、推薦者を決め込むのも困難となっていたのであろう。

また同書によれば、学生優位の「売り手市場」によって、旧帝大・東京商大や早慶などに限定されていた求人が、より多くの大学に開かれていったともいう。

「こうした大量採用のために指定校制度は、企業側から放棄せざるをえなくなった。いわば大衆化路線をとり、採用の門戸を一般大学にまで広げ、地方大学生のために、各地で就職説明会が開かれた。ある大手自動車メーカーが地方都市の一流ホテルを借り切って開いた会社説明会で、スポーツシャツにサングラス、セッタばきに飛び込んできた学生にコーヒーか紅茶かと注文を聞くと、「ビールにしてくれ」といわれたのは、よく知られたエピソードである。このエピソードがおもしろおかしく語られたのは、昭和三十九年のことである」

このような60年代の採用状況は、その後の企業のあり方を変えてもいった。1979（昭和54）年6月25日発行『中央公論別冊：経営問題夏季号』に掲載された岩内亮一《いわうちりよういち》「学歴主義の崩壊」には、「過去十数年の経済成長の中で、中間管理職層における、特定エリート大学主義は崩壊した」とある。【図表18】にあるように、部長職・課長職に明治・中央・日本・同志社・関西学院などが進出しており、とりわけ新興のビジネス領域の営業職ほど、その傾向は顕著だというのである。

植木《うえき》等《ひとし》と加山雄三《かやまゆうぞう》が演じた能天気フレッシュマン

この時期の映画も、少し観ておこう。大学生の就職活動を真正面からとりあげたものは見当たらなかったが、いわゆるプログラム・ピクチャーの中に主人公が会社員となる過程

【図表18a】部課長の年代別学歴構成（単位：％）

早慶以外の私立からも部課長が出ている。

	部長職			課長職		
	～39歳	40代	50歳～	～39歳	40代	50歳～
東大	1.3	50.9	47.9	13.0	61.0	26.0
京大	2.4	55.4	42.3	21.2	61.5	17.3
東北	0	57.4	42.6	28.0	60.0	12.0
阪大	4.7	60.9	34.4	19.2	69.2	11.5
九大	6.7	53.3	40.0	12.5	75.0	12.5
名大	2.1	63.8	34.0	13.0	82.6	4.3
一橋	2.8	59.2	36.6	20.0	80.0	0.0
神大	8.2	47.5	44.3	16.7	73.3	10.0
東工	3.0	43.9	51.5	10.5	63.2	26.3
他国立	4.6	57.9	37.6	19.8	61.6	18.6
公立	3.5	63.5	31.8	14.3	71.4	14.3
慶大	9.7	59.7	30.6	36.7	58.2	5.1
早大	3.4	63.8	32.9	23.4	66.7	9.9
明大	13.6	56.1	30.3	33.3	50.0	16.7
中大	9.7	63.9	26.4	39.1	54.3	6.5
日大	5.3	55.3	39.5	26.7	53.3	20.0
同大	4.5	70.5	25.0	32.0	52.0	16.0
関学	12.2	57.1	30.6	46.7	43.3	10.0
他私立	8.9	56.5	34.6	30.3	57.1	12.6
中等教育	6.5	44.7	48.1	16.4	58.9	23.7

【図表18b】職務別の学歴構成（単位：％）

成長企業よりも停滞企業の方が高学歴という傾向が顕著である。

（出典：a、b とも、岩内亮一「学歴主義の崩壊」）

	成長企業				停滞企業				合計		
	営業系	生産系	管理系	計	営業系	生産系	管理系	計	営業系	生産系	管理系
東大	4.8	5.8	7.7	18.3	27.0	30.9	23.8	81.7	31.8	36.9	31.5
京大	7.2	10.0	8.1	25.3	22.6	28.5	23.5	74.6	29.8	38.5	31.6
東北	6.2	16.0	7.4	29.6	18.5	24.7	25.9	69.1	24.7	40.7	33.3
阪大	6.7	20.0	3.3	30.1	22.2	37.8	8.9	68.9	28.9	57.8	12.2
九大	8.2	7.1	8.2	23.5	27.1	34.1	5.3	76.5	35.3	41.2	13.5
名大	15.5	11.3	8.5	35.3	16.9	32.4	14.1	63.4	32.4	43.7	22.6
一橋	7.7	3.3	1.1	12.1	45.1	9.9	33.0	88.0	52.8	13.2	34.1
神大	14.3	5.5	19.8	39.6	29.7	15.4	15.4	60.5	44.0	20.9	35.2
東工	10.6	27.1	3.5	41.2	9.4	44.7	4.7	58.8	20.0	71.8	8.2
他国立	13.6	20.2	10.0	43.8	19.8	25.1	10.9	55.8	33.4	45.3	20.9
公立	11.9	14.9	8.2	35.0	31.3	16.4	17.2	64.9	39.3	31.3	25.4
慶大	15.6	5.4	11.6	32.6	33.9	13.8	19.6	67.3	49.5	19.2	31.2
早大	19.8	9.1	14.8	43.7	27.4	10.4	18.2	56.0	47.2	19.5	33.0
明大	32.5	8.8	14.0	55.3	28.1	3.5	13.2	44.8	60.6	12.3	27.2
中大	31.4	8.5	26.3	66.2	12.7	6.8	14.4	33.9	44.1	15.3	40.7
日大	18.9	19.7	17.2	55.8	17.2	18.0	9.0	44.2	36.1	37.7	16.2
同大	27.5	5.8	15.9	49.2	26.1	7.2	17.4	50.7	53.6	13.0	33.3
関学	38.0	2.5	13.9	54.4	20.3	8.9	15.2	44.4	58.3	11.4	29.1
他私立	26.9	15.4	16.7	61.0	20.7	8.3	11.5	40.5	47.6	23.7	28.2
中等教育	23.9	12.2	15.7	51.8	25.0	11.2	11.6	47.6	48.9	23.4	27.3

を描いたものがあった。

まずひとつ目は、クレイジーキャッツの植木等《うえきひとし》主演「日本一のホラ吹き男」（古澤憲吾《ふるさわけんご》監督、1964年）。「無責任一代男」「ハイそれまでョ」などのヒット曲を生んだ、1962（昭和37）年封切りの「ニッポン無責任時代」から始まる一連のシリーズに属する作品である。

植木演じるC調サラリーマンが、なぜかいつもビジネスを成功させ、美女をものにするというパターン。「日本一のホラ吹き男」では、植木は初均《はじめひとし》の名で登場している。初均は、三段跳びで東京オリンピックへの出場を目ざす、西北大学経済学部の学生という役どころ（キャンパスでのシーンには、大隈講堂が映り込んでいる）。

しかし、アキレス腱を痛めて選手生活を断念し、今度は日本一の大会社・増益《ますます》電機への入社を目ざす。詰襟の学生服で臨んだ面接試験会場にて、ミス増益電機の南部可那子（浜美枝《はまみえ》）を見かけ、さらに入社への意欲を燃やすが、重役連相手では大ボラは通用せず、下宿に不採用通知――冒頭の時候のあいさつは「初夏の候…」――が届いてしまう。

そこであきらめないのが、日本一のホラ吹き男たるゆえんであり、翌年4月には臨時雇いの守衛として増益電機で働きだす。そして、社長に直接顔を売り、持ち前の調子よさで正社員に取り立てられ、モーレツな働きぶりで出世街道を驀進《ばくしん》し、最後は可那子との結婚にも成功し…というお気楽なストーリー。

続いて紹介するのは、「フレッシュマン若大将」（福田純《ふくだじゅん》監督、1969年）。1961（昭和36）年に「大学の若大将」として始まったこのシリーズも、主役加山雄三《かやまゆうぞう》の加齢に応じて、13作目にして大学から会社へと舞台を移していく。

あらすじをひと言でまとめてしまえば、京南大学を卒業した田沼雄一が恋に仕事に大活躍、というもの。雄一は日東自動車の入社試験に向かう途中、老人を連れて困っている若い女性にタクシーを譲り、さらにそのタクシーに同乗するなどして面倒をみたために遅刻し、いったんは不採用とされてしまう。が、たまたまその事情を知った社長の計らいによって採用され、新入社員としてのスタートを切る。

ちなみに田沼雄一の学業成績は、さほどよくはなかったようで、それもあって面接した重役たちは遅参の理由も確かめずに、雄一を落としてしまったのである。そういえばかつて、成績の悪い大学生を指して「可山優三《かやまゆうぞう》（可が山ほどあって、優は三科目だけ）」というダジャレがあった。

その時助けた高木節子（酒井和歌子《さかいわかこ》）と雄一は、当然のことながら再会を果たす。そして例によって節子にちょっかいをかける青大将こと石山新二郎（田中邦衛《たなかくにえ》）。雄一と同級生である石山は、卒業試験を落第して留年しながらも、東西オートの御曹司であるがゆえに、いきなりそこの副社長となる。この東西オートは、雄一の大事な得意先でもある。女性にモテるスポーツマン・若大将と、地位と財力で女性をものにしようとするドラ息子・青大将とのかけあいで、いつも通りに話は進んでゆく。そして、ビジネス上の危機を乗り切った雄一は、節子にプロポーズを断られた石山を置き去りにして、節子とドライブに出かける。富士の裾野のスケートリンクでさっそうと滑走する若い二人、みたいなエンディング。

植木等の西北大学が早稲田大学を想起させるとすれば、加山雄三が慶応高校から慶応大学法学部（卒業後、東宝に入社）というコースをたどったこともあり、観る側はどこかで京南大学＝慶応大学と連想していたのであろう。

両映画とも、ご都合主義にすぎるストーリー展開だが、まぁ定番の娯楽作品。テレビにその地位を侵食されながらも、まだまだ邦画に勢いがあった様子が伝わってくる。

ご都合主義と言えば、１９９０年代に青年誌に連載されたマンガ「いいひと。」（高橋しん）も、主人公が困っている人を助け、タクシーを譲ったことで採用面接に遅刻したが、たまたま親切にした人たちがその会社の社員であったり、幹部社員の娘と孫であったりで採用され…、というところから始まっている。好青年が意図せず就職にも勝利するというのは、田沼雄一（加山雄三）から「いいひと。」の北野優二（テレビドラマでは草彅剛《くさなぎつよし》が演じた）まで踏襲されたひとつのパターン、定番のファンタジーであり、就活都市伝説にそのバリエーションがあったりもする。

ともかく、植木等や若大将がスイスイと就職していく成功譚も、就職説明会にて飲み物は「ビールにしてくれ」という学生まで出現した時期ならば、その程度の能天気さは許容範囲だったのかもしれない。

佐藤家の就職

しかしその一方で、よりシリアスに就職のあり方を描いた作品もあった。ドラマ「若者たち２０１４」（フジテレビ）の元となった、１９６６（昭和41）年放送の「若者たち」である。

この60年代版「若者たち」の方は、青大将とはまったく別人の姿を見せる田中邦衛（佐藤太郎役）を筆頭に、父母を早くに亡くした佐藤家の5人兄弟が、激しく議論を交わしながらそれぞれの道を模索する青春群像劇。中でも山本圭《やまもとけい》演じる三男の三郎は、建設現場で働く長男・太郎やダンプの運転手の次男・次郎に「だからインテリは…」と言われがちな弁の立つ大学生であり、このドラマシリーズ中に就職シーズンをむかえている。

全34話中、第30回「橋よ、いつの日か…」は、そうした三郎の就職活動と、三郎の親友である大学生・吉岡（原田芳雄《はらだよしお》）の親子間の葛藤《かっとう》――警察官の父と学生自治会の副委員長をつとめ、デモを主導する息子――という2つのエピソードが並行しながら進んでいく。

三郎は、毎朝《まいちょう》新聞の一次試験にパスし、兄弟たちは色めき立つ。「毎朝と言えば、一千万部超えてんだぞ」。しかし、その喜びも束の間、二次試験不合格の電報が届く。だが、吉岡の親子間にいつの日か橋がかかる希望が芽生える中で、三郎も気を取り直し、今度は関東新聞社の入社試験に臨むところでこの回は終わっている。その後、第32回では三郎の就職先は決まり、卒業のために必要な単位の不足をめぐるエピソードが展開しているので、たぶん三郎は、全国紙の記者職はだめだったが、ブロック紙の記者として働きだすのであろう。

またこのドラマは、「若者たち」3部作（森川時久《もりかわときひさ》監督）として映画化もされている。1967（昭和42）年の映画「若者たち」に続き、1969（昭和44）年に公開されたシリーズ第二作「若者はゆく――続若者たち」においても、三郎（山本圭）は就職活動に直面している。

映画版での長兄・太郎（田中邦衛）との激論を追っていくと、太郎は主任に抜擢されるか否かの瀬戸際にあり、何とか期日を守り業績を上げて昇進しようと、現場監督として職人たちに無理な仕事を強いていたが、そうした太郎のやり方を三郎は批判する。太郎は答えて、俺は「お前たちみたいにずるずるコンベアに乗っかって、出世できる身分とは違うんだ」「8年も椅子に座ってれば、お前たちは係長になっていくんだ。大学出は、給与だってボーナスだって、5割も6割もワリがいいんだぞ」。

そして大学生である三郎に対して、お前は「できもしない青図《あおず》まわしてくる方なんだ」。「青図」は青焼きコピーされた設計図のことであろう。今のような光学式のコピー機が出回る以前は、別の方式の複写機が各職場におかれており、書類や図面などが青くプリントアウトされていた時代なのである（またガリ版ないし謄写版《とうしゃ》も、このドラマ・映画には頻《ひん》出《しゅつ》している）。

要するに太郎は、頭でっかちの大学出の建築士は、現場も知らずに平気で図面を引いてきやがる、そのしわ寄せはすべて俺たちに来ているんだ、と言いたいのだ。兄弟間での『学歴分断社会』（吉川徹《きつかわとおる》著、ちくま新書、2009年）である。

また三郎は、学費値上げ反対闘争を戦う活動家学生からも、「お前は卒業できそうでよかったな。まぁせいぜいいい子になって、大きな会社に入れよ。大学工場でマスプロされるインテリの端くれになってな」と非難される。マスプロは、マスプロダクション。団塊の世代がキャンパスへと押し寄せ、学生数が格段に増えたこの時期、大学生も大量生産される時代になったというのである（ただし、まだ当時は「大学生＝インテリゲンチャ＝知識人」という前提が多少なりとも生きていた）。

ナレーションにいわく「そして三郎に最後のチャンスが来た。学園改革問題でいくつかの就職を棒にふった三郎には、２次募集を行なったこの会社しか、いわゆる大企業への入口はない」。

そしてシーンは、三郎を含めた6名の学生のグループディスカッションの場面に移る。男子学生ばかりで、学生服とスーツは半々。採用側には常務なども混じっているので、これがほぼ最終段階の試験だったのであろう。学生たちのデモやストライキを鎮圧するための、「機動隊の実力行使の是非」が論題となっているようだ。徹底して体制（政府自民党、財界など）の側に立つ「信念の人」と呼ばれる学生と、本間（原田芳雄）や三郎との間で論戦となるが、他の3名はさほど強くは自分の見解を出さない。

最後に「今の日本の現状に満足しているか」との質問が各自に出され、信念の人は当然「日本みたいないい国はない」。三郎は「僕は…」と口ごもってしまう。結果は、信念の人と本間、三郎の3名が不合格であった。

自己嫌悪に陥る三郎。「入社試験の時、二重人格じゃ足りない、五重人格、十重人格でやってこいと大兄《おおにい》に言われ、俺もそれもそうだと思って出かけて行ったけど」、仲間が機動隊のガス弾に目を撃ち抜かれているのを見てるんだ、実力行使に賛成とは言えなかった。でも、最後に今の日本に満足してるかと聞かれ、俺は危うく満足してますと言いかけた…。そう告白して、南の孤島に教師の口をみつけた三郎は、家を出ようとする。

1980年代の「楽しくなければテレビじゃない」や90年代のトレンディドラマの印象が強いフジテレビであるが、1960年代にはこうした社会派ドラマを作っていたことに、まず何よりも驚かされる。

集団就職の時代——六《ろく》ちゃんから永山則夫《ながやまのりお》まで

以上、1960年代までの新卒就職事情を、男子大学生を中心に見てきた。ここで少し、中卒者・高卒者たちの様子や、女生徒・女学生たちのおかれた状況を見ておこう。

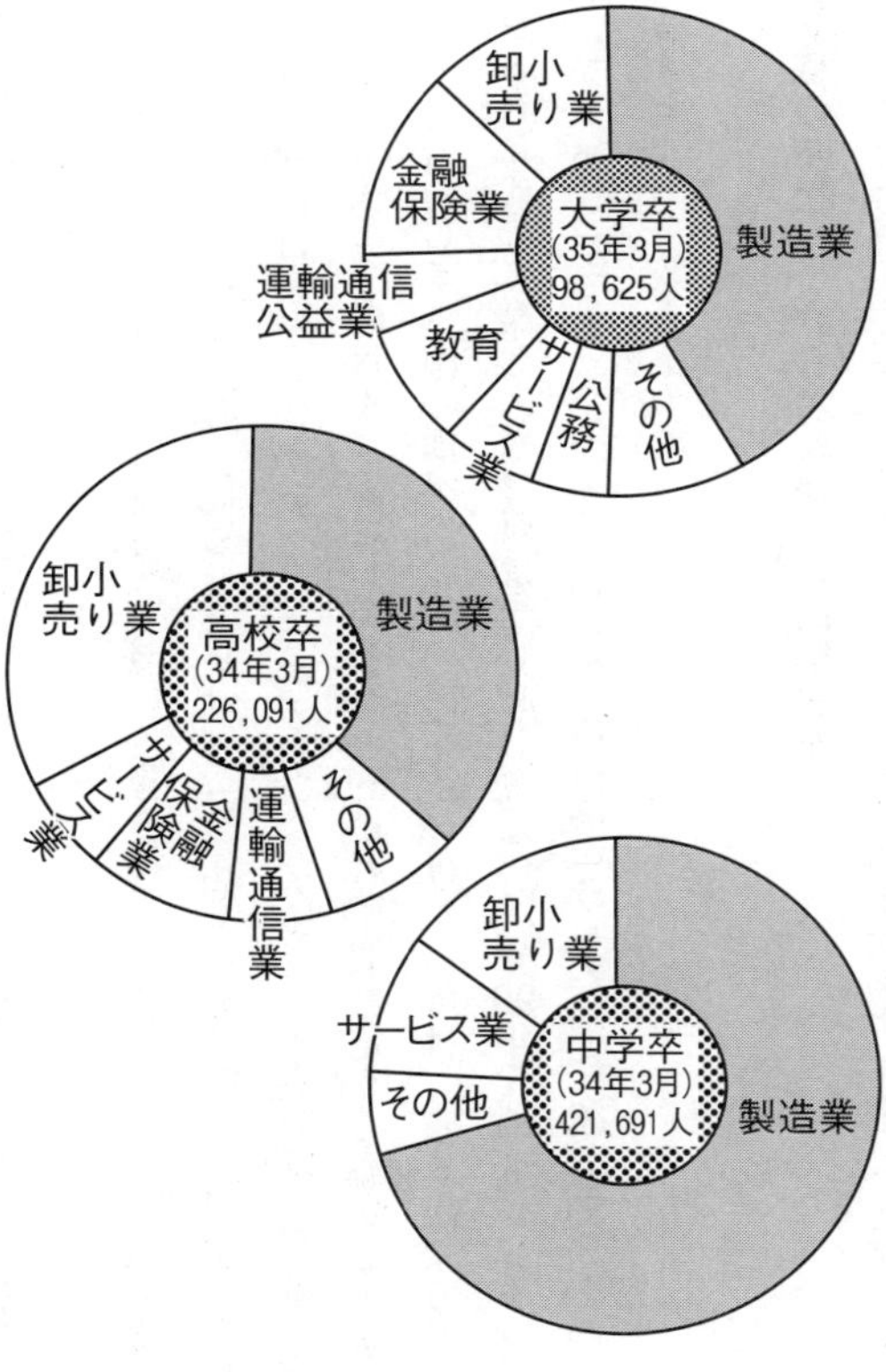

【図表19】 新卒者の就職先

ホワイトカラー、ブルーカラーとも製造業に吸収されていった。（出典：1960年9月25日付「朝日新聞」）

【図表19】は1960（昭和35）年の時点で、中・高・大の新卒者が皆そろいもそろってメーカーを目ざし、かつそこに吸収されていったことを示している。

日本が「世界の工場」と呼ばれ始めていた頃、当時まだまだ少数派であった大卒者は、依然幹部候補生のホワイトカラーとして、急成長を遂げつつあった製造業の企業群へと就職していった。その倍の数いた高卒組は、下級ホワイトカラーないしブルーカラーとして、さらにその倍いた中卒組は、ほぼブルーカラーとして採用されていった。中卒者の製造業者比率の高さは、そのほとんどが工場へと吸収されていったことを示していよう。

また【図表20】も同様に、1950年代から60年代にかけて、膨大《ぼうだい》な数の労働力が、中学新卒者・高校新卒者の中から輩出されたことを示している。高校進学率の急上昇とともに、60年代半ばには中卒就職者数を高卒就職者数が凌駕することになるが、高度経済成長を支えたのは、「若者たち」の長男・次男のような「大卒以外の人々」であった。

かつてならば、中卒で働く若者の表象としては、映画「キューポラのある街」（浦山桐郎《うらやまきりお》監督、1962年）の石黒ジュン（吉永小百合《よしながさゆり》）が、真っ先に想起されたのではないだろうか。

ジュンは、埼玉県川口《かわぐち》市の鋳物《いもの》工場の職工の娘――そのお相手役の塚本克巳（浜田光男《はまだみつお》）

	中学校（単位：千人）				高等学校（単位：千人）			
	総数	進学者	就職者	無職者その他	総数	進学者	就職者	無職者その他
年26	1,712 (100.0)	749 (43.8%)	792 (46.3%)	171 (10.0%)	444 (100.0)	112 (25.2%)	206 (46.4%)	126 (28.4%)
27	1,682 (100.0)	770 (45.8%)	798 (47.4%)	114 (6.8%)	506 (100.0)	131 (25.9%)	281 (55.5%)	94 (18.6%)
28	1,747 (100.0)	716 (41.0%)	729 (41.7%)	302 (17.3%)	586 (100.0)	115 (19.6%)	288 (49.1%)	183 (31.2%)
29	1,531 (100.0)	793 (51.8%)	613 (40.0%)	125 (8.2%)	680 (100.0)	124 (18.2%)	330 (48.5%)	226 (33.2%)
30	1,663 (100.0)	897 (53.9%)	698 (42.0%)	68 (4.1%)	716 (100.0)	124 (17.3%)	341 (47.6%)	251 (35.1%)
31	1,871 (100.0)	897 (47.9%)	797 (42.6%)	177 (9.5%)	756 (100.0)	115 (15.2%)	390 (51.6%)	251 (33.2%)
32	1,998 (100.0)	960 (48.0%)	865 (43.3%)	173 (8.7%)	731 (100.0)	112 (15.3%)	427 (58.4%)	192 (26.3%)
33	1,896 (100.0)	960 (50.6%)	775 (40.8%)	161 (8.5%)	777 (100.0)	123 (15.8%)	447 (57.5%)	207 (26.6%)
34	1,975 (100.0)	1,035 (52.4%)	786 (39.8%)	154 (7.8%)	854 (100.0)	140 (16.4%)	496 (58.1%)	218 (25.5%)
35	1,770 (100.0)	972 (54.9%)	684 (38.6%)	114 (6.4%)	934 (100.0)	155 (16.6%)	573 (61.3%)	206 (22.1%)
36	1,402 (100.0)	831 (59.3%)	500 (35.7%)	71 (5.1%)	956 (100.0)	165 (17.3%)	612 (64.0%)	179 (18.7%)
37	1,948 (100.0)	1,191 (61.1%)	652 (33.5%)	105 (5.4%)	1,016 (100.0)	189 (18.6%)	649 (63.9%)	178 (17.5%)
38	2,491 (100.0)	1,593 (64.0%)	764 (30.7%)	134 (5.4%)	987 (100.0)	198 (20.1%)	626 (63.4%)	163 (16.5%)
39	2,427 (100.0)	1,608 (66.3%)	698 (28.8%)	121 (5.0%)	872 (100.0)	197 (22.5%)	557 (63.9%)	118 (13.6%)
40	2,359 (100.0)	1,591 (67.4%)	625 (26.5%)	143 (6.1%)	1,159 (100.0)	284 (24.5%)	700 (60.3%)	175 (15.2%)
41	2,133 (100.0)	1,476 (69.1%)	522 (24.5%)	135 (6.4%)	1,558 (100.0)	370 (23.8%)	903 (58.0%)	285 (18.2%)

【図表20】中学高校卒業後の年次別状況

中学と高校の新卒者が労働市場を支えていた。（出典：氏原正治郎「教育と労働市場」大河内一男ほか編『教育学全集14教育と社会』小学館、1968年）

も父と同じ工場で働く青年――で、父親の解雇や兄弟の多さゆえに、悩んだ末に全日制高校への進学をあきらめ、中学卒業後は精密機械工場にて工員として働き始める。

その後、「続・キューポラのある街　未成年」（野村孝《のむらたかし》監督、1965年）では、ジュンが世の中のさまざまな矛盾にふれ、定時制高校を終えて社会事業大学への進学を考え始める姿を描いている（続編で、ジュンの父親で頑固な鋳物職人を演じているのが、宮口精二）。ジュンは生家を出ず、故郷を離れずに、生まれ育った川口で頑張り続ける道を選んだのである。

最近では、1950～60年代の働く十代の像としてもっとも知られているのは、映画「ALWAYS三丁目の夕日」シリーズの星野六子《むつこ》（堀北真希《ほりきたまき》）なのかもしれない。

六子は1958（昭和33）年、東京の北の玄関口・上野《うえの》駅に蒸気機関車でやってきた、東北地方からの集団就職組である。大きな自動車会社で秘書などオフィスワークに就くことを夢見て上京した六子であったが、就職先は下町の自動車修理工場。作業服を渡されて、落胆する六子。しかし、「六子」という名の示すように子だくさんの家庭なのか、故郷に帰る場所はないと気持ちを切り替え、すっかり鈴木オートの大黒柱となっている。

第3作「ALWAYS三丁目の夕日'64」（山崎《やまざき》貴《たかし》監督、2012年）の頃には、六子のイメージが浸透することで、またかつてのヒット曲「あゝ上野駅」（1964年、井沢八郎《いざわはちろう》唄）などの影響も依然あってか、１９５０～60年代の中高生の就職といえば、東北から上野駅に着く集団就職列車を、まず想起する人も多いかもしれない。だが、実際にはそう単純な話ではない。【図表21】から類推できるように、まだまだ中卒労働力の中には、農林水産業や鉱業に従事する者もいた。

また集団就職列車は戦前から存在し、戦後も「東北→東京」だけではなく、「信州→愛知」「九州→大阪」などさまざまに新卒者を運んでいた（山口覚《やまぐちさとし》「集団就職神話を解体する」西澤晃彦《にしざわあきひこ》編『労働再審④周縁労働力の移動と編成』大月書店、２０１１年）。この頃の新聞・雑誌記事には、九州から阪神間へと若者を乗せて走る集団就職列車を「九州名物」とする例や、中京圏の繊維工場へと女子工員たちが赴《おもむ》くさまを、現代の野麦峠《のむぎとうげ》と呼ぶ例が散見される。この頃の多様な働く十代の姿を、六子だけに代表させるのは無理があろう。

だが、一般的に言うならば、高度経済成長期を通じて、第一次産業や鉱業から製造業へ、さらには第三次産業（流通業・サービス業など）へと産業構造の重心は移行していき、団塊の世代など若い労働力を中心に、農村から都市へと大規模な人口移動が起こったこともやはり確かである。

そして、中高新卒者の就職による春先の大移動には、全国の職業安定所のネットワーク

単位は、千人

	昭30年	40年	増加数	増加率
就職者総数	39,261	47,629	8,369	21.3%
専門的・技術的職業	1,885	2,679	793	42.1
管理的職業従事者	841	1,415	574	68.3
事務従事者	3,228	6,182	2,954	91.5
販売従事者	4,182	5,587	1,405	33.6
農林・漁業従事者	15,874	11,676	△4,198	-26.4
採鉱・採石従事者	349	228	△121	-34.7
運輸通信従事者	1,078	2,076	997	92.5
技能工、生産工程従事者および単純労働者	9,442	14,327	4,884	51.7
保安サービス従事者	430	575	145	33.7
サービス職業従事者	1,953	2,886	933	45.2

【図表21】職業別就業者の数の変化

減少しているとはいえ、1965（昭和40）年の段階で、いまだ１千万人以上が第１次産業に従事していた。（出典：氏原正治郎「教育と労働市場」大河内一男ほか編『教育学全集14教育と社会』小学館、1968年）

と、職安など労働行政と学校との連携が大きく寄与していた【図表22】【図表23】。その頃大学生にとっては、大学の就職紹介・あっせんの機能は徐々に縮小していたのだが、その一方で中学生・高校生の就職指導に関していえば、この時期、学校の介在する比重は高まっており、学校から職場への「間断なき移行」の仕組みが完成をむかえていた。

当時の日本社会を巨視的《マクロ》にとらえるならば、新たな産業の浮上とそこへの労働力の移動・集中は、奇跡的なまでにスムーズに進んだようにみえる。

しかし、もちろんそれは、さまざまな軋《きし》みや痛みをともなったプロセスでもあった。微視的《ミクロ》に、個々人をとり上げてみていけば、当然のことながら失望や挫折の経験は数限りなく存在する。

1964（昭和39）年5月3日付「朝日新聞」には、「何故逃げ出す？　集団就職少年――〝約束と違う〟と幻滅　職業の厳しさも知らず」の見出しで、「晴れやかな集団就職の日からまだ一カ月しかたってないというのに、初めての職場からこぼれ落ちる少年が続いている。四月一日から月末まで、家出少年たちの宿泊所となっている警視庁少年保護センター＝台東区《たいとう》上野桜木町《さくらぎちょう》＝に保護された集団就職少年だけですでに四十五人。集団就職対策に手落ちはないかを親も学校も、雇用先も真剣に考えるときではないか――と警視庁

【図表22】新規学卒者（1963（昭和38）年3月卒業宮城県・男子）の就職経路

中学新卒者では職安、高校新卒者では学校が、重要な就職経路の役目を果たしており、特に大都市への就職については、学校と職安を合わせると8割ほどになる。（出典：菅山真次『「就社」社会の誕生』名古屋大学出版会、2011年）

	中卒		高卒	
	就職者全体	うち県外6大都市就職者	就職者全体	うち県外6大都市就職者
総数（人）	6,489	2,618	5,287	1,772
学校（%）	15.4	18.2	69.9	79.7
職安	51.3	58.4	5.2	5.2
小計	66.7	76.6	75.1	84.9
その他公共団体	0.4	0.6	2.1	0.8
父兄縁故	30.3	21.0	16.2	11.7
その他	2.9	2.0	6.6	2.5

【図表23】新規中卒者の職安経由率の推移

1950年代から1970年代にかけて、職安が中卒新卒者の就活を担っていた。（出典：岡本祐二「若者労働の現在」羽淵一代編『どこか〈問題化〉される若者たち』恒星社厚生閣、2008年）

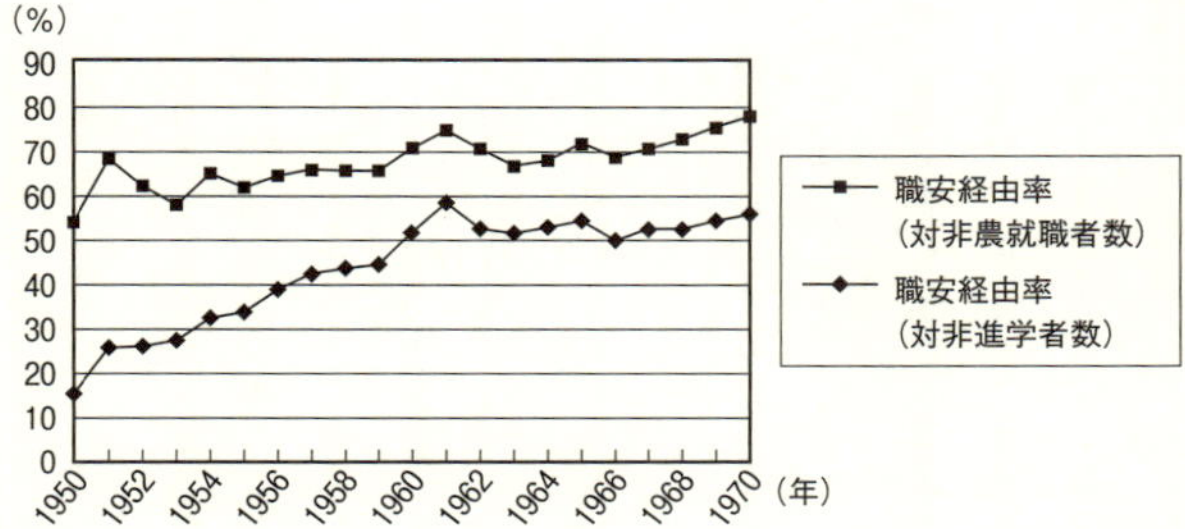

の係員は訴えている」とある。

　星野六子も当初は、町工場での整備工としての毎日は、「約束が違う」と口にしていた。第2作「ALWAYS続三丁目の夕日」（山崎貴監督、2007年）では、六子と同じ村出身の中山武雄（浅利陽介《あさりようすけ》）が、洋食店でコックになる修業に励むつもりが、訛《なま》りをバカにされたことで職場を飛び出し、あまりたちのよくない連中とつきあったりもしている。他にも、当時の映画を少し眺めただけでも、「非行少女ヨーコ」（降旗康男《ふるはたやすお》監督、1966年）の沖縄・先島《さきしま》出身のオキ（東野英心《とうのえいしん》（当時は東野孝彦））や、「君が若者なら」（深作欣二《ふかさくきんじ》監督、1970年）の五人組（石立鉄男《いしだてつお》・前田吟《まえだぎん》ほか）など、悲劇的な軌跡をたどる集団就職組の姿はさまざまに描かれている。

　もちろん、映画館のスクリーン上だけの話ではない。集団就職を象徴する存在として、ある年代の人々にとっては、「永山則夫《ながやまのりお》」の名はまだまだ大きなものとしてある。

　ベビーブームまっただ中の1949（昭和24）年、北海道に生まれ、8人兄弟の7番目の子（四男）として青森で育った永山は、中学卒業と同時に1965（昭和40）年春、集団就職によって上京した。最初の勤め先であった渋谷のフルーツパーラーを皮切りに職を転々とし、新宿のジャズ喫茶でウエイターをしていた同時期に、北野武《きたのたけし》（ビートたけし）

もそこで働いていたという逸話がある。横須賀の米軍宿舎から盗んだ拳銃で、計4人を射殺し、1969（昭和44）年、19歳の時に逮捕される。逮捕された際の所持品の中には、拾得したと思われる明治学院大学の学生証があった。永山は、苦労して大学を出て、出版社に勤めていた兄をロールモデル（模範とすべき対象）としていた時期もあったという。その後獄中にて執筆活動を始め、小説・手記を多数残し、1997（平成9）年死刑に処せられた。享年48歳。

この事件を題材として、「略称　連続射殺魔」（足立正生《あだちまさお》ほか共同制作、1969年）や「裸の十九才」（新藤兼人《しんどうかねと》監督、1970年）などの映画が作られた。前者は永山則夫の軌跡をたどりながら、逮捕までの19年間に彼の眼に映ったであろう一連の光景に、フリージャズの旗手富樫雅彦《とがしまさひこ》らの音楽とナレーションだけが重ねられるという実験的作品。一方後者は、永山則夫をモデルにした主人公・山田道夫を原田大二郎《はらだだいじろう》が、その母を乙羽信子《おとわのぶこ》が演じ、実際の事件をかなり忠実に再現するストーリーとなっている。

「裸の十九才」には、道夫が街頭でデモする大学生にアンビバレントな感情を抱いたり、女子大生となった中学校の同級生（道夫の憧れの人であった）に対してコンプレックスを感じるシーンがある。もちろんそれは映画制作者たちの想像の産物ではあるのだが、永山の学歴に対する屈折した思いの端的な表現であった。

安倍《あべ》首相は、その「美しい国」論の原風景として、「ALWAYS三丁目の夕日」シリーズの世界を好んで例に挙げるが、それはやはりノスタルジーであり、ファンタジーであり、一種のポエムなのであろう（安倍晋三《しんぞう》『美しい国へ』文春新書、2006年）。星野六子や最後には改心した中山武雄は、あくまでも後世からの創作物なのだ。

21世紀の現在から昭和30年代を「古き良き時代」として回顧した時に、また、1960年代には少数派であった大学生たちの学生運動によってのみ当時の若者たちの姿を語る時に、無数にいたはずの「永山則夫」たちは消去されてしまうのである。

大卒男子以外の就職

以上述べてきたような中高新卒者の就職事情を、菅山真次『「就社」社会の誕生』（名古屋大学出版会、2011年）を参照して整理しておこう。同書によれば、

「50年代の生産の急拡張を支えたのはもっぱら臨時工の大量採用だった。毎年の新規採用者の圧倒的多数は臨時工として雇い入れられ、そのごく一部が銓衡《せんこう》のうえ本工に登用され

た。こうした状況に大きなインパクトを与えたのは、高度成長の進展に伴う深刻な労働力不足と、驚異的な高校進学率の伸びだった。臨時工の数は60年代を通じて激減し、臨時工制度は急速に姿を消していった。他方、企業はこれまで下級のホワイトカラー職に雇い入れていた高卒者を現場労働者として採用しはじめたが、こうした高卒者へのシフトは定期採用方式の形成を促す重要な契機となった。なぜならば、企業は高卒者については新規学卒者を学校からの紹介を介して4月1日付で一括採用する慣行を確立しており、それは戦間期に下級職員の就職＝採用をめぐって企業と高校の前身である戦前の中等学校との間に形成された、継続的な関係に根をもっていた」

1960（昭和35）年を境として「新規中卒者に対する求人数は飛躍的な伸びを示し、これまで求職と求人がほぼ均衡していた新規中卒市場は求人超過へと一気に傾いた」ため、いわゆる「金の卵」を臨時工扱いするわけにはいかなくなった。今の言葉でいえば「正規雇用」せざるをえなくなったのである。こうして「毎年、桜の花の咲くころに、全国津々浦々の学校を卒業した若者が、一斉に職業の世界へと入っていく」世界的にみても稀《まれ》な慣行が、大卒・高卒・中卒と広がっていき、そのすべての足並みがそろっていったわけだ。

では、女性の就職状況は、どうだったのだろうか。中卒・高卒者に関しては、男女によって就く職種が分かれる傾向はあるにせよ、ほぼ同じ仕組みで社会に出ていったのに対し、大学（短大含む）の新卒就職に関しては、まだまだ大きな男女差があった。刊行された1967（昭和42）年当時の状況を反映して、尾崎盛光『日本就職史』には次のようにある。

「求人難というのに、年々ふえる女子学生は、就職戦線からしめ出されていく。成長株の生産会社をはじめ、商事会社、金融会社では、女子は高校卒のB・Gか、せいぜい短大卒のセクレタリーでたくさんだという。マスコミ関係も、夜仕事をさせられないとか、体力が劣るとか、すぐやめるとか、頭が固くなりやすくアイデアがすぐ枯渇するとか、けちをつけるから、結局はアナウンサーになるか、少数の婦人欄担当者になるか、優秀な男の子の行き手がない二、三流の出版社にゆくしかない。…とくに、伝統を持ち、固定市場を持つ戦前からの女子大学とちがって、男女共学の有名大学では、男の子の就職がいいだけに、格差がめだった」

前出の映画「日本一のホラ吹き男」でも、浜美枝が「イカスＢＧ」と呼ばれていたが、「Ｂ・Ｇ」は女子社員（ビジネス・ガール）を指す当時の言い方。ちなみに難波一康の妻となる高原静子《たかはらしずこ》（要するに私の母）は高校卒業後、学校からの紹介プラス、紡績会社勤務の父（私にとっては祖父）の後押しもあって、丸紅にてＢＧとして勤めていた（丸紅飯田《いいだ》となる以前の時期）。１９３３（昭和８）年生まれの母も、学制の変更に翻弄《ほんろう》された世代だった。

島根県立益田《ますだ》高等女学校に入るが、途中で益田高等併設中学校となり、中学3年生の時に親の転勤にともない引っ越しをし、大阪で中学を卒業している。その中学卒業証書は、大阪府立夕陽丘《ゆうひがおか》高等女学校長から中学校（新制）卒を証されるというイレギュラーなものであった。その後新制の夕陽丘高校を卒業。余談を続ければ、旧制から新制に切り換わる際、天王寺《てんのうじ》中学校の男子と夕陽丘高女の女子とがシャッフルされ、それぞれ共学の天王寺高校・夕陽丘高校となったが、天王寺から夕陽丘に移った男子生徒の中に小田実《おだまこと》がおり、母の同級生となっている。

話を戻すと、戦前からの職業婦人や女事務員に加え、戦後は広くこの和製英語（の略語）であるＢＧが使われていたが、英語としてはあまりよろしくない意味のある言葉であったため、東京オリンピック（国際化！）をひかえ、別の呼称に置き換えようとする動きがあった。その結果、週刊『女性自身』誌の公募・読者投票により、「ＯＬ（オフィス・レディ）」が選ばれ、以後徐々にこの新たな和製英語が、女性事務員の呼び名として浸透していくことになる。

もっぱら男性社員のアシスタント的な役務につくホワイトカラーであれば、高卒ないし短大卒で需要はじゅうぶんに満たされていた【図表24】。伝統的に企業と関係づくりをしてきた日本女子大・東京女子大・津田塾大学などを除くと、４年制大卒女子の就職口はごく限られていたのである。

このように大きなジェンダー差を残しつつも、１９６０年代を俯瞰《ふかん》すれば、高度経済成長期は基本的には雇用の拡大をもたらし、膨大な量の新卒者たちに何かしらの職を与え続けた。そして、社会が豊かになるにつれ、大学生の数も急増していった。かつての「大卒＝エリートコース」としての前提は消えつつあったものの、まだまだ大学進学には、卒業後の経済的・社会的なメリットがあると信じられていたのである。「若者たち」にて長兄・太郎が、三男・三郎に切々と訴えたように。

最後に、再度『日本就職史』を引いて、１９６７（昭和42）年時点での大卒就職事情の

	1955年 実数（千人）	1955年 入職率	1960年 実数（千人）	1960年 入職率	1965年 実数（千人）	1965年 入職率	1970年 実数（千人）	1970年 入職率	1975年 実数（千人）	1975年 入職率
中学卒女子	11	3.4	12	3.4	9	3.1	3	2.1	1	2.2
高校卒女子	58	50.3	147	57.8	215	60.6	228	54.3	194	60.1
短大卒女子	2	29.1	4	40.5	12	47.7	34	49.7	50	54.8
大学卒女子	1	11.4	2	22.4	4	20.1	10	33.3	17	40.4
計	73		165		239		275		262	
中学卒男子	5	1.4	3	0.8	2	0.5	—	0.3	—	0.3
高校卒男子	56	24.8	77	24.1	71	20.4	52	13.0	38	13.9
短大卒男子	4	40.9	3	34.7	4	32.2	3	26.0	3	26.3
大学卒男子	24	40.2	37	42.0	42	35.8	49	31.0	66	34.5
計	89		120		118		105		107	
合計	161		285		357		379		369	

	1955年 構成比		1960年 構成比		1965年 構成比		1970年 構成比		1975年 構成比	
中学卒女子	15.7		7.1		4.0		1.0		0.4	
高校卒女子	80.2		88.9		89.7		83.1		74.0	
短大卒女子	2.6		2.6		4.9		12.4		19.1	
大学卒女子	1.4		1.4		1.5		3.5		6.5	
計	100.0	45.0	100.0	47.9	100.0	66.9	100.0	72.5	100.0	71.2
中学卒男子	5.6		2.4		1.5		0.4		0.2	
高校卒男子	62.9		64.1		59.8		49.4		35.3	
短大卒男子	4.0		2.2		3.1		3.1		3.0	
大学卒男子	27.6		31.3		35.7		47.2		61.6	
計	100.0	55.0	100.0	42.1	100.0	33.1	100.0	27.5	100.0	28.8
合計		100.0		100.0		100.0		100.0		100.0

【図表24】学歴・性別事務職への新規学卒入職者の推移

「事務職といえば、高卒女子、短大卒女子」という状態が継続している。※注：「入職率」とあるのは、同性同学歴の入職者に占める、事務職の割合（%）。（出典：金野美奈子『OLの創造』勁草書房、2000年）

まとめとしておこう。

「今日に学生は、明治時代の「末は博士か大臣か」というような、気宇壮大《きうそうだい》な支配階級の卵ではない。また、大正時代の「一等社員から一等重役へ」といったような、幹部候補生的エリートでもない。また、昭和初年代や戦後の混乱期に一時的に出た、労働階級の同盟軍、あるいはそのイデオロギー的前衛でもない。戦後の大学卒サラリーマンは、労働者とも農民とも実質的にはちがいのない勤労者である。大学卒のサラリーマンが、大学を卒業するために費した支出をとりもどして、高校卒のサラリーマンよりもトクをするところにたどりつくためには、大学を出てから十数年を費さなければならない。それにしても、定年退職するときで計算すれば、中学卒や高校卒よりも、家一軒を買う分ぐらい高い商品として、自らを資本主義に売ったことになる勘定である」

次章では、好況によってなんとか保たれてきた大卒のアドバンテージが、さらには大卒者の就職口の確保が、危《あや》うくなっていった1970年代（ポスト高度経済成長期）の様子を見ていくことにする。

4章　オイルショックからバブル前夜まで

依然、売り手市場

大阪万博で幕を開けた1970年代。高度経済成長の余韻はまだまだ続いていた。

1971（昭和46）年8月9日号『週刊文春』「〝フィーリング世代〟はこんな企業を選んだ」には、「テレビとマンガで育った世代が大学を出る頃あいとなって就職戦線に大異状アリ！　とにかく〝カッコよさ〟がすべてに先行する。外国へ行くのはカッコいい。CM上手の企業ならOK。ヤボな製鉄おヨビじゃない。四角四面の銀行は、カワイ子ちゃんいるのがややプラス——衣食足ってフィーリング万能の時代に〝人材〟を確保するのも一仕事である」とある。まだまだ大学生たちは浮《うわ》ついていられたのである。

日本リクルートセンターによる来春卒予定者（男子のみ）への調査によれば、人気企業ランキングは「①日本航空②伊藤忠商事③全日空・東京海上火災⑤丸紅飯田⑥三井物産⑦三菱商事⑧住友商事⑨日本IBM⑩朝日新聞・電通」となっている。商社・航空や外資系に人気が集まり、銀行・損保など金融やマスコミも手堅い人気を誇る中で、基幹産業離れ、財閥系企業離れが進んでいたという（製造業では唯一家電が人気）。

外資系で言えば、「テレビCM『モーレツからビューティフル』で有名な富士ゼロックスの」人事部採用課長は、「なんとも複雑な面もちである。『…フーテンがふらふらしているだけのフィーリングのある画面ですが、学生サンたちはウチの社自体が、そういうフーテンを歓迎してくれるフィーリングのある会社だと解釈して、わんさと入社試験におしかけてきましたよ。冗談じゃない、チンタラチンタラしてる学生ばかり採用していたんでは、企業はやってゆけませんよ。……」。

フーテンは日本版ヒッピーともいうべき存在で、勤勉に働くことよりも、音楽や薬物、性愛など、享楽的な生き方を好んだ1960年代後半の若者風俗。富士ゼロックスの、フーテンっぽい加藤和彦《かとうかずひこ》——ミュージシャン、音楽プロデューサー。ザ・フォーク・クルセイダーズとして1968（昭和43）年に「帰ってきたヨッパライ」のヒットを飛ばす——をフィーチャーした感覚的な企業イメージCMが、当時話題を呼んでいたのである。

このCMを手掛けた電通のプロデューサー藤岡和賀夫《ふじおかわかお》は、大阪万博後の鉄道旅行客の減少への対策として、国鉄の「ディスカバー・ジャパン」キャンペーンも担当していた。この頃から日本全国への、若い女性のグループ旅行がブームとなり、国鉄（現ＪＲ）や日本交通公社（現ＪＴＢ）も就職先として人気を集めていた。

こうしたイメージ先行の企業選びについて、丸紅飯田の人事課長は、「新聞社とかけもちで受験していた学生に「新聞社と商社には共通性はないよ」といったら、「はなばなしく対外的に活躍できるという点で共通してます」という。参りましたナ」と語っている。学園紛争も終息し、私生活の充実へと目を向け始めた大学生たちは、ハードよりもソフト、重厚よりも軽さ、ダークよりもカラフルな「フィーリング」を求めたというのである。

だが、お気楽な状況にも影は差しつつあった。

就職協定で言えば、「文部省は、四十六年に「事務系、技術系とも就職事務開始は七月一日、推薦開始は十月一日より」という統一期日を決定した。ドル・ショックと円切り上げによって、日本経済の将来に対する不安や「種もみ買い」採用に対する反省から、産業界で自粛ムードが高まった。三菱商事の「協定順守」声明に、日本航空、東京海上火災、日本郵船などの一部企業が同調した」という。さらに「翌四十七年に入ると、産業界の自粛ムードはさらに強まり、中央雇用対策協議会で、いわゆる「五・一、七・一協定」が決議された。すなわち、五月一日求人活動・会社訪問解禁、七月一日選考解禁である」（松浦敬紀『就職』日本経済新聞社、1978年）。

しかし、急にブレーキが利いたわけではなさそうだ。

1972（昭和47）年2月27日号『サンデー毎日』「73年大学卒就職戦線に大異変」で

は、「売手市場ののんきさ」は続き、採用側のフライングが相次いだと述べている。「例年なら、銀行、損保、商社、メーカーの順位で採用競争が開始されるが、ことしは、銀行とならんでメーカーが、必死に走り出し、もう、順位などはなくなり、大企業はいっせいにめちゃくちゃに走り出した、という有様」。解禁前の一本釣りや個別交渉が横行し、内定者には「会社に誓約書を提出したあとは月に一ペン、レポート提出の義務が課せられた」が、ただしそれも近況報告的なもので、大学生たちは残された学生生活を「クルマの運転と語学、海外旅行に、日を送ってしまう」。「四年の成績どころか、いまのところ、タネもみ買いだから、実質、二年の成績までしか、企業側は見られない。二年といえば教養課程が終わったばかりである」。

教養課程という言い方も懐かしいが、いったん前へ、前へとズレていった就職活動スケジュールは、なかなか簡単には戻らなかったようだ。

同様に1972（昭和47）年11月17日号『週刊朝日』「企業も学生も不安な「青田買い」の過熱」には、「「求人活動の七月一日解禁と学校推薦制」という慣習および申合せは、まず個別企業のエゴイズムによって破られてきたのだった。ついで、学園紛争・全共闘運動の余波の一つという形で「推薦制」が大幅にくずれて、「自由就職」が当たり前のようなってきた」とある。

そして、「時の勢いというのは恐ろしいもので、「自由就職」となったら企業と大学生の双方に過当競争心理が生じ、会社訪問・就職内定時期は、春先から新年早々、さらには前年の暮れにと繰上がり、今年は秋口から「大学三年生の会社訪問が始まっている」と伝えられるようになった」。その結果「二重内定・三重内定による採用予定者の「落ちこぼれ」は、会社にもよるが、三割以上になっている例も聞く」と、内定重複の問題は現在と近しい状態であったようだ。

しかし、そのものズバリのタイトルを掲げた、加藤尚文《かとうひさぶみ》『大学は出たけれど』（日新報道、1975年）には、「わたくしは、昭和四六（一九七一）年という年を日本教育史上きわめて注目すべき年としていたが、それはこの年、大学・短大卒新規学卒就職者が数の上でも、率の上でも（三〇万人＝二二・〇パーセント）、中学卒のそれ（二八万人＝二〇・七パーセント）を上廻った年なのである。つまり、学士様が義務教育卒業者よりもよけいに新就職戦線に殺到した年なのである。わたくしが「中卒ダイヤモンド、大卒秋刀魚《さんま》」といったのも、この年であった」とある。

そしていよいよオイルショックによる不況、大学新卒者の過剰供給の時代がやってくるのである。

戦後版「大学は出たけれど」第2期

1973（昭和48）年の最初の頃は、大学生側もまだまだ強気であった。

同年5月8日号『週刊プレイボーイ』「就職5月作戦直前セミナー①自分を生かす優良企業判別法――会社がオレたちを選ぶのではないオレたちが会社を選ぶのだ！」には、「今年の就職戦線は、例の中央雇用対策協議会の申し合わせ（会社訪問は5月1日以降、採用試験は7月1日以降）で、スタート即終盤のまさに短期決戦となった」とある。そして同記事の見出しに「ヤングはソフト産業をめざせ」とあるが、このソフト産業とはコンピュータのソフトウェア関連ではなく、マスコミやレジャー産業など、モノづくりではない領域を指していた。まだまだ時代は浮かれていたのである。

この新就職協定は比較的守られたようで、1973（昭和48）年5月20日号『サンデー毎日』「〝一発勝負〟しかないことしの大卒就職戦線」にも、「五月といえば、例年なら七、八割がとっくに採用内定ずみ。ことしは、七月一日までは〝選考厳禁〟の自粛申合わせが守られている。そのため、四月末までは就職戦線には一発の銃声も聞こえなかった

五、六月は、まだ、いわばお見合いの期間だ。だが、採用するほうも採用されるほうも、はや気合い十分」とある。「昨年までなら、学生が就職活動を始めるのは三年生の十一、十二月ごろから。労働省が調べた業種ごとの採用内定ピーク時でも、銀行は二月、保険、証券は二、三月、商社が三月、一般メーカーは三、四月といった先走りようで、有力大学の法、経済系の学生なら、八割までが五月には内定していた」。

2014（平成26）年度までの就活スケジュールと、それへの経団連の対応——2015（平成27）年度に向けて日程の後ろ倒し（3月広報、8月選考スタート）——を想起させる記事である。

しかしこの年の10月6日に第4次中東戦争が勃発し、第1次オイルショックと呼ばれた、世界的な経済危機が巻き起こった。

1973（昭和48）年12月13日号『週刊新潮』「新年度「就職戦線」学生がかぎわける「大丈夫な会社」」には、「人気銘柄は、まず県庁、市役所、次に銀行、保険、ちょっと間をおいて商社、鉄鋼、日航……。見限られたのが、建設、石油関連、証券……、むろん、中小の〝公害産業〟は、もっとも敬遠されている。——これが学生サイドから見た石油ショック後、初の74年就職戦線俯瞰《ふかん》図」。しかし、同記事は言う。「そんな見方は甘すぎる。

ここ五、六年の超完全雇用で浮かれていた水ぶくれ大学生なんかいらない、とハッキリいう企業もあるのだ」。

明けて1974（昭和49）年1月6日号『サンデー毎日』「'74大卒・就職情報　採用ゼロが続出!?　指定校制度も復活か」では、「74年の就職だって。もの不足、エネルギー危機で会社の存亡が問われているんだ。半年も先のことなどわかるもんか」とある。それまでならば、ある業種は悪くとも、他にどこか景気のよい業種はあるといった、まだらな景況だったものが、今度ばかりは本格的かつ全般的な「新型不況」であると、明治大学が冬休み前の3年生に〝就職予備試験〟を実施するなど、各大学が備えに入ったと報じている。

1974（昭和49）年7月23日号『週刊プレイボーイ』「「求む！　豪傑」とは言うものの……〝適性テスト〟でパスするのはやっぱり小粒の優等生」には、「今年の就職戦線をイナズマのように駆け抜けた噂がひとつ。サッポロビールの会社訪問したある学生。会社側の面接に対して、ひとことも口をきかない。たまりかねた会社幹部氏がその非礼をなじると、くだんの学生君、三船敏郎《みふねとしろう》ばりの笑いを口の端《は》に浮かべて、ボソリひとこと、「男は黙ってサッポロビール」。その場で採用内定をとりつけた——というんだけどネ……」。この噂をサッポロ側は否定したとある。

三船敏郎を起用したサッポロビールのキャンペーンは、1970（昭和45）年に始まっており、今日にまで語りつがれてきた就活都市伝説の発端は、どうやらここらへんにあるようだ。「前出の「男は黙って……」の伝説は、求人側にとっても求職側にとっても、シビアーなだけで味も素っ気《そけ》もない今年の就職戦線にあって、こんな話があったら面白いだろうなァという、無意識の願望が生んだ蜃気楼《しんきろう》みたいなものであったらしい」。

また同記事では、日本リクルートセンター統合室次長談として「採用試験が非常に科学的なったというのが今年の特徴です」「筆記試験にあらわれる基礎能力もさることながら、作文が多くなったのが今年の特徴。それに大半が、科学者や心理学者などが作った適性テストを参考資料にしている。…面接で変り種を拾い上げるといったしゃれっ気が介入する余裕はまずありませんね」。このコメントは、1973（昭和48）年にSPI適性検査の最初のバージョンが開発されていることからして、リクルート社側からの自社製品のプロモーションとも考えられる。

そして、1975（昭和50）年1月31日号『週刊朝日』「就職戦線に〝大寒波〟――入社前にクビになった私大生の怒りと悲しみ」は、「私立大学連盟学生就職問題協議会が、一月十六日現在で集計したところでは、日魯《にちろ》漁業のほかにも採用内定を取り消した企業がかなりある。日本航空、高千穂バロースなど、「出社に及ばず、自宅で待機せよ」としたところも入れると、五十二企業が、三十七私立大学、三百数十人の学生に迷惑をかけている」と伝えている。

さらには、1975（昭和50）年4月4日号『週刊朝日』「〝おわび料〟二十七万円」という続報もある。やり玉に上がった日魯漁業（現ニチロマルハ水産）が、この4月からの採用を内定していた大卒者49人に、取り消しのお詫びとして、ひとり当たり27万円（初任給の3カ月分）を渡したというのである。ちなみに荒俣宏《あらまたひろし》は、1970（昭和45）年に日魯漁業に入社し、9年後に退社している。

1975（昭和50）年2月27日号『週刊サンケイ』「有名企業51年度・採用見通し――「大学は出るけれど」空前の就職難」によれば、「何でも、二十六年ぶりの就職難になるという。二十六年前といえば、「大学は出たけれど」の半社会人があふれたころ。今度は、その当時より深刻ともいわれている」。「例年だと、一月下旬から二月にかけて、長髪にオサラバした三年生が学生服に身を正して、「会社訪問」を始める時期だ」が、関西に本社がある製造企業の重役は「不況時でも理科系の方は就職の不安は少なかったわけですが、これからは理科系といえどもダメですね。重化学工業の行き詰まりで、今までと事情が違いますからね」と語ったという。

特定の大学に企業が出かけていく就職説明会から、多様な大学の学生たちが適宜《てきぎ》出向く会社訪問へ、指定校制から自由応募へという流れが、ここにきて停滞ないし逆流しはじめたのである。尾崎盛光『現代青年論』（読売新聞社、1971年）にある「会社側もリクルート・コーナーなどをつくって、学生の会社訪問を待っている」という光景は、すっかり過去のものとなってしまっていた。

こうした就職・採用のあり方の逆コースを、1975（昭和50）年12月号『中央公論』「不況下の大卒就職状況」にて赤羽良剛《あかばねりょうごう》（『就職ジャーナル』編集長）は、「大卒大量採用時代に消滅しかかっていた指定校制度が、色濃く登場し始め、「優の数」が跋扈《ばっこ》している」と指摘し、縁故の力が強まっているとも述べている。

また、1975（昭和50）年9月10日付「朝日新聞」の「不況下企業変節　人間性より…優等生」「逆戻りの採用基準」「大学生　指定校復活にあせり」といった見出しの記事でも、次のように報じられている。

「会社訪問で大学名を告げたら、冷たくあしらわれた。「優」の数を答えたら、「よその会社をまわれ」といわれた。いま、各大学の就職部にはこんな「苦い体験」を訴える学生がひきもきらない。大学の就職情報掲示板のまわりでかわされる学生同士の会話にも、成績、コネ（縁故）、指定校……という言葉が飛びかう。長かった高度経済成長の間、「学力より実力」「成績より人間性」と学生に呼びかけていた企業が、不況下の就職戦線でみせた手のひらを返すような採用方針の転換ぶり。学生たちの間には戸惑《とまど》いとあせりの色が広がっている」

就職協定もさらに二転、三転を続けていく。松浦敬紀『就職』（日本経済新聞社、1978年）によれば、中央雇用対策協議会は「オイル・ショックをきっかけに「採用取り消し」「自宅待機」が社会問題化したため、五〇年三月に「十・十一」に再変更を決議した。もっとも「今年はとりあえず六・七」と主張する私大連などから強い反発があり、産業界、行政サイドと調整の結果、経過措置として、五月にやっと「九・十一」の新協定が成立した」。そして「昭和五十一年になり、「十月求人、十一月選考」が決定し、今年は「十・十一協定」三年目の就職戦線となる。就職シーズンはちょうど振り出しにもどったことになる」。

再び、銀杏が色づくと大学生が青くなる時代が到来したわけだ。

大卒グレーカラーの時代

1970年代半ば、学生側優位の売り手市場から採用側優位の買い手市場へと、完全に大学新卒就職の世界は反転した。1975（昭和50）年11月27日号『週刊文春』「〝就職戦線〟大戦果発表——人事担当座談会「土下座した学生もいました」」によれば、「人事課員諸氏にとって、今年はさぞや溜飲《りゅういん》が下がったにちがいない。昨年までの人集めの苦労はどこへやら、学生がアノ手コノ手で売り込む時代である。人事担当者の前で泣き出す学生もいた。本人以上に親が心配して、会社説明会を飛んで廻《まわ》る風景もあった」。

松浦敬紀『就職』（日本経済新聞社、1978年）にも、「入社間近になって内定取り消しにきた学生に土下座せんばかりに説得し、低姿勢に甘んじた人事・採用担当者が高姿勢に転じ、極めて高飛車に出るのは、五十年からだ。事実、「ぜひ入れて下さい」と土下座する学生が年に数人は必ずいると採用担当者はいう」とある。

そこでクローズアップされてきたのが、「大卒者のブルーカラー化」もしくは「グレーカラー化」といった現象である。松浦敬紀『就職』によれば、「進学率が高まり大学の大衆化が進んだ結果、大卒者が高卒者の代替需要、つまり穴埋め的人材として、採用されるようになるのは、昭和四十四年頃からである。それまで高卒者の仕事とされてきたチェーンストアの店員や工場のブルーカラー、セールスマンなどに、大卒がどんどん採用されるようになり、「大卒エリート時代」から「大卒兵卒時代」に大きく変わろうとしていた」。

また1975（昭和50）年刊の加藤尚文『大学は出たけれど』も、「昭和四四（一九六九）年一二月、経済審議会労働委員会は「グレーカラー的職種」の増大を予告」していたが、昨今の未曾有《みぞう》の就職難が「グレーカラー」の用語の急浮上をもたらしたと指摘している。

こうした動きの背景には、産業構造の変化と労働人口の移動があり【図表25】、それにともなう大卒者の就く職業の変遷がある【図表26】。「ホワイト／ブルー」の別がはっきりしている工場や鉱山などの鉱工業から、サービス業へ。また職種で言うなら、4大卒は販売職・営業職へ、それをサポートする事務職は短大生へと、それまで高卒者が担っていた仕事に、大卒者が就き始めたのである。

そうした経緯を1977（昭和52）年8月26日号『週刊朝日』「'78就職徹底研究――遂にやって来た！　学士サマの「丁稚奉公時代」」は、次のように解説している。

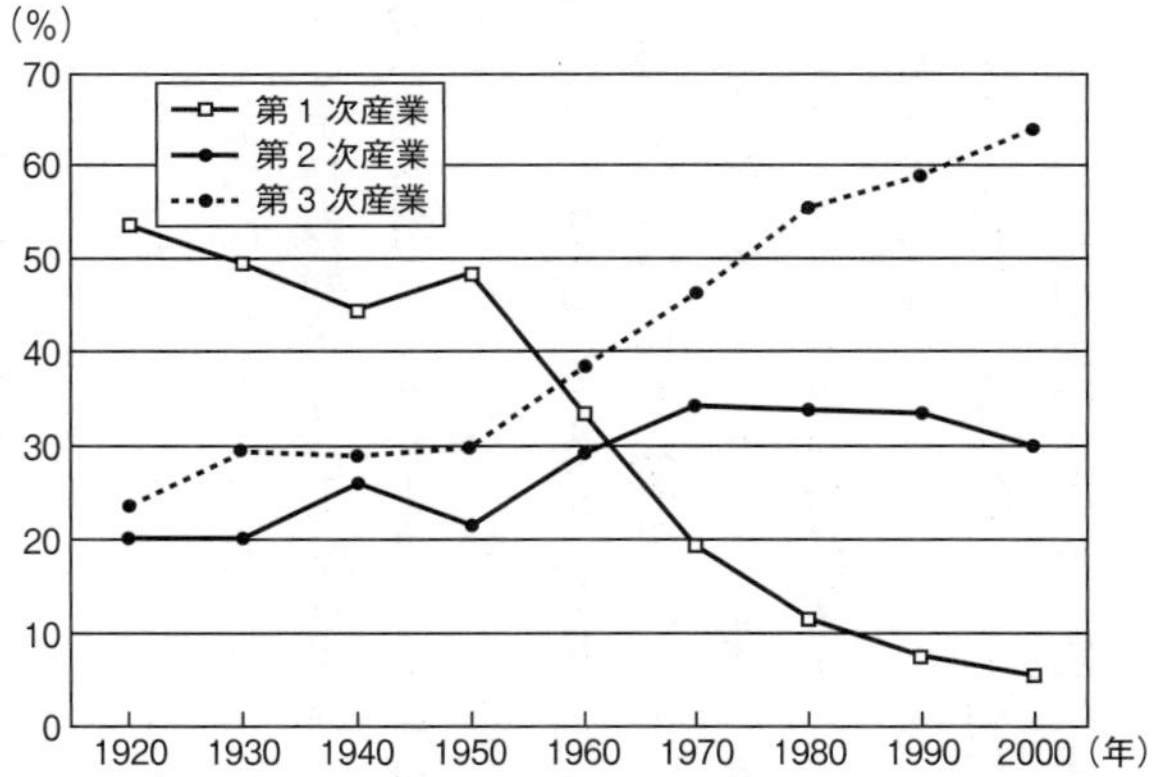

【図表25】第１次産業から第２次、第３次産業へ
1950（昭和25）年から1960（昭和35）年頃を境に、第３次産業人口が第１次産業のそれを追い越す。（出典：木村元・松田洋介「高度成長期の社会と教育」橋本紀子ほか編『青年の社会的自立と教育』大月書店、2011年）

（カッコ内は％）

職業	56年度	66年度	76年度	86年度
技術者	12,005 (15.2)	31,511 (22.1)	48,175 (20.9)	73.234 (25.1)
教員	20,579 (26.1)	21,615 (15.2)	29,926 (13.0)	32,635 (11.2)
医療保険技術者	1,475 (1.9)	2,503 (1.8)	5,904 (2.6)	7,453 (2.6)
芸術家・芸能家	107 (0.1)	635 (0.4)	1,307 (0.6)	2,222 (0.8)
他の専門的職業従事者	2,395 (3.0)	3,152 (2.2)	4,669 (2.0)	5,822 (2.0)
管理的職業従事者	709 (0.9)	1,435 (1.0)	1,034 (0.4)	1,169 (0.4)
事務従事者	32,767 (41.5)	45,107 (31.7)	93,392 (40.5)	96,869 (33.2)
販売従事者	3,786 (4.8)	27,020 (19.0)	34,463 (15.0)	61,792 (21.2)
各種作業労働従事者	2,127 (2.7)	1,555 (1.1)	2,542 (1.1)	2,003 (0.7)
保安職業従事者	539 (0.7)	873 (0.6)	2,508 (1.1)	2,647 (0.9)
サービス職業従事者	700 (0.9)	3,040 (2.1)	2,257 (1.0)	3,648 (1.3)
上記以外のもの	1,791 (2.3)	3,940 (2.8)	4,286 (1.9)	2,226 (0.8)
計	78,980(100.0)	142,386(100.0)	230,463(100.0)	291,720(100.0)

【図表26a】大学卒業者職業別就職者数の推移

技術者、事務従事者、そして販売従事者の伸びがめざましい。

（カッコ内は％）

職業	56年度	66年度	76年度	86年度
技術者	1,613 (9.9)	3,371 (9.9)	2,836 (2.7)	5,432 (3.9)
教員	4,162 (25.6)	6,142 (18.1)	19,337 (18.6)	14,237 (10.2)
医療保険技術者	871 (5.4)	2,845 (8.4)	7,316 (7.0)	10,416 (7.5)
芸術家・芸能家	24 (0.1)	423 (1.2)	1,049 (1.0)	1,763 (1.3)
他の専門的職業従事者	378 (2.3)	1,299 (3.8)	11,135 (10.7)	10,553 (7.6)
管理的職業従事者	222 (1.4)	320 (0.9)	265 (0.3)	142 (0.1)
事務従事者	6,022 (37.0)	13,665 (40.3)	52,011 (49.9)	79,015 (56.6)
販売従事者	881 (5.4)	2,380 (7.0)	4,131 (4.0)	11,036 (7.9)
各種作業労働従事者	950 (5.8)	1,047 (3.1)	3,149 (3.0)	3,176 (2.3)
保安職業従事者	163 (1.0)	308 (0.9)	296 (0.3)	224 (0.2)
サービス職業従事者	446 (2.7)	823 (2.4)	1,110 (1.1)	2,313 (1.7)
上記以外のもの	544 (3.3)	1,296 (3.8)	1,533 (1.5)	1,332 (1.0)
計	16,276(100.0)	33,919(100.0)	104,168(100.0)	139,639(100.0)

【図表26b】短期大学卒業者職業別就職者数の推移

販売従事者も伸びているが、事務従事者に集約されている。

（出典：a、bとも、太田愛之「大衆化する社会教育の現在」川口浩編『大学の社会経済史』創文社、2000年）

「不景気な世の中でも、高卒を採用するのは極めてむずかしい。ちょっと優秀な生徒は大手の鉄鋼メーカーや電機メーカーなど堅い会社へ流れてしまう。それにひきかえ、大卒は、供給のパイプが太く、採《と》りほうだい。転勤させても文句はいわないし、すぐに〝手《て》代《だい》〟〝番頭〟として使える。つまりは、いいことずくめなのである。…〝大卒丁稚時代〟について、日本リクルートセンターの生嶋誠士郎《いくしませいしろう》営業部次長は、「三年続きの就職難で学生の二層化がいよいよはっきりしてきた」と、分析する。「もっとはっきり言えば、大学の二層化でしょう。一流の企業には一流の大学からしか行かない。企業が採用しないというよりも、学生が分相応をわきまえ過ぎていて、入社試験を受けに行かないんです。それでも、中堅企業の幹部候補社員として入社できればまだいい。それからもはみ出した学生は、中小企業のセールスマンに流れるしかない。〝デモシカ就職〟ですよ。当然、入社後の離職率は高い」」

このような大学（大学生）の二極分化について、1978（昭和53）年5月5日号『週刊朝日』「新入社員自殺　長期不況で崩壊する〝学歴社会〟――大学卒は投げ売り使い捨て時代だ!!」はさらにどぎつく、「同じ大学卒でも、高校卒並みにしか扱われない人たちは増える一方であり、エリートと非エリートの待遇の格差はますます大きくなっていく」と断じている。

記事中、ある大学の就職部長の言として「毎年大学を出る卒業生の就職希望者二十五万人のうちの五万人は、中堅以上の会社に就職し、大学卒らしい仕事をするのですが、この絶対数は昔もいまも変わりがない」が引かれている。昔ながらの幹部候補生として、リスペクタブルなホワイトカラーとして働く5万人に対し、その4倍の数の大卒者たちは、かつての大卒ホワイトカラー職とは異質な仕事に従事しているというわけだ。そうした状況を大学生たちも、不況下にあっていたし方ないものと受けとめていたようである【図表27】。

基本的に若者サイドに立とうとする『平凡パンチ』の1975（昭和50）年11月24日号「大卒のほとんどがグレーカラーに――進学率37％…中高卒の職場へ進出」や、どこか企業に対してシニカルな「朝日らしさ」漂う『週刊朝日』の1978（昭和53）年10月20日号「大卒使い捨て時代の就職情報――セールス業種は大量募集だが…君は酷使に耐えられるか」など、採用側優位の現状に異を唱える記事も散見される。

『週刊朝日』の記事には「グレーカラーという言葉をご存じだろうか。大卒がたずさわる現場作業的な職種がふえるにつれ、使われ始めた。汗水たらして、カラーが汚れて、ホワ積極的希望「積極的にそれらの職業に就きたい」
無条件希望「将来、管理職、店長などになれる見込みがなくてもそれらの職業に就いてもよい」
条件付希望「将来、管理職、店長などになれる見込みがあるならそれらの職業に就いてもよい」
拒否「ともかくそれらの職業には就きたくない」

	サンプル数	積極的希望	無条件希望	条件付希望	拒否	無答
全体	1,584	8.8%	19.3	43.0	28.0	0.9
国公立大	834	6.4	20.4	40.8	31.9	0.6
私立大	750	11.6	18.0	45.5	23.6	1.3

【図表27】グレーカラー職・ブルーカラー職への希望

『新入社員は何を考えているか』(日本リクルートセンター)に掲載された1978(昭和53)年のデータをもとにしたものだが、当時の大卒者が就職を悲観的に受けとめていたことがわかる。(出典:竹内洋『競争の社会学』世界思想社、1981年)

イトがグレーになるというのか。純正ホワイトに就職できなかった者が、やむなく入ったというので、やさグレーカラー、はグレカラーとも呼ばれる。企業のセン兵たるセールスマン人種も、このグレーカラーに分類されている」とある。そして、「やさグレ」ないし「はグレ」の代表例として、営業ご三家――証券、車ディーラー、スーパー――を挙げている。そして、そうならざるをえない若者たちにどこか同情的である。

一方１９７６（昭和51）年10月7日号『週刊新潮』「大学を出て洋風立ち食い屋に就職する若者の幸福度」は、日本マクドナルドに入社した一流大卒業生の姿を、それはそれでアリなのではとのスタンスからリポートしている。

また、１９７５（昭和50）年12月20日号『週刊読売』「就職難なんて知らないよ――われら誇り高き大卒グレーカラー族」のように、こうした大卒就職の状況をよりポジティブにとらえる視点も生まれていた。

１９７０年代の「ブラック企業」

１９７６（昭和51）年2月12日号『週刊サンケイ』「どこで間違っていたのか――就職できないで自殺した東大生、慶大生」では、従来就職に関しては苦労知らずとされてきた東大工学部生や慶大経済学部生ですら…と報じられている。また1977（昭和52）年11月19日号『週刊読売』の就職特集では、理工系の学生であっても就職が決まらない現状について、「高度成長時代の技術系全盛のころは、企業がもみ手して、大学まで送り迎えしたものである。手をかえすような企業の態度に技術系学生がついていけなかったのだ」と評されている。

採用する側は当然のことながら、正社員・正職員になれるならばそれだけで御《おん》の字だという学生たちの心理に乗じようとする。1970年代の大卒者の就職先の変化について、再度、松浦敬紀『就職』（日本経済新聞社、1978年）を引いておこう。

「現在の成長産業の営業職やこれまでのディーラーのセールスマン採用をみると、使い捨て志向があり、定着するのが何名かいればよいという姿勢である。ビッグストア、一部のレストランチェーンやディーラーを除くと、酷使、使い捨て志向である。こうした点で、もっとも問題があると大学就職関係者から指摘されているのは、プレハブ産業や食品流通、清涼飲料、薬品卸、商品取引である。いずれも大量採用して、使い捨てを行う。商品取引には、大学側も警戒していることもあって、さすがに就職者は少ないが、プレハブ産業などには、あまりよくないと知りつつ就職せざるをえない実情だ。食品流通、清涼飲料、薬品卸などは、営業職といっても、実態はルート・セールスマン代行の運転手である。あらかじめ決まったルートで商品を小売店などに運ぶ仕事で、従来は高卒の仕事であったといってよい。しかし、質の高い高卒が不足し、人員充足ができなくなったため、代替ニーズから大卒を採用するようになった」

まさに、小津映画「大学は出たけれど」の野本徹男の「受付からでも…」である。そして松浦は、次のようにも指摘している。「採用しても、二、三カ月の間に半減することも珍しくない。採用→使い捨て→採用の悪循環を繰り返すことになる。もっとも使い捨てのひどい会社の場合、入社前に四割落ち、入社後二、三カ月で半減し、一年間で定着するのは、当初採用予定人員の一、二割程度と言われている」。要するに今で言うところの「ブラック企業」である。

就職難を背景とした企業側の問題行動について、当然大学側も対策を考えることになる。

1977（昭和52）年10月14日号『週刊朝日』「就職戦線㊙情報——関西24私大から「就

職指導要注意」に名指しされた会社の困惑と反論」では、「「部外秘」のハンコがペタリと押され、それぞれの企業について、何が問題なのかを示す「内定取消」「入社延期」「求人条件」「離職者が多い」「その他」の五項目と、「会社の話でも五〇％が退職する」などのコメントを書き込んだ「備考」欄からできている」と、大学就職部側のブラックリストが紹介されている。

そこで名指しされた企業側の言い分としては、営業職になじめず離職する者が多いのは事実と一部認めるところもあるものの、おおむね事実無根である、一方的な見方であると反論している。

また、1978（昭和53）年10月20日号『週刊朝日』「大卒使い捨て時代の就職情報」は、「「こんな会社はガマンできない。学生を送りだすことはできない」」と、私大連盟の就職問題協議会でこしらえたリストがある」と報じている。

たとえば、「C航空サービス　内定者が新人研修という名目で、社長以下の幹部とグアム旅行をさせられる」と、ある女子大学は告発している。今で言う、採用・就職におけるセクハラ、パワハラである。「D化学工業　とくに私大生を中心に不動産部門のDハウスに出向させ、本社のスタッフ要員として返り咲くことがない。要するにプレハブ産業の宅建販売要員にされる」。ここでもまた「依然使い捨て型といわれているのはハウジングのほか、コーラ、パン、一部の製薬会社の「ルート・セールス」というやつだ」。

大卒と言うだけでは、もはやエリートではありえないとわかりつつも、やはりホワイトカラーらしい仕事がしたい大学生たちが目ざす先は、公務員・教員ということになる。ここでも松浦敬紀『就職』を引いておこう。

「これまでも不況になると、極端に親方日の丸意識が強まったものである。田舎に帰ってのんびりやろうといったデモシカ公務員や教員のなり手がどっと県庁や小・中学校、高校に押し寄せた。しかし、一過性で、景気がよくなると、ほとぼりがさめたものだ。ところが、オイル・ショック以降の公務員・教員志望者の急増は異常というほかない。就職希望者の五人に一人が国家公務員試験に応募し、地方出身者の七、八割が帰郷就職を志望するようになったからだ。公務員試験の倍率は二ケタから三ケタになっている」

核家族化が進み、長男・長女の比率が高まったことも、都会から故郷へという若者たちのUターン志向を後押ししたのであろう。実家に戻るとまではいかないにせよ、実家近くの地方都市で仕事を見つけるJターン、さらには都会で生まれ育った若者たちのIターンまでもが、当時取りざたされていた。そして「そのため地元高校の優秀な卒業生の職場だった地方公共団体にもぐり込もうと、大卒者が初級職の試験に応募する」現象が生じていた。大学に進んでも就職があるかは不明確だが、高卒だともっとないがゆえに大学進学率は上昇ないし維持されるというのも、今日に相通じる事態であろう。

遊民《ゆうみん》と「俺たちの旅」

この時期の大学生とその就職活動の様子をうかがい知ることのできる映像作品として、ここでは1975（昭和50）年から翌年にかけてオンエアされたテレビドラマ「俺たちの旅」（日本テレビ）を見ておきたい。

修学院大学4年の津村浩介（中村雅俊《なかむらまさとし》）とオメダこと中谷隆夫（田中健《たなかけん》）は、バスケット部のチームメイトで大の仲良し。ちなみにオメダとは、ダメオを逆さまに読んで。キャプテンの浩介に対し、補欠の隆夫。楽天的な浩介に対して、何かにつけ自信なさげな隆夫。隆夫は部のマネージャー山下洋子（金沢碧《かなざわみどり》）に憧れているが、洋子は浩介のことが好きで、そのことも隆夫の浩介に対するコンプレックスとなっている。

他の4年生は「会社訪問の日を指定してきた」「オレたちは弱い立場だ」といって最終試合に出ないという。一方、浩介と隆夫はアルバイトばかりの生活をしている。二人はビルの窓ふきのバイトをしていて、応接室で学生たち――この時代でも詰襟学生服――が会社訪問している様子をのぞき込む。そこは東西製鉄の本社ビル。隆夫は「まともな奴は試験までには3回会社訪問するらしい」と言い、自分は三流大学生だし、母子家庭だし、縁故など毛頭ないし、こんな超一流企業は無理だと自嘲する。二人は東西製鉄社員役の松崎《まつざき》真《まこと》（元「笑点」の座布団運び係。山田隆夫《やまだたかお》の前任者）に、何見てるんだと怒鳴られる。

ところがその東西製鉄の人事課長宛の紹介状を、洋子は浩介に手渡す。どうやら父親に頼んで、ツテをたどったらしい。しかし、その紹介状を隆夫に譲ってしまう浩介。その洋子は、NBSラジオにアナウンサーとして就職を決める。めげずに浩介に就職を世話し続ける洋子。しかし浩介は、「まだ就職する気ないよ」。連日さまざまなバイトをしつつ、「そのうちやりたいことが見つかるよ」。

その浩介と隆夫に、卒業の直前、ようやく内定の知らせがやってくる。東名不動産という中堅の宅地開発業者で、会社四季報にも載っている会社だと、隆夫は母親に喜んで報告する。入社前に、他の内定者とともに会社に呼び出される浩介と隆夫。いきなり社訓を言えと命ぜられるが、浩介だけが暗記してこなかった（この社訓には、電通の「鬼十則《おにじゅっそく》」が流用されている）。口をそろえて社訓を唱える内定者たちをみて、バカバカしくなった浩介は即日で内定を辞退してしまう。入社する前に、退職してしまったかっこうだ。一方隆夫は、黙々と見習いとして出社を続ける。

卒業はできたものの職のない浩介は、浪人生ワカメこと浜田大造（森川正太《もりかわしようた》）と何でも屋「なんとかする会社」を立ち上げる。そこに、宅地販売のノルマに悩む隆夫や、早稲田を出ながら職に恵まれない——教材のセールスマンなど——グズ六こと熊沢伸六（秋野太作《あきのたいさく》（当時は津坂まさあき））らも合流してきて…、というストーリー。

シリーズ2作目「俺たちの朝」は、主人公（勝野洋《かつのひろし》）が修学院大学を中退しジーンズ・ショップを立ち上げる話だし、第3作目「俺たちの祭」は今度は中村雅俊が劇団員を演じている。いずれも1970年代の就職難を背景に、定職に就かず、未来を模索する青年たちを描いている。このあたりも時代を反映していると言えそうだ。

もちろん、学生運動やヒッピームーブメントが花やかだった1960年代から、定職に就かない大学生の姿は目立ちはじめていた。松浦敬紀『就職』（日本経済新聞社、1978年）では、「無業者」や「留年」の出現が次のように語られている。

「卒業後、すぐに就職せず、好きなことをやろうというアルバイト派の割合が増えるのは、昭和三十年代の後半からである。たとえば東大の場合、卒業者のうち就職希望者の割合は、四十一年が六〇%台であったほかは、四十年代を通じて五〇%台であった。つまり卒業者二人に一人しか就職していないことになる。…就職者の割合が減少するにつれ、卒業後、進学も就職もしないといった「無業者」の割合が増える傾向にある。四十年代のはじめは、四、五%であったが、四十七年には九%以上になっている。かれらは「高等遊民《こうとうゆうみん》」と呼ばれ、オイルショック以降は少なくなったとはいえ、留年組をあわせると一〇%をこえるのではないだろうか。人材難であったから、企業の態度は寛容で採用・選考面で特にハンディをつけることはなかった。だから学生は、無業者、留年の道を選び、就職しても思わしくなければ、転職し、企業や組織にしばられない脱サラを望んだ」

1974(昭和49)年7月13日付「毎日新聞」も「大学卒の五人に一人がドロップアウト」という記事を掲げている。

「文部省は八月十二日、昨年（昭和四十八年）春、大学を出た学生の進路調査結果をまとめたが、社会の多様化の中で若者が組織からはみ出して〝遊民〟化する傾向が強まっていることが明らかになった。昨年春の大学卒業生は二十九万七千人で、このうち、就職者は二十二万三千人、全体の七九・四％……。ところが就職も進学もしない〝無業者〟やゆくえ知れずで進路がつかめない卒業生は、全体の一九％にあたる五万六千人もいることがわかった。三十八年には一万人（卒業生の七・七％）だったから、この十年間に五、六倍増になっている。とくに東京の学生にこの傾向が強く、また国公立より私大の学生にめだって多くなっている」

1973（昭和48）年ならば、大学生たちはまだまだ繁栄の余韻《よいん》の中にいた。にもかかわらず「遊民」化が進んだ原因として、豊かさの中で「どうしても働かなければならない」というモチベーションが低下したこと、さらには学園紛争や就職方式の変化――学校推薦から自由応募へ――によって、大学側が学生の動向を把握しきれなくなったことが挙げられている。

だが、1970年代後半になると、就職したくとも職がないという事態が深刻化していく。

1979（昭和54）年3月8日号『週刊新潮』「『学卒遊民四万人』の意味――力仕事で気楽に生きる者もいるが」は、文部省が発表した「卒業後の状況調査報告」にもとづき、「昨春卒業者三十五万六千九百八十一人のうち、「無職者」が一一・四％（四万八百七十三人、うち男性二万五百七十一人）いた。これは戦後最高記録である。また、このほかに、「不詳者」、つまり、学校に就職相談、あるいは報告がなく、大学としてもつかみようのない者が一〇・九％いる。この「不詳者」の大部分が無職と思われるから、両者を合わせて「遊民は二二・三％、五人に一人」とセンセーショナルに報道した新聞もあった。ちなみに、報告でいう就職率は七一・九％で戦後最低第二位。いかにも就職難時代を感じさせる数字である」と述べている。

高等遊民ないし遊民という言い方は明治期からあり、夏目漱石《なつめそうせき》「それから」の代助《だいすけ》などがその代表的存在である。だが代助は、裕福な実業家の次男坊であるからこそ、大学を卒業後30歳になるまで、無職・独身の身分を満喫できた（その上、都心に家一軒を与えられ、そこに婆やと書生まで置いている）。

それに対して1970年代の「遊民」は、女性の「家事手伝い」を除けば、ほぼ「アルバイト」「フーテン」であろうし、今の言葉でいえば「フリーター」「ニート」「無業者」「非正規雇用者」「プレカリアート」等々にあたるのだろう。

東京海上火災のいちばん長い日

しかし、1970年代版の「大学は出たけれど」には、戦前版や戦後直後のそれに比して、やはりどこかのどかな感じも漂《ただよ》っている。

1976（昭和51）年2月10日号『平凡パンチ』は「東大生まで自殺することしの〝深刻〟就職戦線」とタイトルに掲げながらも、「「求人倍率は2〜3倍あるはず」（日本リクルートセンター）だから、就職難といっても昭和初期のような絶対的なものではない。ただ、一流私学が官学の割を食い、二〜三流私学が一流私学の割を食うといった〝順送り現象〟が働いているのだ」。選ばなければ職がある現在は、絶対的に働き口のなかった往時とは違うというのは、たしかにそうである。だが、当事者にとってみれば、必死にならざるをえない点に変わりはない。とくにしわ寄せが「順送り」される側ほど、安閑とはしていられないのである。

この時期、10月説明会解禁、11月選考解禁の「十・十一協定」がそれなりに順守されていたが、1977（昭和52）年11月19日号『週刊読売』「11月1日就職試験――本当は求人難だったおかしな就職難」によれば、「十一月一日、大手企業を中心に、来春就職する学生の入社試験がいっせいに行なわれた。だが、この試験、実際はすでに採用内定者がほぼ九〇％を占めており、この試験によって入社できるのは、わずか一〇％といったところ」だったという。

低成長下の採用パターンに慣れた企業側は、「採用・選考ノウハウの蓄積によって、下刈り方式（一定のレベル以下の学生を切り捨てる）に工夫が加えられるように」なり、「一〇月一日の会社訪問と同時に企業が〝しぼり込み（実質的な選考）〟に」入ったのだという。「今年の就職戦線最大のヤマ場は一〇月一日から三日の三日間であった。一日、二日とふるいにかけてきた企業側が、三日に的をしぼって学生へ招集をかけたからだ。わずか五分間の面談・面接のため、一、二時間は拘束し、他社にもっていかれそうな学生はカンヅメにした。そして、四、五日から採用内定に入っている。内定ラッシュは八日であった」。

またここでも、求職側からすれば大学生は多いのによい職は少ない、求人側からすれば少数精鋭を採りたい（もしくは少数しか採れない）のにその精鋭が見あたらないという、就職難と採用難の同時並存が語られている。

「今年の就職戦線に登場している学生は約二十二万人で、そのうち学生に人気のある大手企業、役所、学生《ママ》（難波注：学校）に就職できるのは五万五千人程度、つまり四人に一人の割合である。企業側にいわせると、〝本当の大学生〟は二割であり、概数にして四万―四万五千人程度であるとみているのだ。つまり、需給関係からいえば、需要の方が供給を上回っている。ここに、低成長時代の特異な就職難・求人難現象が出てくる大きな理由がある。…質の高い学生が少ないうえに、こうした学生の多くが中央官庁や地方公共団体、学校への就職志望がつよいものだから、企業としてはヘタをすると、競争相手に奪われるおそれがある」

そして「競争相手に奪われるおそれ」ゆえに、フライングする求人側も当然現われ始めていた。

「表向き協定順守の態度をとってきた企業側も九月に入ると、明らかに青田買いに出た。電話、電報、ダイレクトメールによる企業のアプローチは、一流校生で百五十件にも及んでいる。就職協定は三年たつと破られるというジンクスがある。今回もその例に漏れなかったといえる。ますます形骸化した十・十一月協定を来年はどうするつもりなのか」

その青田買いの対象にならない学生たちは、最後の頼みの綱《つな》として「10月1日の解禁日には極力早くから並ぶ」という行動に出る。

1977（昭和52）年10月20日号『週刊文春』「就職戦争スタート——東京海上火災のいちばん長い日」には、東京大手町に学生たちが朝早く集まり始め、「開門時の8時半には、約三百人の学生が東京海上ビルのまわりを取りまいた」。「圧倒的に多かった紺のスーツ、靴の先までおろしたて」、学生のスナップの中には、背中にしつけ糸を残したままの背広姿もある。

同年10月25日号『週刊プレイボーイ』「就職戦争開始!!——東京海上火災（学生人気企業No.1）今年の1番乗りは午前2時半！」にも同様に、「去年は午前5時に一番乗りした明大生があって、これが見事に合格したから、今年もまねる者が出るだろうと。それにしても午前2時半とは！　早大生でした」とある。こうした特異な現象を取材するために、ワシントンポストや西ドイツ国営放送も来ていたという。

この時期、秋の風物詩としてさんざんニュースのネタとなっていた東京海上火災（現東京海上日動火災保険）本社前の行列だが、その人気について1978（昭和53）年12月号『文藝春秋』の大野明男《おおのあきお》「「東京海上」だけがなぜもてる」は以下のように分析している。

「朝の七時には、行列は百人を越え、八時には二百人を越えた。昨年は、就職「出陣式」において、「全員始発電車に乗れ」と指示した明大就職部などが、今年はかなり自粛したというが、それでも東海上（難波注：東京海上火災）の人気は大したもの。マスコミのカメラ陣も、ここに集中した。結局、十月上旬の会社訪問＝面接に集まった男子学生は、昨年なみの三千名前後に達したという。採用予定数の約二十倍である。東京海上火災をトップに、三井物産、三菱商事を人気企業「ご三家」と呼ぶ。就職問題に詳しい松浦敬紀は、これに興業銀行をくわえて「四天王」と呼んでいる。それらの人気企業のなかでも、東海上の人気はズバ抜けたところがある。…短絡的にいうと、「給与・勤務時間など待遇のよさ」と「父兄の支持」が人気の原因だという説もある。…各大学の就職部など、その道の専門家が「門戸開放」の指標として注目しているのは、採用校数で、ふつうは一流企業でも三十校どまりだが、東海上では毎年四十校前後から採用している。…こうした実績と実情を見聞しているのだから、一般大学のふつうの学生が「オレでも入れるのではないか」と期待を持ち、「受けてみたい」と思うのも無理はない」

だが現実には、東京海上入りしているのは、圧倒的に一流校の特定学部からなのだが【図表28】。

偏差値社会の中で

1977（昭和52）年11月19日号『週刊読売』「11月1日就職試験」では、就職スケジュールの水面下での前倒しとともに、もうひとつ重要な指摘がなされている。

「昨年来、就職は大学受験型になってきたといわれている。大学受験と同じように難易度の高い企業に入社しようとする。銀行なら、一流都銀―二流都銀―一流地銀―大手信用金庫という順序で、高望み、並、すべり止めを決め、企業を選択し、就職戦線にのぞむ。大学受験で超一流校―早慶―一般私大・地方国立大といった形で受験校を選択するのと似たパターンだ」

昭51年度			昭52年度		
順位	社名	人数	順位	社名	人数
1	日本興業銀行	36	1	日本興業銀行	21
2	富士銀行	25	2	三井物産	20
3	三菱商事	19	3	富士銀行	19
4	東京銀行	18	4	東京海上火災	17
	三井物産	18		三菱商事	17
6	第一勧業銀行	16	6	三和銀行	16
	東京海上火災	16	7	三井銀行	15
8	新日本製鉄	15		東京銀行	15
	住友海上火災	13	9	日本長期信用銀行	14
10	日本長期信用銀行	13	10	新日本製鉄	12
	住友商事	13		日立製作所	12
12	丸紅	11		第一勧業銀行	12
13	三井銀行	10		丸紅	12
	大和銀行	10	14	NHK	10
	住友銀行	10		住友銀行	10
16	住友金属	9		日産自動車	10
17	東海銀行	8		三菱銀行	10
	日本生命	8		安田火災海上	10
	野村証券	8	19	東海銀行	9
	安田火災海上	8	20	日本生命	8
				商工中金	8
				大和銀行	8
				野村証券	8
				日本航空	8
	計	284		計	301

【図表28a】東大（法・経）就職先ベスト20

上位は、大手の銀行・損保・商社である。

	社　　名	昭52年度	46～52年度 累　計	累計の順位
1	東京海上火災	21人	126人	④
2	三井物産	20	147	③
3	日本興業銀行	17	107	⑥
	富士銀行	17	105	⑦
	東京銀行	17	98	⑨
6	三菱商事	16	172	①
7	三井銀行	13	91	⑩
	三和銀行	13	63	⑮
9	大和銀行	12	34	⑳
	丸紅	12	171	②
11	三菱銀行	11	104	⑧
12	住友商事	10	89	⑪
	第一勧業銀行	10	113	⑤
	大正海上火災	10	44	⑰
15	日本長期信銀行	9	68	⑬
	日本生命	9	52	⑯
	第一生命	9	29	㉑
	住友銀行	9	73	⑫
19	東海銀行	8	49	⑱
	安田火災海上	8	67	⑭
	野村証券	8	50	⑰
	計	259	1,852	

【図表28b】一橋大就職先ベスト20

東京海上火災の大学新卒者採用予定数は150人ほどと思われるが、そのうち54人が、東大法学部・経済学部・一橋大の卒業者で占められているのである。

（出典：a、bとも、松浦敬紀『就職』日本経済新聞社、1978年）

1970年代に一気に広まった入試難易度（偏差値）による学校の序列づけと、就職先の人気企業ランキングとが、ゆるやかに連動し始めたというのである。

松浦敬紀『就職』（日本経済新聞社、1978年）には、「事務系についていえば、早慶両大学は、早くから特定校の仲間入りをし、「国立五摂家《ごせっけ》」（東大、一橋大、京大、阪大、神戸大）に肩を並べている。この二校に続くのが先に述べた上智大、国際基督教大学である。しかし、何といってもマンモス私大の「神田五大学」が就職市場に及ぼす影響は大きい」とある。

神田五大学とは、1899年（明治32）年の諸学校ガイド本においても「従来五大法律学校として知られしものにして創立日久しく、基礎鞏固《きょうこ》」とある伝統校、明治・中央・日本・法政・専修の各大学のことである（天野郁夫『学歴の社会史』平凡社ライブラリー、2005年）。1980年代以降、各校の郊外移転などもあり、「神田五大学」というカテゴリーは、今ではちょっと意味不明となってしまっている。だが私には、いかにも受験産業が、入試難易度（偏差値ランキング）だけで輪切りにしたようなMARCH《マーチ》（明治・青山学院・立教・中央・法政）やGマーチ（それに学習院大をプラス）、日東駒専《にっとうこません》（日本・東洋・駒沢・専修）

などよりも、学校の来歴の共通性をふまえた「神田五大学」の括《くく》りの方が好ましく思える。

ともかく、1960~70年代の好況や、指定校制から自由応募への流れの中で、これら「神田五大学」など私大上位・中堅校からも、「五摂家」や私立最上位校に伍して、人気企業から内定を勝ち取る学生が出てきたのである。

1977（昭和52）年12月25日発行『中央公論別冊：経営問題冬季号』に掲載された松浦敬紀・矢野真和《やのまさかず》「五大学の就職構造――中大・明大・法大・専修大・日大」は、当時の逆風の中での、これら「五大学」の就職戦線における奮闘ぶりを伝えている。

「今年の会社訪問一番乗りは、東京海上火災に午前二時三十分にあらわれた早大生であったが、同社の二番、四番は明大生であり、上位三〇人中一一人が明大生であった。富士銀行の場合は、上位一五人中五番目の一人をのぞいて一四人までが明大生であり、そのうち四人が女子であった。こうした明大生のもつ積極性、バイタリティは各業界で高く評価され、就職マーケットにおける明大のイメージ向上につながっている」

松浦らは、翌1978（昭和53）年3月大学卒業予定の求職者を約22万人と予測し、「一方、採用人員は、上場企業（大企業の需要とほぼ同じと考えてよい）三万五千人、国家・地方公務員、教職などの分野で一万八千人～二万人と推定されるので、大手の需要は、五万五千人程度とみられる」と述べている。ここでもリスペクタブルなホワイトカラー、まがりなりにも大卒らしい職業は5万5千人程度と見積もられている。そして、それを目ざす倍率約4倍の争いの中に踏みとどまろうとしているのが、これら五大学だというのである。

だが、1977（昭和52）年6月16日号『週刊文春』は「大企業の〝指定校かくし〟みィつけた」と、特定の大学だけに早期に説明会を行なう手法などを紹介している。1978（昭和53）年10月19日号『週刊文春』にも「青田刈りにもどった今年の就職戦線」とある。やはり少数を厳選採用しようとする場合、幅広く中堅校まで網をかけるのは、いかにも効率が悪いというわけだ。学生からしてみれば、10月1日早朝にビルの周囲に並んでいる時点で、かなりの劣勢を強いられているのである。

　こうした学校間格差を真正面から取り上げた作品が、やや時期は下るが、テレビドラマ「ふぞろいの林檎たち」（TBS、1983年）である。国際工業大学に通う3人組、仲手川良雄（中井貴一）・岩田健一（時任三郎《ときとうさぶろう》）・西寺実（柳沢慎吾《やなぎさわしんご》）は4年生となるが、自らを4

流大生と言い、格別縁故もないゆえに、はなから一流企業への就職はあきらめている（仲手川・西寺両家は自営業、健一は親と義絶状態）。

だが、警備員のバイトをきっかけに、健一は一流商社——国際工業大学からは過去に採用実績がないような大企業——の部長・土屋と知り合い、彼の猛プッシュでその会社から内々定を得ることができた。

以下、山田太一《やまだたいち》『ふぞろいの林檎《リンゴ》たち』（大和書房、1983年）から、健一を社の幹部に推挙する場での、土屋のセリフを引いておく。

「どうも、このところ新人採用がうまく行っていないのではないか？　新人教育に問題はないか、という太田専務のお話で、大分議論になりましたが、彼と話していて、これは新人教育の問題ではなく、採用の基準に問題があるのではないか、こういう学生を、頭らかシャットアウトして、所謂《いわゆる》いい学校だけから採用するというようなところに、問題があるのではないか。そういうことを、とても感じたのです」

「学校の成績なんてものも、考えてみれば頼りないデーターです。どうでしょう？　データーぬきで、去年入った連中と、この男とどっちが商売できそうでしょうか？」

しかし、土屋は社内政治に敗れ失脚してしまい、そのコネのきかなくなった健一の内々定は反故《ほご》にされてしまう。

1983（昭和58）年7月29日にオンエアされたドラマ最終回で、3人はいよいよ就職活動に臨んでいる。折りたたみ式のパイプ椅子に座った学生と立っている学生で一杯の、ある会社の会議室。そこに拡声器を持った社員が現われ、会社説明会の控室をこれから分ける、ついては東京大学、一橋大学、慶応の経済、早稲田の政経、東工大の方は別室にお移りくださいとの指示を出す。これを見た実が「（良雄と健一の傍へ、するすると廊下の方から来て）おい、頭来るぞ。東大なんかの控え室はよ、ソファだとよ。俺たちのは、なんだ、これ。なんだ、これ（と椅子を叩く）」。一方、そんなことはどうでもいい、胸を張れと、実を叱りつける健一。

ラストは、名前を呼ばれ返事をする良雄（紺のスーツ、エンジ色のネクタイ）、健一（濃紺のスーツ、茶系のレジメンタルタイ）、実（グレーのスーツ、濃い紫のタイ、胸に赤い羽根、髪は七三分け）。

このドラマはシリーズ化され、1985（昭和60）年のパートⅡでは、それぞれ社会人として働き出している。健一と実は工作機器を扱う専門商社の同僚として、良雄は運送会社で。いずれも、零細とまでは言えないものの、中堅というにはちょっと厳しい規模の会社である。

「クリスマスケーキ」と女子学生

ドラマ「ふぞろいの林檎たち」の女性陣は、水野陽子（手塚理美《てづかさとみ》）・宮本晴江（石原真理《いしはらまり》子《こ》）は看護学校、谷本綾子（中島唱子《なかじましょうこ》）は東洋女子大の学生という設定。谷本はその後、脱サラし家業を継いだ西寺実と結婚し、街の中華料理店を切り盛りしている。

【図表29】からは、１９７０年代の就職難とされた時期もそれなりに男子大学生は就職していたのに対し、女子大生の一貫した低調ぶりがうかがえる。女子の就職率が男子と肩を並べるのは、１９８６（昭和61）年の男女雇用機会均等法施行を経た、１９９０（平成２）年のことだった（それ以後、２０００年代に入ると完全に男女逆転する）。

１９７７（昭和52）年11月19日号『週刊読売』「11月１日就職試験」には、「犬も歩けば棒に当たる式に女子大生の会社訪問社数は二、三十社があたりまえになっている」「女子大生は、極めて狭き門で、今年ははじめから〝下宿、一浪〟お断りの企業が多かったのが

（単位：%）

年	計	男	女	年	計	男	女
1950	63.8	64.1	45.2	82	76.7	79.1	69.2
51	76.2	74.7	85.6	83	76.4	78.7	69.4
52	81.0	81.0	81.2	84	76.7	78.6	70.7
53	79.8	80.2	76.2	85	77.2	78.8	72.4
54	80.3	81.4	72.8	86	77.5	78.9	73.4
55	73.9	75.0	67.5	87	77.1	78.3	73.6
56	73.2	76.0	56.7	88	77.8	78.8	75.2
57	76.9	80.1	57.2	89	79.6	80.1	78.5
58	77.4	80.4	59.1	90	81.0	81.0	81.0
59	79.0	82.3	57.1	91	81.3	81.1	81.8
60	83.2	86.3	64.1	92	79.9	79.7	80.4
61	85.6	88.4	69.1	93	76.2	76.5	75.6
62	86.6	89.4	70.0	94	70.5	71.8	67.6
63	86.2	88.9	70.6	95	67.1	68.7	63.7
64	85.6	88.3	71.0	96	65.9	67.1	63.5
65	83.4	86.6	66.7	97	66.6	67.5	64.8
66	79.9	83.5	61.9	98	65.6	66.2	64.5
67	80.5	84.3	62.1	99	60.1	60.3	59.8
68	81.7	85.3	64.0	2000	55.8	55.0	57.1
69	79.0	83.1	61.5	01	57.3	55.9	59.6
70	78.1	82.8	59.9	02	56.9	54.9	60.0
71	79.0	83.4	60.8	03	55.1	52.6	58.8
72	75.7	80.0	57.9	04	55.8	53.1	59.7
73	75.3	78.9	60.3	05	59.7	56.6	64.1
74	76.9	80.1	63.9	06	63.7	60.5	68.1
75	74.3	77.5	62.8	07	67.6	64.0	72.3
76	70.7	74.5	57.6	08	69.9	66.4	74.6
77	72.0	75.9	59.4	09	68.4	64.6	73.4
78	71.9	75.7	60.2	10	60.8	56.4	66.6
79	73.6	77.0	62.9	11	61.6	57.0	67.6
80	75.3	78.5	65.7	12	63.9	58.9	70.2
81	76.2	79.0	67.6	13	67.3	62.3	73.4

【図表29】大卒就職率の変化

1970年代、女子学生にとって冬の時代であったのに対し、男子学生はまだ高い水準を保っている。それが、1999（平成11）年頃から大きな落ち込みを見せると、女子がその後回復したのに対し、男子は就職難を脱せていない。それまでの男子の職場が女子に奪われたということだろうか。（出典：石渡嶺司『就活のコノヤロー』光文社新書、2013年）

特色だ」とある。今の目から見れば、会社訪問20～30社というのは、少なく思えるかもしれない。が、ネットでのエントリーもなく、就職スケジュールもタイトだった当時としては、女子大生は連日足を棒にしてオフィス街をさまよっていたのである。

「俺たちの旅」のヒロイン山下洋子は、700人中5名採用という難関を突破し、ラジオ局のアナウンサーとなったが、2013（平成25）年10月号『GALAC』藤田真文《ふじたまふみ》「鎌《かま》田敏夫《たとしお》が描く80年代日本社会（2）」によれば、洋子が大学に入学したと思われる1972（昭和47）年の大学進学率は男性33・5％、女性9・3％、また1976（昭和51）年の4大卒就職率は、男性74・5％に対して女性は57・6％、短大卒女子68・9％であったという。

1981（昭和56）年秋に就職活動シーズンをむかえた大阪市立大学文学部英文科4年難波史子《ふみこ》（要するに私の姉）も、もともと4大女子を募集する会社が少ない中、悪戦苦闘を続けていた。最終的には準大手の位置にある総合商社伊藤萬《いとまん》に、システム開発要員として入社することになる。2年で結婚退職したので、姉はその荒波にもまれることはなかったが、伊藤萬はバブルとともに消え、住金物産（現日鉄住金物産）に吸収合併される。今はイトマンスイミングスクールにその名を残すのみ（現在のイトマンSSの経営母体はナガセ）。

また当時の就職活動を振り返って、安田雪《やすだゆき》『大学生の就職活動』（中公新書、1999年）も、「女子学生の就職には「縁故」という要素が強力に働く。就職活動において決め手となる三要素を、彼女たちは「じ・げ・こ」と呼ぶ。「じ」は自宅、すなわち下宿生活をしていないこと、「げ」は現役入学そして留年していないこと、「こ」はコネの頭文字である。この三要素を備えていないかぎり、一流企業に就職するのは難しいと女子学生は考えている」と述べている。

さらに【図表2】（26〜27ページ）で確認いただきたいのだが、1970〜80年代の短大への進学率は今とは比べものにならないほど高かった。そして【図表26】（211ページ）の短大卒生就職データを照らしあわせれば、短大卒の事務職OLが当時一大勢力だったことがご理解いただけよう。ヘタに4年制に行くぐらいなら短大へ入った方が、経済的な負担も少ないし、就職もよいし、というのが常識だったのである。

山田太一は「ふぞろいの林檎たち」に先立って、テレビドラマ「想い出づくり。」（TBS、1981〜82年）の脚本を書いている。こちらは高校卒業後就職した女性3人組の物語。その中の一人がつけたテレビの画面の中では、桂文珍《かつらぶんちん》が「女の人っちゅうもんは、クリスマスケーキと同じでんな、二十五すぎたら、急に売れんようになる」。

高卒ないし短大卒ならば、卒業後しばらく働いて結婚、寿退社となりやすいが、4年制などに行ってしまえば、当時の言葉で「オールド・ミス（これも和製英語）」となりかねない…というわけである（なお、古参OLに対して「お局様《つぼね》」という言い方が普及するのは、1989（平成元）年のNHK大河ドラマ「春日局《かすがのつぼね》」以降）。

「想い出づくり。」に話を戻すと、主人公吉川久美子（古手川祐子《こてがわゆうこ》）は、以下のように心情をモノローグしている。

「二十五、六になっても結婚しないと、まるでどこかに欠陥があるようにいわれ、ちょっと結婚に夢を描くと高望みだといわれ、男より一段低い人種みたいに思われ、男の人生に合わせればいい女で、自分を主張すると鼻もちならないといわれ、大学で成績がいい人も就職口は少なく、あっても長くいると嫌われ、出世の道はすごく狭くて…」（山田太一『想い出づくり』大和書房、1987年）

また、女子に対する就職差別として有名なのは、某書店が採用にあたって用いていたという㊙扱いの社内文書「女子社員採用にあたって留意すべきこと」が、国会の場で問題となった件である。

1983（昭和58）年3月5日に行なわれた予算委員会第四分科会にて、土井《どい》たか子（当時日本社会党。後に日本社会党委員長、衆議院議長、社会民主党党首）は同文書について、政府の見解をただしている。その文書には、「採用不可の女子」の8項目として「（1）ブス、絶対に避けること。（2）チビ、身長百四十センチ以下は全く不可。（3）カッペ、田舎っぺ。（4）メガネ、（5）バカ、（6）弁が立つ、新聞部に属していたものはよく観察すべし。（7）法律に興味を持つ、前職・専攻課目・関心事に注意。（8）慢性の既往症、再発の怖れだけでなく、疲労し易《やす》いので不満を抱《いだ》き易い」とあった。また「要注意の女子」には、「革新政党支持」「政治・宗教団体に関係」「本籍が日本国籍でないもの、特に家が飲食店の場合は不可」「家庭事情の複雑なもの」「父が大学教授」「尊敬する人物が情熱的芸術家の場合（例としてゴッホ、林芙美子《はやしふみこ》、石川啄木《いしかわたくぼく》）」などとあるという。

議事録によれば、土井たか子君の質問に答えて、出席政府委員の赤松良子《あかまつりようこ》君（労働省婦人少年局長）は、某書店側に確認したが、現在こうした選考基準にのっとった採用は行なっていないとのことだと述べている。この問題の背景には、どうやら某書店の労使間の対立があり、組合側が経営陣を告発する意図でこの文書を提示したようだが、1983（昭和58）年時点では行なわれていなかったにせよ、かつてはこうした差別と偏見に満ちた選考基準があった可能性は否定できない。

ちなみに赤松良子は、後に労働省婦人局長として男女雇用機会均等法制定に尽力し、文部大臣もつとめた。赤松は１９２９（昭和４）年に大阪に生まれ、大阪府立夕陽丘高等女学校を卒業し、神戸女学院専門学校などを経て、新制の大学に入り直した世代。１９２８（昭和３）年生まれの土井たか子も、同様の学歴をたどっている。さらに蛇足の余談。土井たか子が衆議院議長であった間は、男性議員・女性議員とも「さん」づけで統一されていた。

「ギョーカイ」幻想は、なぜ起こったか

高校進学率の急上昇により、１９７０年代に入ると中卒就職者は非常なマイノリティとなっていった。高卒就職者はその後もそれなりの規模を保っていったが、【図表30】にあるように、１９７０年代後半からは求人倍率は低迷し、バブル期の例外的な状況を経て、高卒労働力へのニーズは低空飛行を続けている。「俺たちの旅」での不動産セールスマン、「ふぞろいの林檎たち」での工作機器の営業マンなどは、かつては高卒者が担《にな》うこと

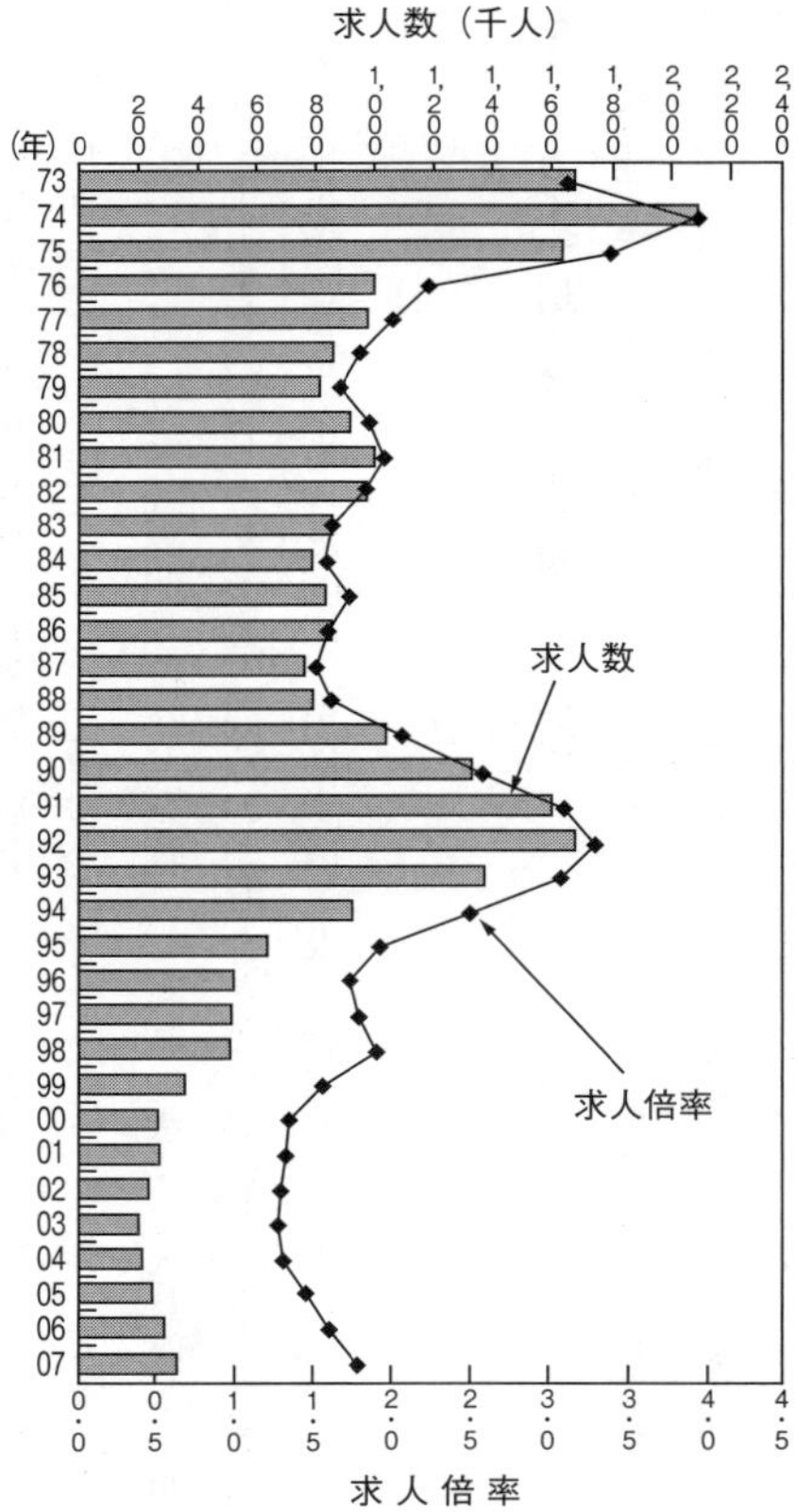

【図表30】新規高卒求人数と求人倍率の推移

1992（平成4）年をピークに、高卒者への求人数は急速に減少している。（出典：筒井美紀「高卒労働力需要と高校就職指導の変容」小杉礼子編『若者の働きかた』ミネルヴァ書房、2009年）

も多い職種であったわけだが、大卒グレーカラー化の進展の中で、高卒者の職場は、かつては中卒者が担っていたブルーカラーのそれへと比重を移していった【図表31】。

この頃の中高生の新卒就職をめぐる状況について、菅山真次『「就社」社会の誕生』（名古屋大学出版会、2011年）を引いておく（文中の高田とは、日本鋼管福山《こうかんふくやま》製鉄所の人事・採用担当者）。

「この高田の回想は、新規中卒者の募集は県の職業安定課の許可を受けてその指導のもとで行なわれていたこと、しかし、新規高卒者についてはそうした行政の規制は形骸化し、リクルート活動は専ら学校を対象として行なわれていたことを明らかにしている。とくに新しい学校の開拓にあたってリクルート社の要覧が利用されていたという指摘は印象的である。高田によれば、リクルート社の要覧は類書のなかで最も分類が細かく、卒業生が学校ごとに課程別・男女別に記載されていたため大変便利で、当時これを使わなかった会社はない程だったという。1960年代後半には、こうした企業による活発な求人活動の展開をきっかけとして、企業と高校の新しい実績関係がつくられていったのである」

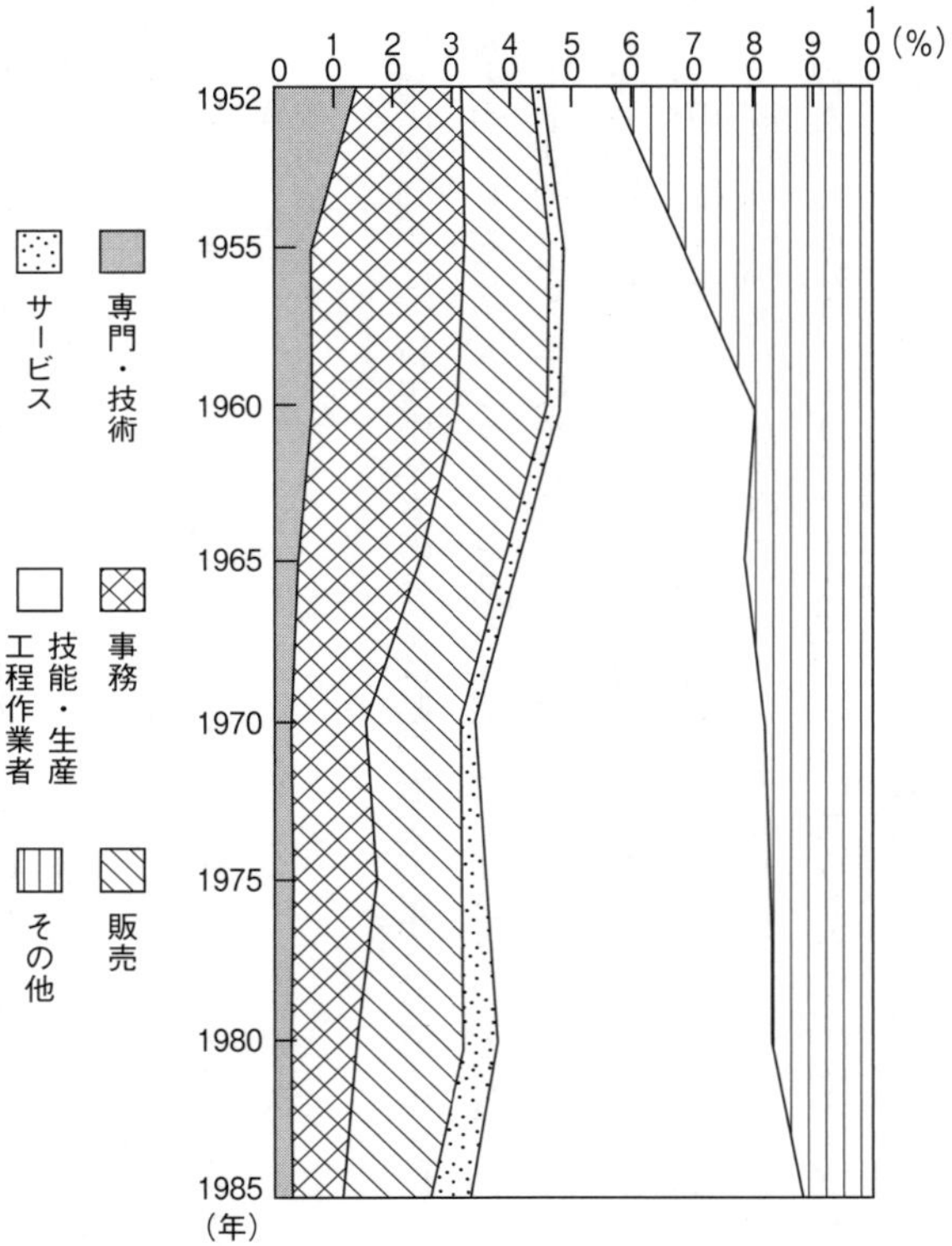

【図表31】高卒男子職業別就職先の推移

高卒男子の職場は、ブルーカラー（技能・生産工程作業者）に固定されていく。（出典：苅谷剛彦『学校・職業・選抜の社会学』東京大学出版会、1991年）

高卒就職の場においても、求人側と求職側との間に就職産業が介在し、そこからの両者への情報提供が十二分に機能しはじめていたのである。

日本リクルートセンター社の調査と言えば、1975（昭和50）年3月17日号『平凡パンチ』「ヤングが狙う企業…見限った企業――高校・大学生の就職戦線に異常あり」には、大学生へのアンケートの他にも「同センターでは高校生の調査も行なっているのだが、そのなかで〈好感の持てる職業〉ベスト10は、デザイナー、ディスクジョッキー、カメラマン、保母、看護婦、編集マン、スチュワーデス、医者、機械オペレーター、俳優の順。サラリーマン、OLが不人気で、教員（12位）、警察官（20位）よりも下の21位というのだから意外ではないか」。高卒でホワイトカラーないし事務職として働くことへの人気の低さは、なかなか縮まる様子のない学歴間の給与格差も影響していよう【図表32】。

そして、たとえ大学に進学したとしても、その先にある企業社会を忌避して、「俺たちの旅」の浩介たちの何でも屋「何とかする会社」のように、自営ないしフリーランスとして働くことを志す者もあった。

1980年代を振り返った『別冊宝島110――80年代の正体！』（JICC出版局、1990年）には、大月隆寛《おおつきたかひろ》「〈ギョーカイ〉の生成、あるいは「会社」という脅威」という

男　子

年	大卒(千円)	高卒=100とした指数	短大(千円)	高卒=100とした指数	高卒(千円)
1980	114.5	123.4	100.7	108.5	92.8
1981	120.8	122.8	106.5	108.2	98.4
1982	127.2	123.0	111.2	107.5	103.4
1983	132.2	124.5	116.8	110.0	106.2
1984	135.8	124.8	120.0	110.3	108.8
1985	140.0	124.8	123.6	110.2	112.2
1986	144.5	125.2	126.5	109.6	115.4
1987	148.2	125.5	128.3	108.6	118.1

女　子

年	大卒(千円)	高卒=100とした指数	短大(千円)	高卒=100とした指数	高卒(千円)
1980	108.7	148.5	97.4	133.1	73.2
1981	115.0	148.4	102.6	132.4	77.5
1982	119.1	146.5	106.9	131.5	81.3
1983	124.1	143.8	109.7	127.1	86.6
1984	128.7	143.5	113.0	126.0	89.7
1985	133.5	145.6	117.0	127.6	91.7
1986	138.4	147.7	120.5	128.6	93.7
1987	142.7	147.0	122.7	126.4	97.1

【図表32】新規学卒者の初任給の学歴間格差

学歴や年功による給与格差は、既存企業・業種の閉塞性として受けとめられるようになった。（出典：苅谷剛彦『学校・職業・選抜の社会学』東京大学出版会、1991年）

文章が収められている。

大月によれば、高度経済期に肥大化した会社組織は、外部からはそこで働いている人々の姿を見ることはできず、誰が何をしているのかが不透明な、一種の不気味なブラックボックスと化したのだという。そして、その会社への就職は、高校生・大学生にとって「どぶねずみ色のこわいもの」に飲み込まれるという恐怖を覚えるものなのだ。

そこで会社への就職のオルターナティブとして、マスコミを中心とする「ギョーカイ」志向が浮上してくる。高校生に人気のファッションないしグラフィックのデザイナーやカメラマンは、雑誌メディアや広告の世界にいるし、ラジオ番組のMCであるディスクジョッキーは、放送もしくは音楽業界に生きている。編集マンというのも、別に専門書や辞書を編集したいわけではなく、若者向けのファッション誌や情報誌のエディターとなりたいのである。そうしたマスコミ関連の「ギョーカイ」は、サラリーマンやOLたちとは違い、ネクタイや制服、タイムカードとは無縁な世界として、そして「才能」さえあれば一攫千金《いっかくせんきん》も可能な世界として、若者たちの夢を駆り立ててきた。

大月は「この「ギョーカイ」神話について最も重要なのは、それが必ずしも「学校」の階段の果てに存在するものではない、ということだ」と言う。

学校化する社会の中で、より入試難易度（偏差値）の高い学校がよい学校であり、それは人気ランキング上位に顔を出すという意味での「よき会社」への就職、そして「よき人生」へとつながっているという、これまた神話が形成されてきた過程についてはすでにふれた。ギョーカイは、そのエスカレーターに乗らない（乗れない）者たちにとっての救いの道であり、乳と蜜の流れる「約束の地」と見なされていたわけだ。そこは、偏差値や点数などの数字が支配する領域とはまったく別の、曖昧模糊《あいまいもこ》とした「才能」や「感性」が日々問われている場なのである。

だが、さらに大月は言う。学校化する社会の「飛び地」としてあるはずのギョーカイにもかかわらず、「「学校」の偏差値的序列化に馴《な》らされきった者たちは、そこへと至るために、同じく「学校」的、偏差値的明快さに支えられた、誰もが平等にそこへ至ることのできるマニュアルを渇望する」。そこで「「資格」という呪文《コピー》とともに浮上した専門「学校」がその渇《かわ》きを埋め」ようとするのだが、その卒業証書という「「資格」が実際に「ギョーカイ」へのパスポートとしては役に立たないことに気づく時は、彼らとて確実に来る」。そして「今度は「コネ」を持つか、持たないか、が新たな「資格」の効果を担う」こととなり、「専門「学校」も「○○とのパイプが太い」といった形でその「コネ」による序列化をとりこんでゆく」。

そうした若者たちの意識は、1978（昭和53）年11月号『宝島』の特集「宝島式リクルート・ブック――超「いちご白書」時代の就職案内」などにもうかがえる。当時サブカルチャー誌であった『宝島』は、1970〜80年代、ある傾向の若者たちの間でバイブル的な存在となっていた。超「いちご白書」とは、1975（昭和50）年のヒット曲「『いちご白書』をもう一度」が、無精ヒゲを剃《そ》り、長髪を切って就職していく姿を唄っているのに対し、そうではない就業の道があるはずだとの意味あいである。

たとえば、同特集の出版の部では「デパートみたいな大手出版社を受けるのだけが能じゃない。ゴーイング・マイ・ウェイの若い創作プロダクションを紹介しよう」、電波の部では「テレビ局に番組を作りに入る時代はもう終わった。いま、若いクリエイターたちは放送局を飛び出して新しい実験を始めている」、広告の部では「広告は実力とセンスで勝負する世界だ。電通、博報堂に入らなくたって、意外とチャンスは公平にめぐっている」。

要するに、各業界の大手企業の社員となるのではなく、制作プロダクションに入ったり、個人事務所に弟子入りしたり、もしくはいきなりフリーランスとして仕事をしていく道もある、というアジテーションなのだ。こうした「ギョーカイ」への入り方は、もちろん定期採用などではなく、やはりコネと運によるものと説明されている。

　また女性誌の中にも、労働市場において周縁化されがちな女性たちに向かって、「ギョーカイ」こそが自分を活かす道だとアジテーションするものもあった。北原《きたはら》みのり『アンアンのセックスできれいになれた?』(朝日新聞出版、2011年)によれば、1980年代前半の『anan』(マガジンハウス)誌上では「冗談じゃないよね。女の時代とか言ったって、毎日お茶くみとコピーじゃないか。…なにしろ女性の能力認めてくれるところで働きたい! それに好きなこと仕事にしたいしね」と、マスコミやファッション関連の就職情報が特集されていたという。

　なお、1970~80年代のマスコミ業界やカタカナ職業への志望の高まりに関して、1980年代前半のコピーライター(広告クリエイター)・ブームについては拙稿「広告を文化として語る社会」(真鍋《まなべ》一史《かずふみ》編『広告の文化論的研究』日経広告研究所、2006年)、渋谷・新宿あたりのファッションやデザイン関連の専門学校のネットワーク(とりわけ1990年代の原宿エリアでの展開)をめぐっては、拙著『人はなぜ〈上京〉するのか』(日経プレミアシリーズ、2012年)をご参照いただければ幸いである。

1980年のリクルート事件

最後に1980年前後の大卒就職状況をみておきたい。【図表33】にあるように、理系ではまだまだ製造業やインフラ志向は根強いものの、文系に関しては金融・商社・マスコミなどに人気が集中しており、流通や旅行業も上位に顔を出している。

1979（昭和54）年9月30日号『サンデー毎日』「今様、大卒就職戦線」にも、「上位五十社にからくも名をつらねるメーカーも、サントリー、トヨタ、ワコール、ソニー、日本アイ・ビー・エムといった、ちょっとハイカラな感じのするカタカナ企業がほとんどで、四十年代に人気抜群だった新日鉄、川崎製鉄、住友金属工業、東レ、旭硝子、日立、東芝といった企業名はない。…原因は製造業の給与水準が銀行や商社といった人気業種に比べてかなり低いことにありそうだ」。

特に文系で人気のメーカーは、基本的には一般消費財をつくり、テレビCMによってよいイメージを築き、高い知名度を有するカタカナ社名の企業群であった。表中の「日本楽器製造」にしても、一般的にはヤマハのブランド名で知られ、もっぱら音楽やレジャー関連の会社として認識されていた。

1980年代にさしかかる頃から、採用状況は好転を始めており、1979（昭和54）

理系			
順位	企業名	得票数	昨年順位
1	日立製作所	415	1
2	日本電気	373	10
3	富士通	256	3
4	日本アイ・ビー・エム	246	4
5	東京芝浦電気	233	5
6	トヨタ自動車工業	219	2
7	日産自動車	204	8
8	松下電器産業	183	7
9	ソニー	161	6
10	鹿島建設	156	16
11	日本電信電話公社	154	9
12	新日本製鉄	141	28
13	三菱重工業	130	11
14	大成建設	125	20
15	三菱自動車工業	124	13
16	清水建設	120	18
17	三菱電機	119	17
18	日本航空	116	19
19	日本電装	113	15
20	本田技研工業	110	12
21	アルプス電気	101	62
22	竹中工務店	98	26
23	日本楽器製造	97	22
24	富士ゼロックス	94	72
25	日本国有鉄道	91	14
26	大林組	85	23
27	全日本空輸	82	29
28	日本放送協会	81	21
29	東京電力	79	27
30	キヤノン	77	33

文系			
順位	企業名	得票数	昨年順位
1	東京海上火災保険	418	1
2	三井物産	411	2
3	三菱商事	398	3
4	日本航空	397	4
5	日本放送協会	351	5
6	サントリー	298	6
7	三和銀行	294	8
8	安田火災海上保険	268	7
9	日本生命保険	260	14
10	住友商事	256	10
11	富士銀行	239	11
12	朝日新聞社	232	9
13	全日本空輸	225	27
14	伊藤忠商事	215	36
15	日本交通公社	203	12
16	ダイエー	199	16
17	三菱銀行	192	15
18	松下電器産業	185	19
19	第一勧業銀行	182	18
20	住友銀行	179	26
21	大正海上火災保険	176	17
22	丸紅	174	34
23	電通	166	13
24	日本興業銀行	162	22
25	近畿日本ツーリスト	160	23
26	東京銀行	159	25
27	三井銀行	151	20
28	ワコール	150	33
29	日本楽器製造	148	24
30	東京電力	146	62

【図表33】1980（昭和55）年3月卒業生の人気企業ランキング

大手製造業が上位を占める理系に対し、文系では流通や旅行業が顔を出している。同じ製造業でも、サントリーやワコールなど、一般消費財を製造するカタカナ企業のイメージがよい。（出典：中西信男「大学生の選職行動」中西信男ほか編『就職』有斐閣、1980年）

年7月20日号『週刊朝日』「大卒就職情報'80第一弾――就職難時代は終わった?! 中堅企業の採用再開で〝青田買い〟激化の兆《きざ》し」にあるように、10月会社訪問・11月採用試験解禁の就職協定は崩れ始めていた。

1980（昭和55）年10月16日号『週刊文春』松浦敬紀「'81就職最前線㉒――この求人難時代にそれでも一番乗りした学生」の副題からもわかるように、あいかわらず10月1日の前夜からビルの前に並ぶ学生はいるにはいたが、その一方では、同年10月17日号『週刊ポスト』「大卒大量採用の内幕――なんと「七重内々定学生」らが暴露する10月就職戦争の「協定やぶり」」が言うように、「10月1日は〝内々定〟を〝内定〟に書きかえる日。この日に、他社へ回られないための涙ぐましいまでの努力」を各企業が行なっていた。

そして、この頃から今日につながる「大学新卒リクルート・スタイル」ができあがってくる。当時の日本リクルートセンター社の就職部長・楢木望《ならきのぞむ》は、「企業の採用戦略」の中で次のように述べている（中西信男《なかにしのぶお》ほか編『就職――大学生の選職行動』有斐閣、1980年）。

「都内の主要なデパートで、リクルート・スーツ・コーナーが設けられ、大学生の息子がその母親とのカップルで賑《にぎ》わうようになったのは、この二、三年のことである。学生たちの就職意識と、採用側の実態とのズレがオイルショックを境にして大きくなってきた。地方出身者の七割以上が地元に帰りたいといい、できれば公務員になりたいといい、民間企業であれば大企業に入りたいと、これも七割以上の学生が考えいる。しかし、地方企業の採用キャパシティには限度があり、大手企業の雇用力も減退している。勢い、就職試験は、彼らにとっては四年前の大学入試がそのままスライドした形となって意識される。リクルート・カット、リクルート・スタイルという言葉が定着してきた背景には、学生たちの就職への取り組みが、ほとんど受験技術的な関心に集約されてきたことがうかがえるのである」

また松浦敬紀も、1980（昭和55）年9月18日号『週刊文春』「'81就職最前線⑱——就職ファッションのポイントは眼鏡フレーム」にて、「就職ファッションといえば、紺無地のスーツにエンジのネクタイ、黒い皮靴に紙袋、頭は短めというのがここ数年の相場」であり、「オイル・ショックで就職が困難になって以来、採用側の印象を損《そこ》なわないようにとことんなスタイルになったらしいが、需給関係が逆転した現在でも、この傾向は変わらない」という。「企業側の人事・採用担当者の眼も、紺無地に慣れているせいか、グリーン系や白っぽいスーツなど着てこられると、気になるようだ。某人気企業の担当者は言う。「無難な方がいい。リクルート・スタイル大いに結構、運動部員なら、学生服もトレード・マークになっていい」」。

そして1983（昭和58）年11月号『宝島』の山崎浩一《やまざきこういち》「なぜなにキーワード図鑑⑳リクルート」の項には、「就職ってものが今みたいに完璧《かんぺき》に儀礼化・様式化したのは、たぶん日本リクルートセンターなどという就職マニュアル産業が出現して《リクルート》というキーワードが一般化してからのことじゃないかな。そして、さらにそれを決定的にしたのが、74年の第1次オイルショックによる高度経済成長の終わり」とある。

当時の就職難を利してリクルート社は学生側との結びつきを強め、かつ効率よく厳選採用したい企業側にも食い込んでいった。その結果として、1983（昭和58）年9月26日号『平凡パンチ』「就職ほどステキな商売はない――日本リクルートセンターの内省的企業研究」に、「ドカン。ドスン。その日、突然に闘いの火ブタが切られる。全国23万人の就職希望学生の自宅に電話帳より厚い〝本〟が届けられるのだ」とあるように、採用側には求人広告媒体であり、求職側には企業案内として機能した『リクルートブック』の配達が、季節の風物詩と化していったのである。

先ほどの1979（昭和54）年7月20日号『週刊朝日』「大卒就職情報'80第一弾」にも、『リクルートブック』は「去年は、文科系用が三分冊、理科系用が一冊発行された。文科系用は三冊合計で三千二十一ページ、三千六百七十一社が紹介されている」とある。ちなみに同記事によれば、『ダイヤモンド就職ガイド』（ダイヤモンド・ビッグ社、1969年創刊）、『就職年鑑』（文化放送ブレーン社、74年創刊）、『毎日産業入門シリーズ』（毎日コミュニケーションズ社、74年創刊）、『日経就職ガイド』（日本経済新聞社、78年創刊）、『朝日就職ガイド』（朝日新聞社、79年創刊）などが、後発のライバルということになる。新聞社にとっては重要な稼ぎの場であった求人広告を、リクルート社に荒らされたことへの巻き返しがはかられていたわけだ。

それゆえ、どうもリクルート社と既存のマスメディアとは、「なさぬ仲」状態が続いていた。1980（昭和55）年10月11日付「朝日新聞（夕刊）」には、「こんどは〝青田買い〟就職情報会社日本リクルートセンター」とある。

「学生名簿の企業への横流しが明るみに出た「日本リクルートセンター」（本社・東京都港区西新橋、江副浩正社長）が自社の大卒採用にあたって、就職情報産業最大手としての立場と機能を悪用した〝青田買い〟を行なっていたことが十一日、同社の内部文書や関係者の証言などから判明した。多数の学生名簿を持ち、「就職動向調査」など各種調査や刊行物の取材で常時学生と接触できるのが同社の強み。これを利用して春ごろから積極的に学生と面談、同社が開発した適性検査に「体験モニター」名目で協力させるなどの方法でめぼしい学生を選んでは入社を働きかけていた。ここ数年、十月一日の会社訪問解禁日前に採用予定者のほとんどを内定している、という」

リクルート社は、「会社訪問解禁日の半年も前から学生に接触し、九月末までに採用数の大半を決めてしまって」おり、「学生が色よい返事をしない場合は、「その学生と同じ大学の先輩に当たる部長クラスが「落とし専従役」となって、銀座、新橋などのバーやレストランに招待したりして、学生を陥落させる。接待の費用はすべて人事課が払ったが、学生一人、一回当たり数万円になることもあった」と同社の元幹部社員はいう」と生々しい。

一方、労働省業務指導課長補佐の談話は、「中央雇用対策協議会事務局で早急に実情を調べ、事実であれば注意をする。ただ、就職協定は法的に決められたものではなく、単なる紳士協定なので、悪質ではあっても制裁措置はとれない」。

なお記事中に適性検査のモニターとあるように、リクルート製の採用試験が各企業に導入され始めていたことも、就職・採用ビジネスにおけるリクルート社の存在感を高める武器となっていた。1977（昭和52）年8月18日号『週刊文春』「就職最前線——人事部長の秘密兵器「適性テスト」に習熟せよ」でも、もっぱらリクルート社のものが取り上げられており、その地盤の上に今日のSPI（適性試験）全盛がある。

また1984（昭和59）年6月28日号『GORO』は採用面接の話題を取り上げ、「「面接試験に合格する秘訣《ひけつ》教えます」——現職の大成《たいせい》建設人事部長（研修担当）・奥崎大通《おくざきたいとう》氏が吹き込んだ、こんなタイトルのテープがいま、大学生協の就職コーナーで売れている」と紹介している。ちなみに46分テープ3本で8700円。いよいよ就職活動指南ビジネスが本格的に浮上し始めていたのである。

リクルート社に話を戻すと、財閥系や製造業中心の財界、マスメディアなど旧勢力とのなさぬ仲は、その後も尾を引き続け、1980年代後半には政財官界を震撼《しんかん》させ、政局を揺るがす大事件へとつながっていくのだが、そのあたりは章を改めて見ていくことにしたい。

5章　泡沫《バブル》とその崩壊

「東京エイティーズ」の就職事情

父一康の就職話をしつこく書いたが、その子功士も、1983（昭和58）年秋に就職活動をし、その翌春から東京にて広告代理店勤務となる。その経緯は拙著『大二病――評価から逃げる若者たち』（双葉新書、2014年）で詳しく述べたので繰り返さないが、まだまだかろうじて就職協定は生きており、かつマスコミ各社が比較的それを守っていた頃で、「円高不況」とされた時期の就職活動であった。

1983（昭和58）年当時を思い返してみて、就職・採用に関するトピックスとして私の脳裡に残っているのは、先述の「ブス、チビ、カッぺ、メガネなどお断り」の件と、ミサワホームの「有料入社試験」をめぐる議論である。1983（昭和58）年7月29日付「朝日新聞」によると、

「来春の就職戦線がぼちぼち話題になり始めたが、有料の会社説明会を計画しているのが大手プレハブメーカーのミサワホーム。八月中旬、二日間の日程で東京地区の来春卒業予定大学生を対象に住宅産業に関するセミナーを開く予定だが、その参加料は一人一万円。労働省との約束もあり、この時期にはまだおおっぴらに会社説明会を開けないため、セミ

ナーと銘打ってはいるものの、実質的には会社説明会。有料の会社説明会を開くに至った理由について、三沢社長は「最近の学生をみていると、はっきりとした目的意識もなく会社を選び、何となく就職している傾向が強い。学生さんといえども、就職という人生の重大事に対しては、投資してもいいのではないか」と説明している」

この説明会は春先から評判になっていたようで、当時の雑誌を探してみると、同年5月20日号『週刊ポスト』「異変追跡'84年就職最新情報――受験料1万円⁉ ミサワホームの『有料入社試験』に賛否激突」など数誌で取り上げられていた。

同記事によれば、「ある大手損保の人事課長は、ミサワホーム構想に両手をあげて賛意を示す。「正直いって、会社訪問解禁日の前夜から会社の前でずらりと並んで待つ学生の列には閉口します。それでいて個々の学生に面接して話を聞いてみると、なぜウチを選んだのか、志望動機すらはっきりしない。要するに一流ならどこでもいいと思ってるんですから。これはもう時間のロスですよ。受験料一万円でも二万円でもとって、本当にウチにきたいものだけに絞る。そのあとじっくり面接すればいいわけでね…」」。

こうした記事を読み返していると、２０１４（平成26）年春先から話題となった「ドワンゴグループの新卒入社試験の受験料制度導入」を想起しないわけにはいかない。創業者であるがゆえに、思い切った採用方法を打ち出せた点は、ミサワホームの三沢千代治《みさわちよじ》社長（当時）もドワンゴの川上量生《かわかみのぶお》会長も同様であろう。

ドワンゴのホームページには、「本気で当社で働きたいと思っている方に受験していただきたい」とある。こうした施策が選ばれた背景には、「ネットで便利に入社試験にエントリーできるようになり、一人で１００社とかを受験できる時代」に対する批判があるようだ。

ドワンゴの有料入社試験には3月3日付で厚労省から指導があったが「助言」のレベルであり、今年度は首都圏一都三県の学生からのみ受験料２５２５円徴収――この受験料は独立行政法人日本学生支援機構に全額寄付――ということで実施し、今年の様子を見つつ、来年以降の実施については考えたいとある。そして3月3日段階での手応えとしては、「昨年以前と比較して、応募者の評価にじっくりと時間をかけられるようになり、また、昨年よりも応募者の質が向上していると感じています」という。

なお、有料会社説明会の先例には、１９９８（平成10）年の吉本興業もある。同年8月1日付「朝日新聞」によると、この場合はひとり５０００円で、やはり「冷やかし半分で参加する学生が目に付き始めたのがきっかけで、有料化に踏み切った」とのこと。そして同社幹部は「人事や総務も会社内ばかりを向いた仕事をするのでなく、これからは稼いでもらう」とも話しているという。公的団体に寄付などと言わないところが、吉本興業らしさなのだろうか。

わが身を振り返ってみても、本気で何かをしたくてマスコミないし広告代理店への就職を考えたというよりも、あくまでも消去法であり、どこか時代の風潮に流されていたようなところはあった。先に1980年代のカタカナ職業人気にふれ、専門学校から「ギョーカイ」入りを志望する若者の存在を指摘したが、もちろんマスコミ就職を狙う大学生も、当時「掃《は》いて捨てるほど」いたのである。

それゆえ、1970年代からいくつかの出版社が、雑誌で就職特集（とりわけマスコミ業界研究）を組んだり、『マスコミ就職読本』などのムックに力を入れるようになっていた（篠田博之《しのだひろゆき》『生涯編集者――月刊『創《つくる》』奮戦記』創出版、2012年、大澤聡《おおさわさとし》「『流動』――新左翼系総会屋雑誌と対抗的言論空間」竹内洋・佐藤卓己《さとうたくみ》・稲垣恭子《いながききょうこ》編『日本の論壇雑誌』創元社、2014年）。

もちろん『創』『流動』は、企業から広告費をとっての誌面作りではないため、時にはマスコミ各社にとって喜ばしくない情報も載せられていたが、マスコミ志望の大学生たちはそれらマイナス情報込みで、やはり「ギョーカイ」で働くことを目ざし、まずは業界大手の定期新卒採用にトライしていった。そして、マスコミ特集や別冊は、零細な出版社を経営面から支えてもいた。

そうした1980年代半ばの就職事情を振り返るのに、もっとも適したテキストは、マンガ「東京エイティーズ」(作安童夕馬《あんどうゆうま》・画大石知征《おおいしともや》、2002〜05年『週刊ビッグコミックスピリッツ』連載)であろう。1982(昭和57)年、静岡の高校から早稲田大学商学部へと進んだ真壁純平をめぐる、サークル仲間との友情や恋愛、そして就職を描いた青春群像劇である。当時を回顧した純平の独白《せりふ》に、

「1985年4月――…大学四年の春。オレのもとに、就職活動の幕開けを告げる荷物が届いた。今は三年の秋くらいが実質上のスタートになっていると聞く就職活動だが、この頃はまだ、研究室ルートの青田買いが甚だしい理系の学生を除けば、オレたち文系学生は四年生になる頃がスタートだった。もちろん、有名無実化していた「就職協定」上は11月1日《いっぴ》が、解禁日ということになっていたが、そんなものを守る企業はほとんどなく、正真

正銘に11月に入試《ママ》（難波注：入社）試験を始めていたのは、せいぜい出版社などの一部のマスコミくらいだった」

とある。当然のことながら、「荷物」とは宅配される『リクルートブック』の巨大な塊《かたまり》であった。

純平の友人のひとりが、「成績最悪だからなぁ…純平も「可山優三《かやまゆうぞう》」らしいけど、オレなんか「不林可山《ふうりんかざん》」ってヤツ？　卒業も危ういよ」と、「不可が林のようにあり可も山の状態」を嘆くシーンもあるが、やはり文系就職の決め手は面接であった。

春先からのOB訪問ラッシュに出遅れ、しかもOBにダメ出しされる純平は、友人に「次どこかに行くまでに面接の対策本でも読んで、しっかり直しとけよな？」とアドバイスされている。初夏の頃には、純平いわく「だんだんモロに面接っぽいことする会社が増えてきてるよなあ。就職協定もクソもないじゃんか…」。だがマスコミにこだわる純平の就職活動はなかなか進展しない。

「もう9月も終わりだけど、昼間はやっぱ暑いよな。まだ夏って感じだ」

「今日の2社もアウトだな（ぜんぜん手応えなかったし……）」
「10月1日になったら、ちゃんと一般企業回ってみるかな……つまらないプライドにこだわって、マスコミばっかり回り続けてたら、就職浪人しちまう。新卒じゃないと人気企業に就職するのはほとんどムリだし……」
「オレはマスコミ……っていうか、広告代理店に行って何をしたかったんだろう。それがそもそもよくわからないままなんだ……」

純平たちのマドンナ的存在の女子学生も、「みんながみんな、就職活動が始まったとたんに銀行や商社とか、ほんとは、面白いつまらない以前に、何やってるかさえほとんどわからないような仕事選んで、心にもないような志望動機をでっちあげて就職していく必要なんかないんじゃないかなって、最近思うの」と述べていた。

明確な志望理由もなく、ふらふらと就職戦線に臨んでいった私や純平と、ついついエントリーのボタンをいろいろと押してしまう今の就活生との間に、30年を経てもさほどの変化はないように思えてくる。

リクルート事件とバブル景気

純平たちが就職活動に走り回っていた１９８５（昭和60）年、就職に関連した最大の出来事と言えば、もちろん男女雇用機会均等法の成立であろう。しかしその時には、明確には分からなかったにせよ（発覚していなかったにせよ）、１９８０年代後半から90年代前半の日本にとって、とりわけ新卒就職にとって多大な影響を及ぼす出来事が２つ起こっていた年である。

まずひとつ目は、リクルート事件。この一大疑獄が露見する発端は、１９８８（昭和63）年の朝日新聞記事にあったが、リクルートコスモス社（リクルートの不動産部門、マンション・ディベロッパー）の未公開株が政財官界の要人に贈られた時期は、１９８５（昭和60）年前後に集中している。この事件は、関わった多くの人の運命を暗転させ、土井たか子率いる社会党の大躍進をもたらすなど政局に大きな影響を与えたことで、今もある年代以上の人々の記憶に強く残っているだろう。だが、リクルート創業者の江副浩正が、何ゆえこうした各界有力者への工作を行なったかに関しては、意外と忘却《ぼうきゃく》されているのではないだろうか。ここでひとつ強調しておきたいのは、この事件は「就職協定」をめぐっての贈収賄でもあった点である。

東京高裁が1997（平成9）年に「リクルート裁判・政界ルート」で、受託収賄罪に問われた藤波孝生《ふじなみたかお》元官房長官に言い渡した判決理由要旨によれば、1984（昭和59）年から江副は藤波に対して「公務員の青田買いの問題が、民間の就職協定が順守されない大きな原因になっております。公務員の青田買いについて、これを防止させるために何とかなりませんか」と依頼を始めていたという。

また、1989（平成元年）年5月25日の第114回国会予算委員会では、日本社会党の稲葉誠一《いなばせいいち》が、中曽根康弘《なかそねやすひろ》元首相に対する質問の中で、1985（昭和60）年6月26日に、時の総理大臣であった中曽根に対して藤波らが「学歴社会の弊害の是正」などを掲げた臨時教育審議会の第一次答申を提出しにきているが、その日に「藤波さんは百万円の小切手五枚を江副らから受け取っているように起訴されておる」、そしてそれ以前にも「江副らが訪ねてきて、官房長官の公邸で藤波さんに対して、就職協定が存続、遵守《じゅんしゅ》されないとリクルートの事業に多大の支障を来《きた》すので、国の行政機関において就職協定の趣旨に沿った適切な対応をするよう尽力を願いたい、こういうふうな請託《せいたく》があったというふうなこと」を、どの程度中曽根は承知していたのかを問うている。

ともかく、リクルートの側としては就職協定維持、特定の有名校生に対する青田買い禁止——大義名分としては、学歴社会の是正——の方向で政界に対する工作を行なっていたわけだ。

大下英治《おおしたえいじ》『リクルートの深層』（イースト新書、２０１４年）によれば、「『リクルートブック』を発行し学生に配本しているリクルートでは、企業と学生との接触期間が短ければ短いほど、『リクルートブック』に頼る機会が増えることになる。協定廃止は、リクルートの生命線を切断されるに等しい。この事態を恐れた江副は、古くからの知り合いでもある藤波官房長官に目をつけ、工作に動いた」。『リクルートブック』を見て、その綴じ込みハガキを使って資料請求して、そこから採用側と学生のコンタクトが始まる…というパターンを定着化・定番化させることで、リクルート社は求人求職情報の媒介者としての地位を不動のものとし、ビジネスを広げていこうとしたのである。

その工作がどこまで奏効したかは不明だが、有名無実化が指摘されようとも、１９８０年代は就職協定が建前としては存在し続けていた【図表16】（１４０～１４１ページ）。就職協定順守懇談会は就職協定を改定し、１９８７（昭和62）年から「8月20日会社訪問・９月５日個別訪問・10月15日採用試験」解禁とした。

１９８８（昭和63）年8月2日付「朝日新聞」には、「日経連は、この申し合わせを守るために就職協定順守運営委員会（委員長・小川泰一《おがわやすいち》専務理事）を同日発足させ、一〇月二〇日まで活動させることを、この席で発表した。委員会は、一〇人の職員で構成、就職協定一一〇番（〇三―二〇一―三二五二）で通報を受け、違反の事実があった場合は企業に協定を守るよう勧告する」とある。

翌1989（平成元）年11月25日付「朝日新聞」によれば、「日経連の就職協定一一〇番には企業の違反や学生を拘束する情報が、四月から一〇月まで五二九件もあった。「銀行六行から深夜に電話攻勢があって眠れない」「会社から息子に電話が次々にあって商売ができない」というものも多かった」。携帯電話（ましてスマートフォン）ではなく、家庭の固定電話が主な連絡ツールであったあたりが1980年代的である。

同年11月14日号『AERA』「ドン鈴木永二《すずきえいじ》の孤独な聖戦　日経連にみる財界自壊現象―違反続出でメンツ失い就職協定、メドたたず」も、当時は会社訪問・説明会解禁は8月20日のはずにもかかわらず、7月2日にいっせいに内々定に動いた銀行と日経連会長との間でバトルがあった様子を伝えている。

このように就職スケジュールの前倒しが進む背景には、やはり当時の好況、そして企業側の採用意欲の高まりがあった。

1985（昭和60）年の重大な出来事の2つ目が、「バブル景気」の引き金となったとされるプラザ合意である。ドル安円高への誘導は受け容れざるをえないが、円高による不況を回避しようと、政府は景気刺激策をとり、低金利を維持したため、いわゆる「金余り」現象が起こったのである。土地や株への投機熱は高まり、人々の消費への意欲は高まった。そもそも、地価や株価の高騰《こうとう》ゆえに、リクルートコスモス社の未公開株が非常な価値をもったからこそ、その株譲渡は賄賂《わいろ》として意味をなしたのである。

1980年代後半、それまで企業に対して批判的であり、採用する側にシニカルな態度をとり続けてきた『朝日ジャーナル』も、大学生がターゲットという雑誌の性質上、就職に特化した臨時増刊を毎年出すようになっていた。そこには空前の売り手市場に舞い上がる、当時の大学生の姿が残されている。

1988（昭和63）年5月30日発行『朝日ジャーナル臨時増刊：'88就職フローチャート』では、リクルートファッションに関して、男性ならば「ネイビー系スーツが主流だったが、グレー系のスーツがここ2、3年増加中」「DCブランドのリクルートスーツにおされぎみだったが、今年は、アメリカン・トラッドが、流行のきざし。IVY少年、よろこびなさい」。そしてシャツも「レギュラーカラーばかりでなく、ボタンダウンも可」。女性に至っては「パステルのスモーキーなもの、ピンクやベージュ」のスーツがトレンドとされている。「就職戦線に向かう若き戦士のグッズ《役立つ兵器》」として「留守番電話&キャッチホン」「テレホンカード」「地下鉄一日乗車券」が挙げられており、「会社案内もビデオの時代」と各社の「ビーフレット（ビデオテープ版企業案内パンフレット）」が論評されている点などは時代を感じるが、ともかく学生側が強気だった様子が伝わってくる。そのリクルート用語解説一覧には、以下のような語が採録されている。

「リクルート成り金：例年六月頃から大学のキャンパス内に出没しだし一一月頃には姿を消す。八～九月が最も多い。会社訪問の際に、確実に交通費の支給が予想される企業を一社以上選び出した後に上京する。…複数の企業が正規の交通費を出してくれると、その額《ママ》（難波注：差額か？）は自動的に懐を潤すこととなる」

「八甲田《はっこうだ》：青森駅を一九時五九分に出発する、東北本線上り上野行きの夜行急行の名称を指す。この急行は翌朝の六時五四分に上野駅に到着する。このため東北地方（ただし東北本線沿い）からの上京に利用される。かつては「派遣列車」とか「活動列車」と呼ばれ、政治的アクチブが上京の際に多用した。今日でも冬季には東北地方からの出稼ぎの人々が利用する。大学生の就職活動の足としての利用も見のがせない。彼らはこの列車で上京する。急行であるために周遊券が使え、結果として急行券が不要であるばかりでなく、上野に七時に到着するために、コインロッカーで着替えをして朝食を済まして一服するぐらいが、ちょうど朝一番の新幹線が上野に着く頃となり、さも朝一番の新幹線で上京したフリが出来るからである。こうすることによりリクルート成り金が生まれる」

学生運動の活動家から、就職活動の大学生へ。東北新幹線が上野までは来ているが、東京駅にはまだ乗り入れていない頃ゆえの生活の知恵であった。この手法は、新幹線代を企業側が負担して当たり前だった時代だからこそ、成立したのである。その後「八甲田」は、臨時列車に格下げされ、1998（平成10）年に廃止。

「就職戦線異状なし」の異常さ

1988（昭和63）年6月23日号『GORO』「'89リクルートPART1——今年の会社訪問&面接は、PI《パーソナル・アイデンティティ》演出型人間が勝つ」は、今年就職戦線に臨む学生は丙午《ひのえうま》生まれのため例年より6万人少ない上に、内需拡大の追い風を受けて空前の売り手市場であり、就職協定はまったく形骸化していると述べている。丙午の年に生まれた女の子は気が強いとの俗信があるため、1966（昭和41）年生まれは人口ピラミッドにおける「くぼみ」となっており、その年代が就職戦線の主役となることで、いやが上にも引く手あまたの求人難となるのだという。

そしてこの頃、三共《さんきよう》リゲインのCM「24時間、戦えますか。」に時任三郎が登場し、「♪アタッシュケースに勇気のしるし　はるか世界で戦えますか　ビジネスマン　ビジネスマン　ジャパニーズビジネスマン」と唄っていた（三共は、現第一三共ヘルスケア）。栄養ドリンクを飲んで、好景気に沸く東京を、世界を飛び回ろうというわけだ。「ふぞろいの林檎たち」では、総合商社から内定取り消しの目にあった時任三郎がキャラクターをつとめているのが、やや皮肉な感じがする。

こうした好景気を背景とした就職・採用状況を象徴する映画が、「就職戦線異状なし」（金子修介《かねこしゆうすけ》監督、1991年）である。舞台はやはり早稲田大学。主人公の大原健雄（織田裕二《おだゆうじ》）のアパートの扉の前に『リクルートブック』が積み上げられ、それがじゃまで部屋を出られないというシーンから始まっている。

「8月の会社訪問解禁日は就職戦線が終結する日と言われている。超売り手市場の現在、有名無実の就職協定の裏側では、一部狭き門の人気企業を中心に虚々実々の就職レースが春から繰り広げられているのである」とナレーション。

4月のキャンパス。あるサークルが、新入生への勧誘を兼ねて、これから就職活動に臨む先輩たちを競走馬に見立て、その結果を賭けの対象とすべく馬券を売り出していた。勝負は、出版・新聞・放送・広告など大手マスコミの内定が取れるか否か。なぜマスコミなのかとの質問に対して、超売り手市場で一般企業は「内定の押し売り」をしている中、大手マスコミだけは依然難関であるから、賭けが成立するのだと答えている。

そう言えば「東京エイティーズ」の主人公純平も、周囲から「マスコミ志望～～っ？　お前、甘いぞ、それは！　だいたいみんな早稲田のヤツって二年生くらいまではマスコミとか言ってんだけど、お前、もう三年だろ？　いいかげんまじめに考えないと、就職浪人とかになっちまうぜ？」と諭《さと》されていた。

出走馬は就職偏差値38とされる大原以外に、就職偏差値52立川修（的場浩司《まとばこうじ》）、同69北町雅則（坂上忍《さかがみしのぶ》）など。勝敗は「サナと日本能率協会で割り出した企業ランキングが馬の着順」となるという。よりランキング上位の企業に内定した者が、勝ち馬というわけだ。レース自体は、北町がコネで広告代理店Ｄ通に内定したことで、早々に勝負の行方は見えてしまうが、残された大原と立川は、就職難易度81・7のK談社、82・4のS潮社、105・3のエフテレビ、97・4のテレビA日、100・3のA日新聞などを転戦していく……というストーリー。

ただし、サナ株式会社編『就職偏差値10000社——新4年生アンケートによる就職難易度企業好感度全調査』(日本能率協会、1990年)では、各企業の難易度は朝日新聞社120・0、電通117・5、フジテレビジョン116・6、テレビ朝日115・8、講談社90・3、新潮社85・7となっている。またこの映画では、かつては比較的どっしりと構えていたはずのマスコミ各社が、セミナーや模擬面接の名目でどんどんフライングをし、かつ競合社の出方をうかがいあっている様子が描かれている。

立川は言う。

「マスコミが就職協定なんか守るはずないでしょ」

かつてマスコミ志望者は、それなりのこだわりを持っており、マスコミしか受けないタイプが多かった。が、就職偏差値として数値化されてしまえば、他の業種と並列な存在となっていく。マスコミだから受けるのではなく、人気企業だから採用試験に臨むのであり、キー局と大手商社と都銀とをかけもちして受けるなどは、ごく当たり前の事態となっていた。それゆえ他の業界に先駆けよう、先に学生を囲い込んでしまおうと、マスコミ各社は青田買いに勤《いそ》しむこととなる。

またこの時期、クリエイター（カタカナ職業）志向ゆえのマスコミ受験というよりは、収入がよく見栄えのする仕事に携わる「ヤンエグ（ヤング・エグゼクティブの略、バブル期の流行語）」たらんとして、大学生たちは大手マスコミを目ざすようになっていた。

映画からは、当時のリクルートファッションとして、明るいグレーのスーツなどがありえたこともうかがえる。黒いスーツを着ている大原は、「やだー、喪服で就職活動してるの！」とあきれられてもいた。また就職読本などマニュアル頼りの面接対策の浅はかさが面接者に見抜かれるシーンや、雇用機会均等法後も続く女子学生への期待の低さ――就職偏差値57の甲斐毬子（仙道敦子《せんどうのぶこ》）は、面接にてスリーサイズを聞かれたり、恋人の有無をたずねられたり――も描かれている（毬子は学生時代バイトをしていた出版社に採用される）。

その他、T武デパートにも内定を持つ北町が、T武の人事課員から銀座で接待を受け、誓約書にサインするよう求められたり、マスコミ就職をあきらめて中堅食品会社に進路を決めた立川が、ロレックスの時計やアルマーニのスーツを内定先から贈られ、他の企業を回らないようにと温泉旅館で「拘束」されるシーンもある（内定者を積んだ貸切バスの運転手は、わざとゆっくりと時間をかけて走るよう命じられていた）。また内定者懇親会への出席者には、豪華な手土産が当然のように用意されている等々、この時期の就職・採用活動のありようをうかがえるシーン満載の映画なのだが、なかなかＤＶＤ化されないのは（２０１４年９月現在）、あまりにも今どきの就活事情とかけ離れ過ぎており、現役就活生から反発や不興をかうことをおそれたからだろうか。

１９８１（昭和56）年生まれで就職氷河期を体験した作家南綾子《みなみあやこ》は、２００９（平成21）年６月号『小説トリッパー』「バブル自粛要請」にて、この映画を観た感想を、「描かれているのは、とても同じ日本で起こったこととは思えなかった。学生の青田買い。企業側の過剰な接待。後輩らによる就職レース・トトカルチョ。ありえねえええええ。トトカルチョとか何だよ。そんなこと自分らの時代にやっても、誰も勝てませんけど。というかレース中止の連続ですけど」と記している。

またこの映画の原作である杉元伶一《すぎもとれいいち》『就職戦線異状なし』（講談社文庫、１９９２年）の方は、登場人物すべてがマスコミ就職に敗れ、出版社などへの恨《うら》みつらみを語り合うなど、能天気な話ばかりではない。

「週刊誌が有名大学の合格者名簿を載せる。同じ所の新聞が学歴社会を批判している。その矛盾を別の所の月刊誌が指摘する。いずれの論調も学歴偏重主義を悪と決めつけている。改めるべきだ。てなこと言っていながら、それらの会社に入るには大学卒が条件で、しかも有名大学でなけりゃ望みなし。揚げ足取りかもしれないが、これってちょっとおかしくないか」

この小説版にて大原は、「俺は一般教養で優が三つあるだけだ。俺の成績表は遊泳禁止海域と呼ばれているんだぜ」と友人に語っている。可山優三や不林可山以外にも、当時こうした言い方もあったらしい（杉元伶一は、早稲田大学社会科学部中退）。その心は「不可（鱶《ふか》）がうようよしている」なのだが、その友人は答えていわく「大学の学業成績は就職の役に立ちませんよ。最近の入社試験はどこも面接重視です。成績表を提出させても全然見ないなんて言ってる人事課もある」。

新人バブリーマンたち

1973（昭和48）年6月号『現代』の記事「生きがいを億の金よりサラリーマン生活に求めて」では、「金にまかせたプロの誘いを蹴って月給5万円の会社員を選んだ、大学花形選手2人のさわやかな生き方」として、山口高志《やまぐちたかし》（松下電器社員・前関大野球部）と宿沢広朗《しゅくざわひろあき》（住友銀行社員・前早大ラグビー部）が紹介されている。

山口はヤクルト・アトムズ（当時）のドラフト4位指名を断っての入社であった。だが、山口は1975（昭和50）年からは阪急ブレーブス（現オリックス・バファローズ）でプレーし、「村山《むらやま》（実《みのる》）二世」と呼ばれ、速球派としてならしたが、1982（昭和57）年に引退。その後は阪神タイガースなどでピッチング・コーチをつとめている。

もうひとりの宿沢は、日本代表チームの監督や早稲田大学ラグビー部監督などの重責にありながら、行内では出世街道を歩み続ける。三井住友銀行の専務執行役員まで上りつめるが、心筋梗塞《しんきんこうそく》のため55歳で急逝《きゅうせい》した。

大学卒業後、同様に会社員としてスタートしながらも、プロスポーツとして確立している野球と、そうではないラグビーとの差が、大学スポーツのスター選手2名の進路を分けたのである。

一方、バブル期。慶応大学の好投手として名をはせた志村亮《しむらりょう》は、1988（昭和63）年のドラフトの目玉とされながらも、三井不動産への入社を決めており、プロ野球各球団の誘いを謝絶したため、当時「幻のドラフト1位」と評判になっていた。そして翌年、立教大学野球部主将の外野手・黒須陽一郎《くろすよういちろう》は、ヤクルト・スワローズの3位指名を受けながらも、日本興業銀行への入社を選んだ。しかし、先の就職難易度では110・9の人気企業であった「興銀《こうぎん》」も、今では第一勧業銀行・富士銀行とともに「みずほ銀行」となり、もうこの世に存在はしない（ちなみに三井不動産は114・4）。契約金何億よりも、生涯賃金の高さを選んだのだろうが、黒須の場合はどうだったのだろうか。

バブル期のサラリーマン（自称「ヤンエグ」）のアイコンとして、話題となったのがSHINE'S《シャインズ》（社員ズの語呂合わせ）の2人組であった。

1989（平成元）年5月24日号『SPA!』「丸の内OLにバカウケの「SHINE'S――でも第2の「とんねるず」になる気はナシ」で、山一證券《やまいちしょうけん》社員伊藤洋介《いとうようすけ》と住友商事元社員杉村太郎《すぎむらたろう》が紹介されている。パーティーで披露したネタがうけて、「私の彼はサラリーマン」「上司は選べない」などの曲でメジャーデビュー。同記事にて杉村の肩書きは「元商社マン」となっているが、芸能活動に理解のあった大東京火災海上保険（現あいおいニッセイ同和損害保険）へと転職している。
伊藤と杉村は、ともに慶応大学理工学部卒業。伊藤は、1987（昭和62）年当時の自身の就職活動を、自著『バブルアゲイン』（アクセス・パブリッシング、2007年）の中で次のように語っている。

「僕が在籍していたのが理工学部ということもあり、6月入ると早くも内定をもらう学友が出始めた。売り手市場であったバブル時代において、とりわけ理工系学生はひくてあまたで、各種メーカーのみならず銀行、証券、保険等、従来文科系卒業生が就職先として考える業種までもが、理工系の学生を求めていたのだ。もちろん来たるべきIT時代に備えてのことだが、どの企業も質よりも量、予定している理工系新入社員の数を確保するのに必死で、中には会社説明会の名目で集めた出席者全員に内定を出す始末だった」

ゴールデン・ウィーク明け頃から連日数名のOBから呼び出しの電話が入り、伊藤の周囲には「一ヶ月間様々な企業に勤める先輩とランチを共にし、食事代を浮かせるツワモノもいた」という。そして、ランチの際に「『わかりました。お世話になります』なんて口にしようものならその場で内定が出されるような雰囲気」があり、会社説明会に出ただけで「帰り際にテレフォンカードや図書券をくれる企業も多数あった」。

そして8月20日は実質的には就職活動終了日であり、「この年の山一證券内定者は4年制卒だけで500名以上。後に人事部の人間から聞いた話では、10年後にはその約1割にあたる50名が残っているという試算の元に採用人数は決められていたらしい。ところが、そのちょうど10年後に山一證券は自主廃業に追い込まれることとなる」。

伊藤は、やはり芸能活動への会社側の理解が得られなくなり、森永製菓に転職していたため、廃業の憂《う》き目には立ち会わずに済んだのだが。

伊藤・杉村に見られるように、バブル期、商社や金融に進む理系学生は少なくなかった。先ほどの1989（平成元）年11月14日号『AERA』「ドン鈴木永二の孤独な聖戦」は、あからさまに就職協定に違反した銀行業界に対する日経連会長の怒りとともに、鈴木永二自身が三菱化成出身であり、理工系学生の製造業離れへの危機感、とくに金融工学へと引き抜かれていくことへの苛立ちがあったと報じている。

ともかくバブル期の採用側の学生に対する「いたれりつくせり」は、今日の想像を絶している。1990（平成2）年4月25日発行『朝日ジャーナル臨時増刊：就職マニュアル

’90』には、「暗躍する金融機関リクルーターの裏ワザ――「アミーゴ部隊」で一流大生を勧誘し「レスキュー部隊」で奪還」とある。要するに愛想のいい、友達感覚の先輩たちが大学4年生を早期に囲い込み、もしその学生に他社が拘束などをかけてきたならば、救援部隊が急行して引き留め工作にあたるというわけだ。

また「『スリーエス』（寿司、ステーキ、セックス）の最後まで〝接待〟されたら、その学生はもう逃げられない――。という話は、就職活動中の学生の間で今や伝説とかした」ともある。

前出「東京エイティーズ」でも証券会社に内定した村木力也は、学生仲間からヒソヒソ声で話しかけられる。

「じゃ、今夜はいよいよだな」「いよいよって？」

「『3S《スリーエス》』だよ、決まってんじゃん」「？　何それ？」

「知らないの？　アソコは5月から内定出してっから、噂、広まりまくってるってのに……」「噂…？」

「OB訪問行った時、最初、何食わしてもらった？」「寿司だけど？」

「次は」「ステーキ」

「やっぱそうか〜っ　噂、ホントだったんだなぁ〜っ」「だからなんだよ、3Sって」

「ただし、最後のS食《く》っちゃうと、内定ブッチするの大変みたいだから。気をつけろよ〜〜?」。


ブッチは、「ぶっちぎる」の意で、この場合は内定を辞退する（逃げ出す）こと。その夜、力也はリクルーターに連れられて、ソープランドへと…。

リクルーティングCMという仇花《あだばな》

こうした大学4年生への接待は、マスメディア上でも繰り広げられていた。

1991（平成3）年4月15日発行『朝日ジャーナル臨時増刊：就職の真実』の表紙は、植木等。冒頭に、就職雑誌編集長緊急座談会「売り手市場は終わらない‼」。そして「山瀬《やませ》まみをシュミトモキンゾクは採用するのか——CI大作戦と会社のホンネ」という記事には、「数年前から、カタい企業が唐突にやわらかいテレビCMを流し始めた。別に鉄板やらアルミ板やらを買ってくれというわけではない。ウチの会社に入りませんか？

というお誘いらしいのだ。でもねえ、軽いヤツが入ってもいいんですか?」とある。

　このCIとはコーポレート・アイデンティティの略であるが、要するに企業全体をどう社会にプレゼンテーションするかといった意味あいである（先ほど記事サブタイトルにあった「PI《パーソナル・アイデンティティ》」は、ここからの派生）。一般消費財をほとんどつくらない、いわゆるBtoB《ビー・トゥー・ビー》企業までもが、テレビ・コマーシャルを流し始めたというのだ。同記事では「リクルーティング広告」を㋷広告と表記しているが、

「その先鞭《せんべん》を切ったのはみなさんご存じのとおり、あの川崎製鉄のコマーシャルである。八八年にスタートしてこのCMは、それまでの製鉄メーカーの広告からは相当イメチェンしたものだった。劇団SETの看板役者、小倉久寛《おぐらひさひろ》が登場し、「新しいこと始めます」と宣言する同CMでは、ハイテクをはじめとする新規事業へのチャレンジを、声高に押しつけるのではなく、ユーモラスな画面作りで紹介し大きな反響を呼ぶ。その後、「山瀬まみ」住友金属、「懐かしいアニメ」神戸製鋼、「シガニー・ウィーバー」新日鉄などが次々に続いて現在に至っているわけだ」

神戸製鋼のものは、「巨人の星」の伴宙太《ばんちゅうた》が、「ムーミン」のスナフキンがもし神戸製鋼で働いていたとしたら、といったシリーズ。シガニー・ウィーバーは、映画「エイリアン」などで有名な女優。新日鉄はさすがに業界最大手ゆえのプライドか、やわらか路線・おもしろ路線とは少し距離をとっていたが、いずれも若者ウケを意識したつくりとなっていた。

鉄鋼業界にまとわりついた、時代遅れの重厚長大産業、3K《サン・ケー》（キツイ・キタナイ・キケンの労働環境）といったイメージを払拭し、より多くの大学生に志望してほしいがゆえの㋷CM。もちろん、景気がいい時には「交際費・交通費・広告費」の3Kの支出に対して、企業は寛容になるという事情もある。どうせ税金に取られるのなら、CMでもつくって知名度をあげたり、イメチェンはかってもいいのではないか、競合社もいろいろやってるし、学生相手ならなにも高い媒体料払ってゴールデンタイムに流す必要もないのだし…というわけだ。1970（昭和45）年前後にも奇抜なコピーの新卒求人広告が話題となったが、要はそのバブル期版なのである。

もちろん1988（昭和63）年6月9日号『GORO』「89年版リクルート戦線異常あり――人材自由化時代の会社選び「空前の売り手市場だ、どぉ～んといったれ」」にも、「リストラクチャリング（構造改革）で大変身企業が急増中——変身のためのユニーク人材不足が狙い目だ」とあるように、製鉄以外の新規事業分野に参入するための新戦力がほしかったのはたしかであろう。だがもっとも大きかったのは、1950～60年代に人気の就職先であった製造業にとって、かつての栄光をもう一度という積年の思いだったのである。

川崎製鉄はCMのキャラクターを、小倉久寛から手塚治虫《てづかおさむ》の「ヒョウタンツギ」へと変え、さらに1991（平成3）年当時は、「イカ天（三宅裕司《みやけゆうじ》のいかすバンド天国）」（TBS、1989～90年）というオーディション番組で人気を集めていた「たま」を登場させている。「このCMは、斬新性と「あの川鉄《かわてつ》が」という意外性とが結びついて、大きな反響を呼び、リクルーティング面では、計画の三割増の人員確保に寄与することになる」（猪狩《いかり》誠也《せいや》・城 義紀《じょうよしのり》編『企業広報講座Ⅰ 経営と広報』日本経済新聞社、1993年）。

鉄鋼ではないが、東芝もその頃㋷CMを流していた。音楽は、アメリカの女性コーラスグループA.S.A.P。松任谷由実《まつとうやゆみ》のカバー曲を集めたアルバムで、日本でも人気があり、このCMのバックには「卒業写真」の英語バージョンが流れている。軽音サークルのボックスやゼミの教室などで、かっこいい男女が談笑し、恋愛をしている。そして「いい学生時代をすごした、あなたに会いたい」とスーパーインポーズ。今の大学生に見せると、ほぼ100％の確率で、「ふざけるな」「会いたいというなら採用しろ」と感想を口にするCMである。

さて、この記事のタイトルにもある、CMの最後に舌足らずに「シュミトモキンゾク」と言う、山瀬まみのような学生を住友金属は求めているのか、応募者にいれば採用するのかについて、住友金属の担当者は「もちろんです」「彼女はアイデアマン」「ぜひ広報の仕事につかせたい」「営業もOKかな」と答えている。「電話交換手としてはどうです、という質問は笑ってごまかされてしまった」。電話交換手という発想に時代を感じてしまうが。一方、川崎製鉄の担当者は「たまのみなさんですか？…彼らは川鉄を受験しないと思います（笑い）」。

当然こうした動きに対するカウンターはあり、三井金属は「硬派」を名乗り、たくましい握りこぶしのビジュアルに「第三次産業ばかりになれば、この国は、滅びるかもしれない。」という新聞広告を出している（東京コピーライターズクラブ編『TCC広告年鑑1991』誠文堂新光社、1991年）。そのボディコピーにいわく「ここ数年間、日本のあらゆる分野で、ヤワラカイもの、カルイものが、もてはやされてきました」「「柔軟」や「軽快」のフリをして、「イイカゲン」や「ナンパ」が大手を振っている今日。私はカタい会社であり続けよう、と思います」。

もちろん三井金属側の真意ではあるのだろうが、受け手からすれば、これら㋷広告は企業間のイメージ上の差別化合戦でしかなく、三井金属の社員すべてが硬派だとも、住友金属の社風が軟派だとも、誰も本気で思ってはいなかったであろう。30年後、「山瀬まみ」と「シガニー・ウィーバー」は合体し、新日鉄住金となった。川崎製鉄も現在はＪＦＥホールディングス。

最後に㋷ＣＭに関して、博報堂の社内報（１９９０年2月号『はくほうファミリー』）から、広告代理店側の本音が感じられる文章を引いておこう。ちなみに文中のⒽは、博報堂の略記。


「『就職』は、ファッション化時代。――このたびⒽでは、重量物輸送の大手として業界ではよく知られている〃オーテック〃のリクルート向けテレビＣＭを新たに獲得しました。「仲間うちで知名度が高く、ちょっとセンスのいい会社」というのがこの2～3年来の新卒大学生のリクルート感覚。そこで、くどくど企業内容の説明をするよりも、いま若者に人気のテレビ番組「イカ天」に出演の中島啓江《なかじまけいこ》さんを起用して、彼女にオーテック、オーテックと連呼してもらいました。後は深夜に近い時間帯で、少しでもオンエアー回数をふやしてもらい、知名度アップに結びつけられれば…と願っております」

初期「フリーター」

1980年代の後半、就職・就業に関して、他にも重要な新たな動きがあった。「フリーター」という語の登場である。「東京エイティーズ」の純平は、学生時代を回顧して「僕が大学を出た頃には、今みたいにカンタンに就職しないでバイトしながら夢を追いかけるみたいなことやる者は、まだほとんどいなかったですよ。フリーターなんて言葉もなかったですし…」と語っている。

しかし、そうした人々が存在しなかったわけではない。「ふぞろいの林檎たち」で実と良雄は、大学の職員に「どっかないかなんてね、寝惚《ねぼ》けたことといって来るようじゃ、失業だよ。…それなりの成績をとってるもんじゃなきゃ頼めないよ。二人とも、よくないじゃないか。あんたらはね、ボサッと学校をあてにしてちゃ駄目だよ。…自分でコネをどんどんさがすんだよ。…ガンガンやってかなきゃ、一生バイトだよ」と説教されている。

また小中陽太郎《こなかようたろう》は、「フリーという職業」という文章の中で、「限界就職論というか、職業といえるか、いえないような中間に存在する、新しい層がたくさん生まれてきた。たとえば、『アルバイト・ニュース』だけで生活している人も、そうである。あるいは、私の若い友人の一人は、早稲田大学を出て石油連盟につとめていたが、これを退職して、英語の塾で英語を教えながらくらしている。そして、ルポルタージュを書いている」と述べている（小中陽太郎編『就職』現代評論社、1980年）。

さて「フリーター」であるが、実は、この言葉はリクルートのアルバイト情報誌『フロムエー』が作り出し、世に定着させた新造語なのである（現在フロムエーは『タウンワーク』誌に統合され、アルバイト情報サイト「フロムエーナビ」にその名を残す）。

1987（昭和62）年にリクルート・フロムエーは、創刊5周年記念事業として映画「フリーター」（横山博人《よこやまひろと》監督）を製作している。主人公は、ミュージシャンを目ざしているが、親の手前浪人中という石巻健次（金山一彦《かなやまかずひこ》）。ふとしたきっかけで「フリーターネットワーク」という何でも屋集団――「俺たちの旅」の「なんとかする会社」のような――を主宰している志水隆（羽賀研二《はがけんじ》）と知り合い、その仲間となる。またウォールペインティングのバイトで稼いでいる彫刻家志望の向日葵《ひまわり》（鷲尾《わしお》いさ子）と出会い、恋に落ちる。

隆が請《う》け負ってくる仕事は、結婚式の巫女《みこ》役や葬式への代理出席、さらには代理墓参、新薬開発の被験者などなど。健次たちは、コンビニでアルバイトしているコンピュータマニアのテクノこと五十嵐トオル（有薗芳記《ありぞのよしき》）の力を借りながら、ＬＳＩ（半導体集積回路）の輸出で一山あてようと奮闘する。商売を成功させた健次に、隆は「すっかりビジネスマンみたいだな」と言うが、健次は「俺はビジネスマンじゃなくてフリーターだ」と答える、これを本業にする気はない…といったストーリー。

当時『フロムエー』の編集長であり、この映画のプロデューサーでもあった道下裕史《みちしたひろし》（勝男）氏は、自著『エグゼクティブフリーター』（ワニブックス、２００１年）の中で、次のように述べている。

「結果的には、その映画を作ったことで、江副浩正さんに大目玉を食《く》らいました。興行的に大失敗だったんです。まさに、クビにならなかっただけマシという始末。もちろん減俸でした（笑）。…『フリーター』というタイトルの映画を作ることで、その言葉を広めようというのが、その時の目的ですから、言葉さえ認知されればそれで良かった。…結果として、フリーターという言葉は、３ヶ月くらいで浸透しました。映画は見にいかなくても、雑誌や各種メディアで『フリーター』という映画が紹介されるたびに、『フリーター』とは何か？　ということが説明される。それはどんな宣伝よりも効果的だったのです。若い人たちが「映画のタイトルにもなるぐらいなんだから、なんだか今風の名前なんだな」と感じてくれたり「アルバイターっていうよりは、カッコいい」と思ってくれたりして、クチコミでみんなが使うようになったのです」

私はかつて広告代理店社員だった時分に、1985（昭和60）年頃からリクルート・フロムエーを担当していたため、道下氏を存じあげている。当時、定職に就かない若者たちは、一般的には「プー（タロー）」や「（アル）バイト」と呼ばれていた。「遊民」「モラトリアム」「無業者」などもなくはなかったが、日常の会話に出てくる言葉ではなかった。

1983（昭和58）年7月25日号『平凡パンチ』には「失業者とは呼ばないでほしい。僕たちは無業者です」という記事があり、道下編集長がインタビューに答えて「現在、大卒の初任給平均が11万円。アルバイトの日給平均が5310円。…もし、20日間だけアルバイトすれば、初任給とほぼ同額の金が稼げる」、バイトで生活を維持しながら、何らかの夢を追うことも可能なのだと語っている。

道下氏はかねてから、そうした若者たちに、何らかの名称とポジティブな意味づけを与えたかったようだ。リクルート社には「A職（契約社員でありながら、仕事は正社員とほぼ同様にこなし、管理職となる場合もある）」という雇用制度があり、その「A職」という社内用語が、定職に就かずバイトで暮らす若者たちの呼称として広まるような広告施策を考えてほしいと依頼されたこともあった（やってはみたが、うまくいかなかった）。

またある時は、こちら側から、「プータロー」という呼び方はそれなりに広まっており、また当時「クマのプー太郎」（中川《なかがわ》いさみ）という人気マンガもあるので、A・A・ミルンの「クマのプーさん」のイラストを用いた広告展開をとプレゼンして、一蹴されたこともある。私たちは「プー」という言い方はかわいらしく思ったのだが、どうやら「プータロー」には、その日暮らしなど、ネガティブなニュアンスをお持ちだったようだ。

そこで、「フリーター」である。当時アルバイト情報誌『an《アン》』（『日刊アルバイトニュース』から改称）を出していた学生援護会（現在はインテリジェンスに引き継がれている）は、対抗上「フリーアルバイター」という呼び名を流行《はや》らせようとしたが、それならば「フリーター」の方が簡潔だし、なによりもフリーアルバイターでは「タダ働き」ととらえられかねない。

フロムエーはまた、映画公開にあわせて『フリーターｆｒｅｅｔｅｒ――みんな昔はA

だった』という本も発行している。各界の著名人たちが、まだ若く無名だった頃、どのようなアルバイトをしたかのエピソード集である。その冒頭には、「1987年、既成概念を打ち破る新・自由人種＝フリーターが誕生した！　敷かれたレールの上をそのまま走ることを拒否し、いつまでも夢を持ちつづける。たちはだかる困難からさらりとスマートに身をかわす。そして何よりも自由を愛する。世の中のワクにはまることなく夢を追い求めるフリーターこそ、社会を遊泳する究極の仕事人」とある。フロムエーとしては、その雑誌ユーザーたちを鼓舞《こぶ》し、彼・彼女らの社会的なイメージを高めることで、アルバイトを募集する（『フロムエー』に求人広告を出稿する）側に、『フロムエー』経由でよき働き手が来ることを予期させたい、そして広告契約を増やしたい…との狙いもあったようだ。

1988（昭和63）年のテレビドラマ「意外とシングルガール」（TBS、今井美樹《いまいみき》主演）には、フリーター（アルバイトのバーテンダー）役の藤井郁弥《ふじいふみや》（フミヤ）が登場するなど、フロムエー側の意図はそれなりに奏功していたのかもしれない。

だが、前出の別冊宝島『80年代の正体！』中のオバタカズユキ「やりたいことがないから自由な、〈フリーター〉というパラドクス」は、「学校社会から落ちこぼれ、「ギョーカイ」に憧れ、「ノリ」を重視し、名ばかりのカタカナ職業につき、トレンドを追い続け、自らを「プー」と呼ぶ。そんな高度消費社会の落とし子、フリーター」と手厳しい。このエッセイの中に掲げられた【図表34】を見ても、オバタの言うように「偏差値コンプレックスの一発逆転狙い」としてのフリーターというのが、実像に近いのかもしれない。

しかし、時代はバブルである。アルバイトも求人難で、バイト代は高騰していた。入社難易度の高い有名企業正社員への道は、入試の難易度（偏差値）の高い有名大学の学生に占拠されている以上、それ以外の若者が、「高収入の仕事」による一発逆転へと走るのも、やむを得ないことだったのかもしれない。

戦後版「大学は出たけれど」第3期へ

先の『朝日ジャーナル臨時増刊：就職の真実』には、「大学就職課の真実」という記事もある。１９５０～60年代『朝日ジャーナル』は学生側の立場から（アンチ企業ないしアンチ資本主義のスタンスから）、企業に推薦する学生を選別する「就職課の権威」を批判していた。だが、超売り手市場の中、「就職課は単なる資料室、行かなくても就職できる!?」というのが、この時期の学生の態度であったという。しかし、依然としてここ数年「一月になると、お礼と称して菓子包みを手に、就職課を訪れる企業関係者も多い」。

■あなたは主にどのようなバイトをやったことがありますか。
また、今後やってみたいバイトはどのような種類のものですか。

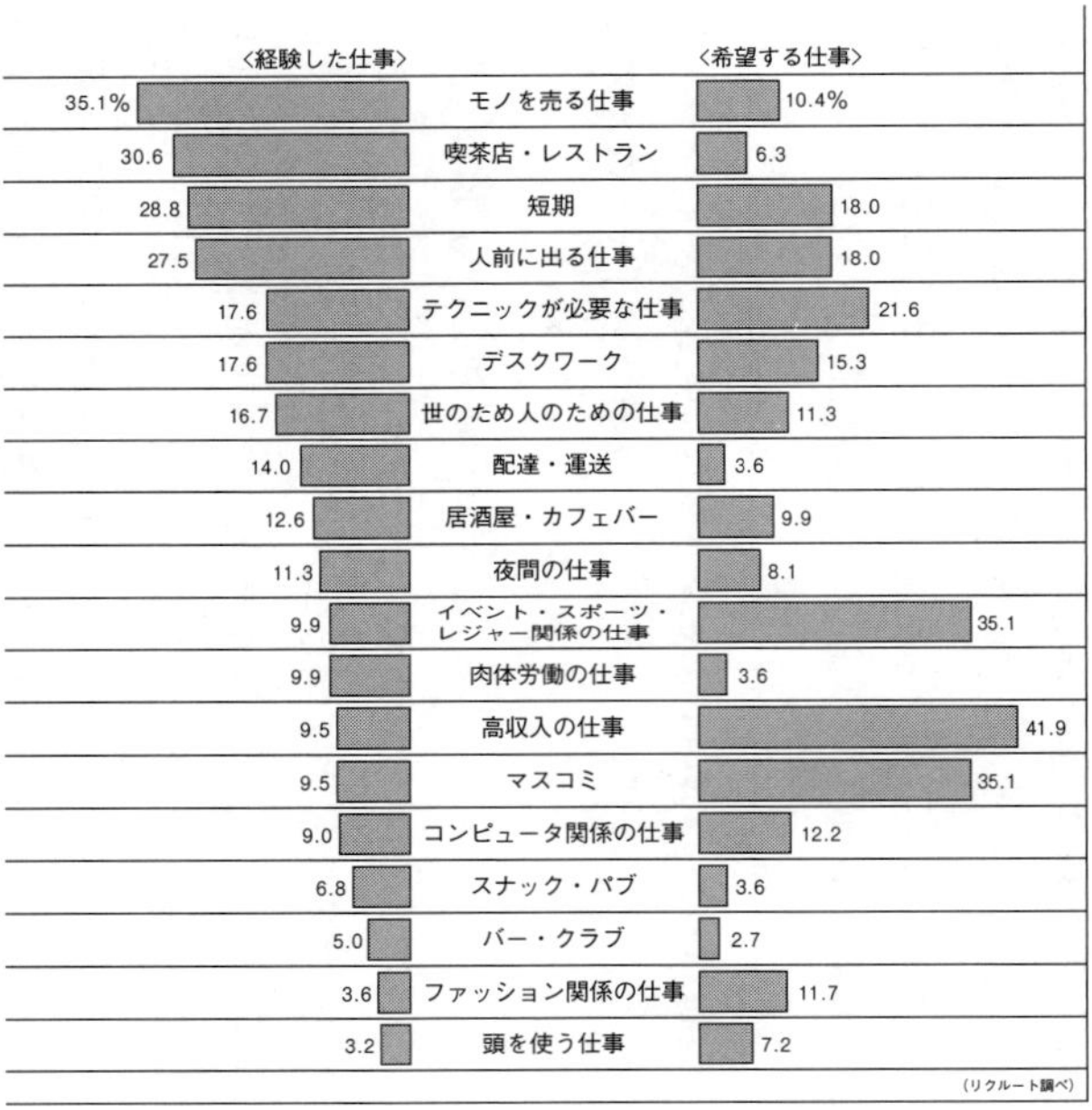

【図表34】アルバイト専業者へのアンケート
マスコミ関係やイベント・スポーツ・レジャー関係の仕事を希望しながら、実際には、販売や接客、肉体労働に就くのが現状であった。
※3項目回答。（出典：『別冊宝島110 ── 80年代の正体！』JICC出版局、1990年）

バブル期には、大学や学生に対する大盤振る舞いがいたるところで見られた。だが、その恩恵がすべての大学（大学生）に行き渡ったわけではない。前出の就職協定110番にしても、まず情報が寄せられるのは、伝統校・有名校の学生たちに対するフライングに関してであった。1988（昭和63）年9月30日号『朝日ジャーナル』「大卒就職戦線・ブランド時代の狂騒曲」は、この時期の大学間のブランド力格差について記している。

「学生の実質的な就職活動は、大学三年生の正月から始まった。友人からの年賀状にまざり、企業からのダイレクトメール（DM）が数通はいっている。学生が、就職を意識し始める第一段階だ。だが、この第一段階のスタート時期も大学によってさまざまである。

「最初に来たのは二月の終わり」（日本大・法）「もう新学期になろうとしていたころ」（亜細亜大・法）。四月初め、早慶の学生たちのDMは、すでに段ボール二箱分近くになる。…普通、DMには、会社案内のパンフレット、連絡先などを記した挨拶状、人事部宛のハガキの三種類が同封されてくる。「都銀に資料請求し、返送されてきたものを見て、がっかりしました。中には、パンフレットだけ。連絡先や人事部宛のハガキは君たちに不必要だ、ということを暗に伝えているのでしょう」（亜細亜大・法）」

「ある拓大生が高島屋の人事部に「拓大の××ですが……」と電話をしたところ、「協定を守っているので八月二〇日まで学生には会わない」と断られた。その後小一時間をおいて、今度は「早大の××ですが……」と電話をしたら「すぐに指定する場所に来るように」と言われたという。この手の話は、毎年のことだ。学生たちには、この「ＯＢ訪問」が、かつての指定校制度にも似た響きをもっている。ＯＢが希望する企業に入っているかどうか、に自分の就職の運命がかかっているからだ」

今の言葉で言えば、「学歴フィルター」ということになるのだろう。会社説明会解禁日以前から面接は始まるが、「面接時間が早慶より圧倒的に短い。かれらの四〇分に対し、自分たちは一〇分。集団面接でも、自分に質問がこない。向こうがこちらを軽く見ているのが分かるんです」（東洋大・理工）。また不必要に難しい問題をぶつけられ、「まるで落とすためだけの面接だった」（日本大・理工）と語る学生もいた。

そして雇用機会均等法以降も続く、「女子は一流大よりコネが有利」という現実。昔と変わったのは、女子大よりも共学女子の方が有利な傾向があるくらいだという。『朝日ジャーナル臨時増刊：就職の真実』の「女性社員の真実」にも、「女はややこしい。総合職か一般職かを選ばなくてはならなかったりする上に、総合職といっても会社によって中身は大違いだったりする」。

要するにまだまだ「会社も女性総合職の使い方を思案中」なのである。だが、1991（平成3）年春の時点では、「女性をとりまく状況って、あくまで過渡的なものなんです。こんな制度じゃ人材が集まらないとなれば企業も変わっていく」と希望の言葉が語られていた。

しかし、1991（平成3）年8月13日付「朝日新聞」記事によれば、「これまでの就職戦線には大手都市銀行を中心に、大企業が一斉に採用活動に動く「X《エックス》デー」と呼ばれる時期があった。昨年の場合は七月二〇日すぎが、その時期に当たる。だが、今年は、景気の減速で超売り手市場が峠を越したことや、バブル経済の崩壊で金融人気が下落したことなどの影響で、金融中心のXデーが特定しにくい」。そして「女子学生の就職戦線は、昨年より厳しくなった。リクルートリサーチの調査では、四年制大学女子の今年の求人倍率は昨年を〇・五ポイント下回る一・四八倍で、男子の二・七二倍（前年比〇・四二ポイント減）に比べて減り方が大きい。景気の減速は男子よりも女子に響いているようだ」。

バブル景気の終了時期に関してはいくつかの説があるが、1991（平成3）年の初め、湾岸戦争が始まったあたりが、ひとつの潮目だったのだろう。

私はその春から2年間、会社を休職して大学院生となったのだが、しばらく景気も踊り場だろうから学校に逃げ込むのも悪くないか…、貯金くいつぶして会社に戻る2年後にはまたきっと持ち直しているだろう…と思った記憶がある（この目論見《もくろみ》はまったくのハズレ、その後日本経済は今日まで低空飛行を続けている）。

フロムエーの仕事には、『FromA』と『FromAtoZ』の週2回刊化まで関わった。火星人と金星人が乱舞するキャンペーンで、大阪南部出身者の私としては、河内《かわち》音頭がCMソングだったのはよい思い出である。なぜ週2回刊になったかというと、週刊では収まりきれないぐらいに、アルバイト求人広告が集まったからである（ひとことで言うと、バブルだった）。

このように先行きの不透明な就職状況ゆえか、1990年代に入り、漠たる将来への不安が広がったのか（私たちは1999年に地球が滅亡すると、子供の頃に刷り込まれた世代だ）、1冊の就職活動本がベストセラーとなっている。

1991（平成3）年6月27日号『週刊文春』「就職学生がみんな読んでるベストセラー『メンタツ』って何？・」には、「昨年、『面接の達人'91』が発行され、五万部売れた。それが今年になって、昨年就職試験を受けたOBからまずマスコミ志望者の間に広まり、あっという間にマスコミ志望者以外にも広まり、ついには二十万部のベストセラーとなった」とある。そして、同年9月14日号『週刊現代』「『面接の達人』を面接する」では、「就職、恋愛に悩める若者の〝新教祖〟中谷彰宏《なかたにあきひろ》氏はマルチな才能の持ち主」との紹介があり、この6月に広告代理店を退社し、フリーランスとなったことを伝えている。

実は中谷氏は、私と同期入社で、高校の先輩（姉の同級生）にもあたる方だ。早稲田大学卒の氏のもとには多くの後輩がOB訪問に現われ、その経験が『面接の達人』の著述へとつながったという。

先ほどの『朝日ジャーナル臨時増刊：就職の真実』の記事「就職マニュアルの真実」は、『面接の達人'91』について「前書きからして強気だ。そして、「この本に出会ったときから、君は、『面接の達人』になる」と押しまくる。この本のやり方で受かるかどうかはともかく、元気になることだけは確かだ。失敗した場合の心構えについても、ある。「落ちても落ちても、新しい履歴書を書いて、笑いながら面接会場に向かう君は、「就職界のゾンビ」になってほしい」。会社選びも元気になってきた」と述べている。

それまでの就職マニュアル本が、読む者をダウナーな気分にさせるのに対して、アッパーな本が出てきたというのである。中谷氏ご本人も、アッパー系の、一種のカリスマ性を帯びた方だと思う。私の出身高校は、大阪で教員や公務員をやってる卒業生がやたらと多い、地味でのどかな府立高なのだが…。

今、私の手元にある91年3月刊の『面接の達人'92――面接で通る奴面接で落ちる奴』を読み返してみると、辛気臭《しんきくさ》くやってても仕方ないじゃないかというバブル期の余熱や慣性とともに、不透明な情勢の中でより明快な答えを求めた若者たちの心の動きがみてとれるように思う（もちろん、その後の時代の流れを知ってしまっている者ゆえの、後づけの感想かもしれないが）。

就職のその後について、1992（平成4）年8月11日付「朝日新聞」記事「長引く終盤　女子学生苦難、活動終わらず」が端的に語っているので引いておこう。

「大企業の採用予定数が減少に転じ、採用経費も削減されたため、ここ数年過熱の一途《いっと》だった求人競争は、落ち着きを取り戻した。学生向けダイレクトメールやテレビCMなども地味になり、採用活動は正常化に向かっている。例年、採用活動のピーク時には、内定した学生を他社に奪われないようにするために、あの手この手の拘束が行われる。だが、今年は経費のかさむ拘束が沈静化した。日経連が四月から開設した「就職協定一一〇番」で受け付けた電話は、七月末現在の累計で八八件と、前年同期（一八四件）の半分以下にとどまった。このうち拘束はわずか二件だけだった。学生が書かされる入社の誓約書に関する相談も、前年同期の二八件から三件に減った」

その一方で「質の高い人材を求める競争は、相変わらず激しい」ため、内定重複組と皆無組の「二極分化の傾向が際立ったのも今年の特色だ」。そして…

「これからの問題点は女子学生の就職難。企業の採用数の減り方が、男子より女子の方が大幅である。リクルートリサーチの調査によれば、大学男子の求人倍率が二倍台を維持したのに対し、大学と短大を合わせた女子学生は〇・九三倍と、「一」を割り込んだ。証券、コンピューターソフト業界の大幅な採用減や産業界の事務部門合理化の動きが、事務職志望者の多い女子学生を直撃している。このため、男子の就職が一段落しても、女子の就職活動はなかなか終わらず、終盤戦は長引いている。今年は高校の就職希望者数が前年より減ったが、大学、短大は増えている。団塊《だんかい》ジュニア（一九七一～七四年生まれ）世代が大学を卒業する九六年春ごろまで、大卒の増加傾向は続く。景気の回復がさらに遅れると、大学生の就職戦線は来年も厳しくなりそうだ。銀行、証券業界などが減量経営に動き出したことも、今後の文科系学生の就職に影響を及ぼすだろう」

6章　ポストバブルの自分探し

就活生はつらいよ

就職氷河期の起点に関しても諸説あるが、【図表29】（240ページ）にあるように、大学新卒就職率は1992（平成4）年までは何とかもったものの、以後急降下し、50〜60%あたりをさまよい続けている。

これは何も大学生たちが高望みをしているからではなかろう。【図表35】にあるように、1993（平成5）年以降、上場企業への就職者率が低下しているのは、非上場企業へも学生たちの目が向けられた結果である。1990（平成2）年には2・77倍あった大卒求人倍率も、2000（平成12）年には0・99倍と、男女合わせた大学生全体でも「1」を割り込んでいる。

1992（平成4）年4月15日発行『朝日ジャーナル』が就職する大学4年生のために臨時増刊号をつくりました』という名の朝日ジャーナル別冊では、「AJにしかできない人材採用雑誌編集長業際座談会」と銘打って「売り手市場の終わり、新しい意識の芽生え」を掲載しているが、そこで『就職ジャーナル編集長』長薗安浩《ながそのやすひろ》は、「いまオイル・ショック（一九七三年）のときのことを調べてるんですが、上場企業一七〇〇社のうち、製造メーカーの四〇%強が採用中止。国会でも問題になったくらいで、内定取り消し、自宅待機

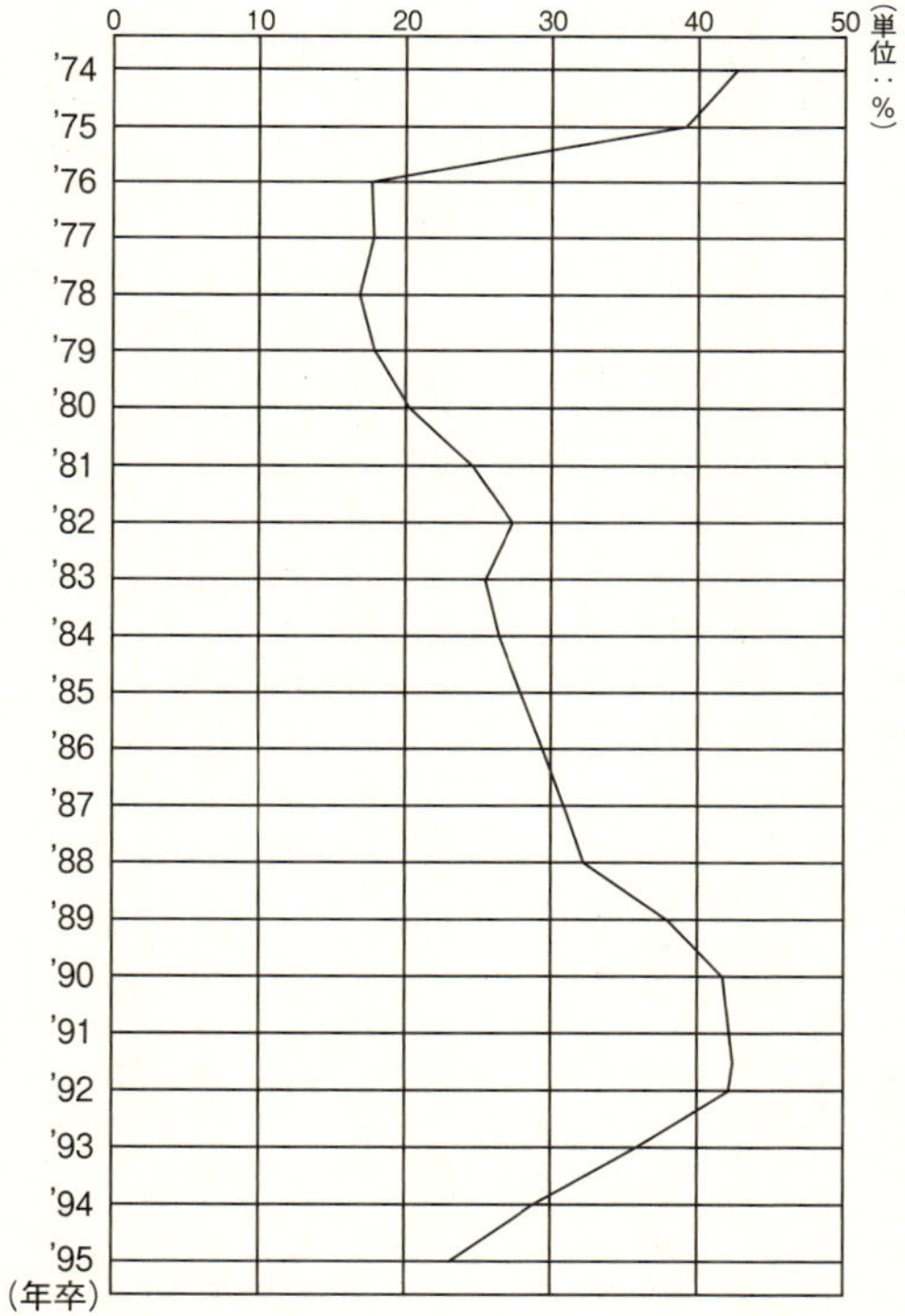

【図表35】大卒男子の上場企業就職率の推移

1993（平成５）年以降、大学生たちは非上場企業にも目を向け始める。（出典：松尾孝一『ホワイトカラー労働市場と学歴』学文社、2012年）

が頻繁にありました。今年の状況が同じとはいいませんが、動き方としてはそれぐらいきびしい状況にあると思いますね」と語っている。

この臨時増刊号には「ポスト・バブルの企業選び」という文章も掲載されており、やはりこのあたりがひとつの転換点であることは間違いないようだ。現にこの座談会の十数年後のリーマンショックの頃には、再度「内定取り消し」が社会問題化している。

ちなみに、この座談会に前出の道下裕史(勝男)氏は、『ガテン』編集長として出席(『ガテン』はブルーカラーのための就職情報誌、リクルート社発行、1991〜2009年)。さらに言うと、この直後、1992(平成4)年5月29日号をもって『朝日ジャーナル』は休刊している。

就職氷河期という言葉は、1996(平成8)年の新語・流行語大賞の「審査員特選造語賞」を受賞している。受賞者は、これまた前出の長薗安浩が、元『就職ジャーナル』編集長の肩書で。まだまだ1990年代半ばまではバブルの余韻は残り、景気の動向や就職に関して楽観的な展望もあったが、この頃からそれらは一掃され、皆が皆、この不況は一過性のものではないこと、就職率の長期的な低迷が続くことを覚悟し始めたのであろう。

その時代の雰囲気を伝える映画として、「男はつらいよ」(山田洋次《やまだようじ》監督)を挙げておきたい。正社員への就職活動とはもっとも縁遠そうな車寅次郎（渥美清《あつみきよし》）であるが、1993（平成5）年公開の「男はつらいよ　寅次郎の縁談」では、甥《おい》の諏訪満男（吉岡秀隆《よしおかひでたか》）が就職活動のまっただ中にいる。アガリ症の満男は、採用面接において「この会社は、いや間違えました、御社は…」と、なかなかスムーズに話せない。秋になってもなかなか内定が得られず、最後の頼みの綱である最終面接にも落ち、自暴自棄になった満男は両親に「もう辞めたい、就職活動なんか。オレ就職なんかしないから」「自分の好きなことをして生きていく」「サラリーマンにはならない」と宣言する。

あなたの気持ちはわかっているとなだめる母さくら（倍賞千恵子《ばいしょうちえこ》）に対して、「100枚もハガキを出して、40何通も身上調書《しんじょうちょうしょ》書いて」るオレの気持ちがわかるはずないとくってかかる満男。エントリーシートではなく身上調書というあたりが時代を感じさせる。以下は、満男の独白。

「城東大学経営学部経営学科諏訪満男です。よろしくお願いします。聞くことは決まってんだよ。自己PRをしてごらん。はい、僕は痩せているから、頼りないように思われがちですが、実は粘り強い性格です。友人関係も広く浅くではなく、本当に信頼できる友人と深くつきあうタイプです。サークルの合宿の時には、僕がつねにサブリーダーとしてリーダーをコントロールする役目…。…もう嘘つくのはやだよ、テープレコーダーじゃねぇんだぞ俺は、二度とやるかこんなこと」

最後は、大学など行きたくなかったのに、父の博（前田吟《まえだぎん》）が、自分が大学出てなくて苦労したからと、無理やりオレに行かせたんじゃないかと満男は叫ぶ。思わず殴りつける、博。満男は家を飛び出し、行くあてもなく列車に乗る。その列車がたまたま寝台特急「瀬戸」（現サンライズ瀬戸）であったために、高松まで旅することになり、さらに瀬戸内海の島に渡り、そこで漁や畑仕事の手伝いをしながら、恋をして…。その島に伯父の寅次郎が、満男を連れ戻しに現われるが、寅次郎も恋をして…という展開。

この「寅次郎の縁談」では、就職活動の結果は不明なままであるが、第47作「男はつらいよ　拝啓車寅次郎様」（1994年）で満男は、何とか入社した靴メーカーの営業職への愚痴を、あいかわらず母さくらにぶつけている。なお1993（平成5）年没の笠智衆は、「寅次郎の縁談」において寺男・源吉（佐藤蛾次郎《さとうがじろう》）などのセリフに「御前様《ごぜん》が…」とあるものの、姿は見せずじまいであった。

あと数誌から記事を紹介しておくと、1993（平成5）年2月24日号『宝島』「衝撃！若年失業時代がやって来た!!――大学は出たけれど'93来年度大卒就職戦線はどうなるか!?」、1994（平成6）年8月31日号『SPA！』「平成版「大学は出たけれど」物語――まだ出ぬ内定を求め続けて戦う現役4年生たち」など。後者には、「最高学府を出たのに就職先がない！　今や「大卒」＝「自動車普通免許」の価値しかない時代が始まった」とある。

また1994（平成6）年6月8日号『SPA！』「会社訪問にまつわる「恐怖と戦慄」のウワサ――買い手市場で苦戦中の学生を、さらにパニックに陥《おとしい》れる」には、「友達に、説明会日程のデマを流すのは日常茶飯事」と、就職活動が情報戦と化し、さらには疑心暗鬼の中での神経戦の様相を呈し始めていることを伝えている。

就活メディアの変遷

就職氷河期の様子を、求人倍率からも見ておこう【図表36】。落ち込みの激しい1996（平成8）年、就職活動に新たなメディアが登場した。いわゆる就職サイトである。常見陽平《つねみようへい》『リクルートという幻想』（中公新書ラクレ、2014年）によれば、就職サイト

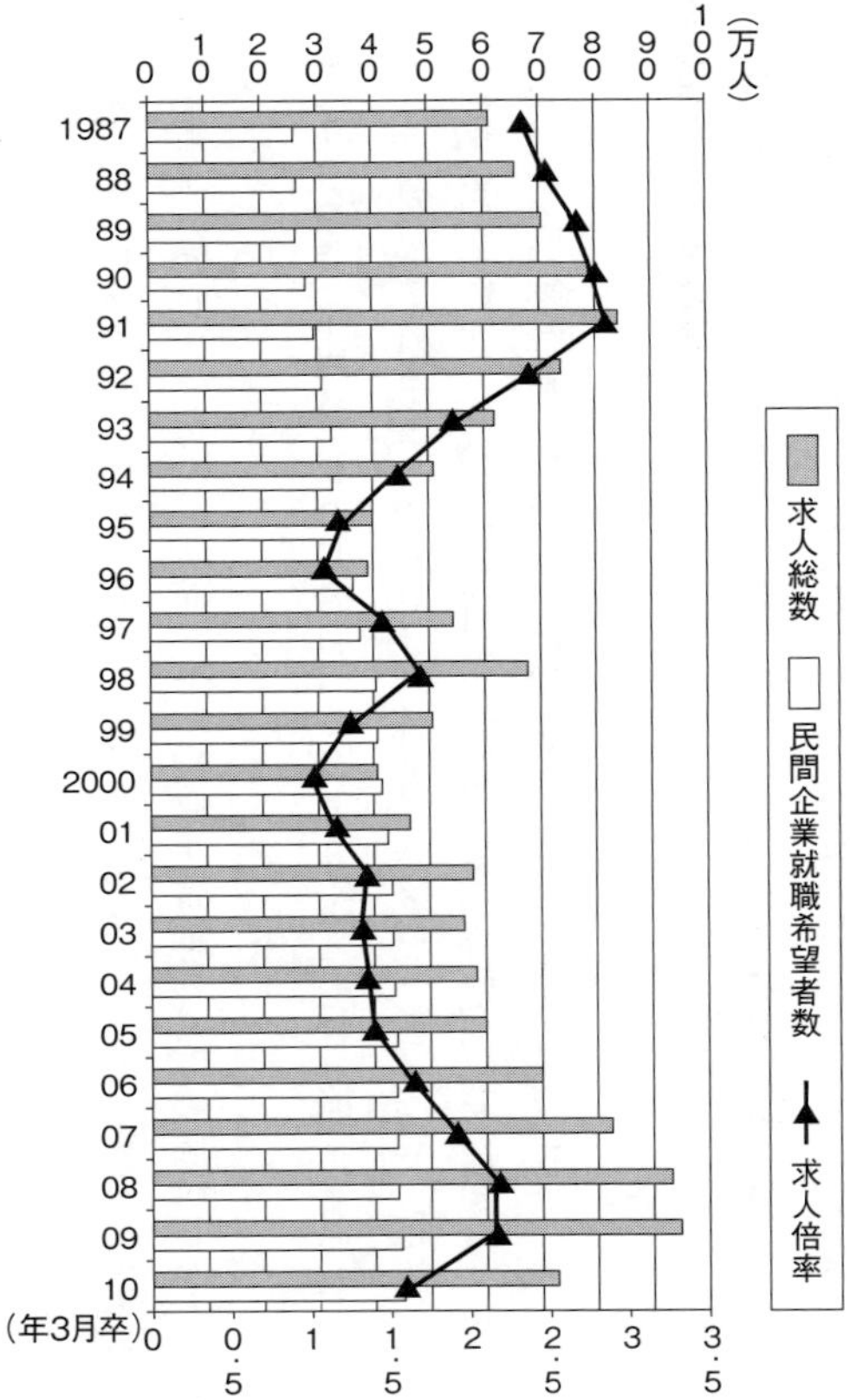

【図表36】大卒求人総数・就職希望者数・求人倍率の推移

1996（平成8）年、大卒求人倍率の大きな底があった。（出典：本田由紀「日本の大卒就職の特殊性を問い直す」苅谷剛彦・本田由紀編『大卒就職の社会学』東京大学出版会、2010年）

の代名詞的存在「リクナビの前身が登場したのは96年2月である。当初は「ＲＢ　ｏｎ　ｔｈｅ　ｎｅｔ」という名前だった」という。そして「リクナビという名称になったのは97年から」であり、「当初、併存していた紙の宅配メディアであるリクルートブックは03年にはサービスを終了している」。

厚い冊子が届けられるドスンという音が、就職戦線の号砲だった時代から、就職サイトへの登録のクリック音とともにスタートラインにつく時代へ。諏訪満男のようにハガキを書き続ける必要はなくなったわけだ。また、こうした新たな就活メディアの登場もあってか、１９９７（平成９）年には就職協定は廃止されている。

だが数年にして、就職サイトに対する疑問の声も寄せられるようになってきた。２０００（平成12）年8月22日号『週刊プレイボーイ』「あの「リクナビ」が3カ月前倒しでスタート。そこには意外な背景が…――お手軽〝ＩＴ就職活動〟に警鐘！」には、「数年前まで、就職活動の3種の神器は〝会社案内、資料請求ハガキ、就職情報誌〟だった。ところが、今じゃ企業のＨＰ、電子メール、就職情報サイトが3種の神器」とある。

その就職サイトだが、とりあえずの説明会予約やなりゆきでのエントリーが横行し、数は集まるが本気度の低い学生ばかりだと採用側の不満も出始めていた。それゆえ10月のサイトオープンを前倒しして、7月3日に「リクルートナビ・プレサイト」をオープンし、3年生の夏休みのインターンシップ情報などを盛り込み、より長い期間、企業とのマッチングを学生に考えさせようというわけだ。

就活マンガで言えば、原秀則《はらひでのり》「SOMEDAY」(『週刊ヤングサンデー』、1997～99年連載)は、まだまだ紙ベースでの就職活動であったのに対し、山口《やまぐち》かつみ「たくなび」(『ビッグコミックスピリッツ』、2005～06年連載)は、その題名が示すように就職サイトが定着した後の様子を描いている【図表37】。就活小説で言えば、羽田圭介《はだけいすけ》『「ワタクシハ」』(講談社文庫、2013年)に「簡単なマウス操作で、今夜もまた人生の選択肢が十幾つも増えた」とあるような就活スタイルが一般化したわけだ。

なおリクナビ以外では、毎日コミュニケーションズのマイナビや日経就職ナビなどがリクナビに対抗しており、毎日コミュニケーションズは2011(平成23)年に社名も「マイナビ」としている。一方、朝日学情ナビやダイヤモンド就活ナビは、参加企業数や登録学生数の点でやや水をあけられた状態。

このように手軽にエントリーができ、かつ就職難への焦りから、100社以上のエントリーが増えたため【図表38】、かえってローテクな就活への回帰現象も起こっていた。

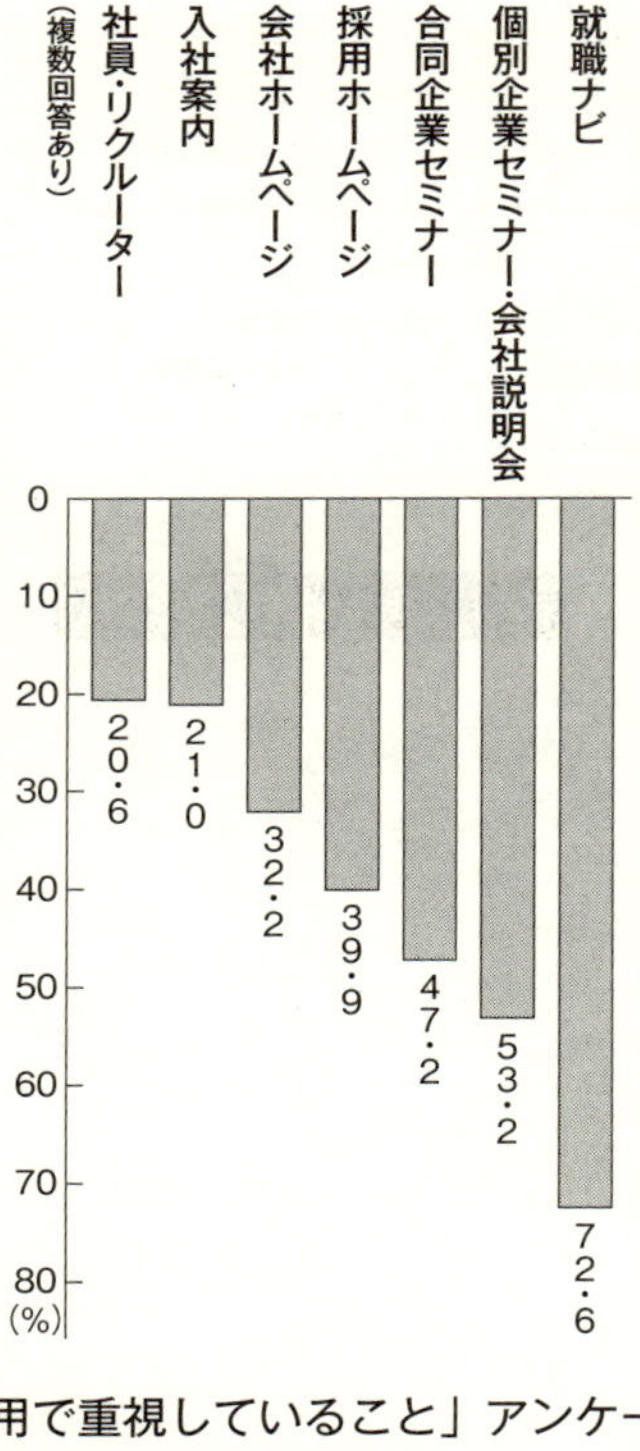

【図表37】「採用で重視していること」アンケート

採用側と学生側を結ぶものは、就職サイトなどのインターネットである。（出典：石渡嶺司・大沢仁『就活のバカヤロー』光文社新書、2008年）

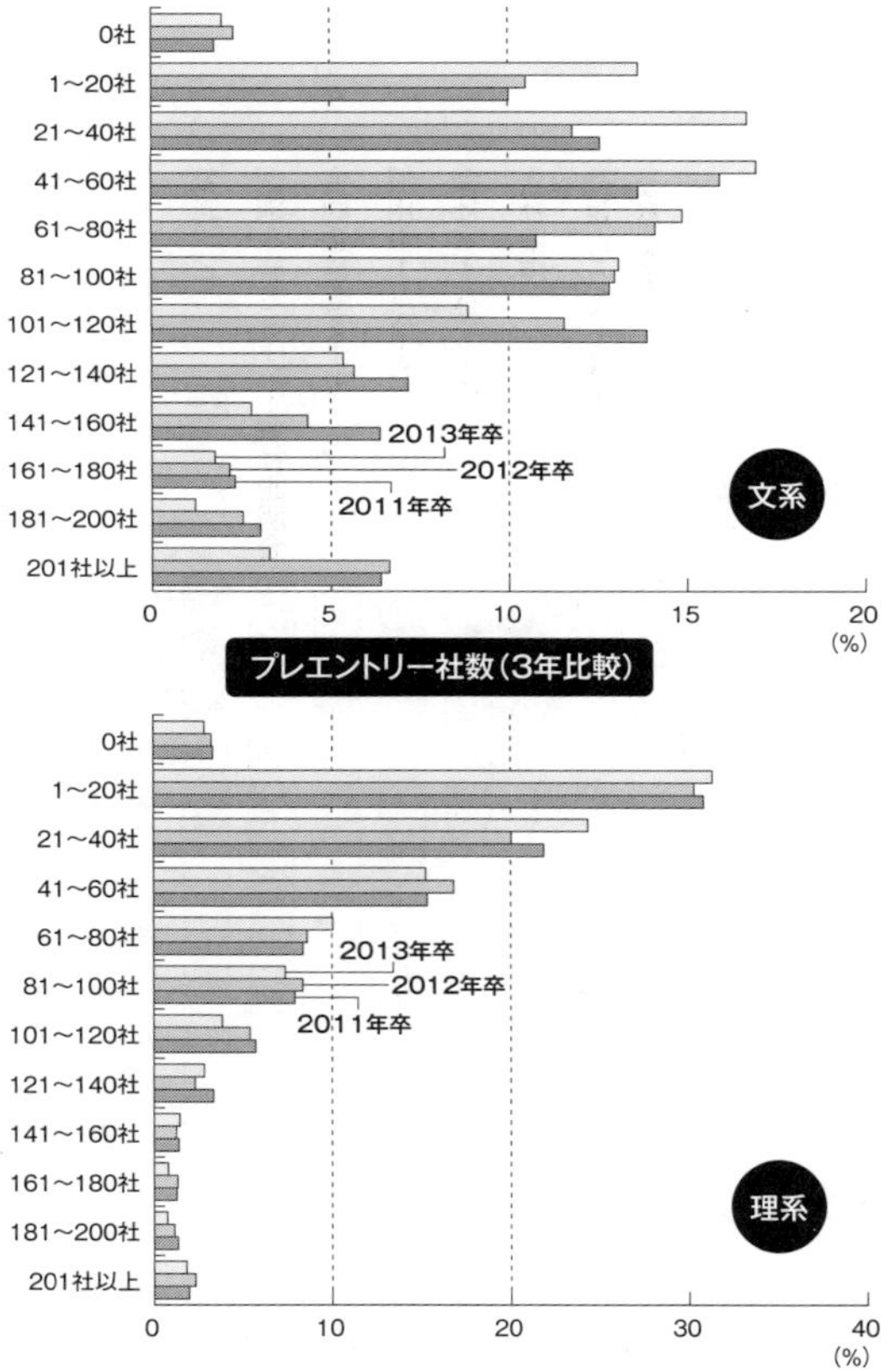

【図表38】プレエントリー社数の3年比較

これを見れば、100社以上エントリーシートを書いている者が少なくない（特に文系）が、さすがに数十社に落ち着いてきている。（出典：常見陽平『「就社志向」の研究』角川 one テーマ21、2013年）

２０１２（平成24）年に話題となったのが、岩波書店が応募資格に「著者の紹介状あるいは社員の紹介があること」と明記した件である。一部のメディアが「岩波書店がコネ採用」と報じたため、厚労相が見解を発表する騒ぎとなったが、岩波側を支持する声も多かった。２０１２（平成24）年2月20日号『ＡＥＲＡ』「「コネ」作れる人、求む——岩波書店が目指す「フェア」なコネ採用」によれば、同社総務部長は次のように述べたという。

「採用は古くから著者らの紹介によるものが中心だったが、〇三年ごろからは公募。その結果、数人の枠に千人以上が殺到し、「岩波書店の本を一度も読んだことがない」などの応募者も目立った。一一年からは紹介による採用に戻し、今年は昨年よりも応募者を増やすために、「紹介」を応募資格に加えて公募としたという。「大学生ならゼミの先生に紹介してもらうなどすれば、当社の著者にたどり着ける。「紹介状をもらう」こと自体が一次選考だと考えてほしい。紹介はあくまでも応募資格で、合否の判断基準ではない。紹介者による有利不利もない」

採用コストをかけず、より精度の高い募集をしたいという問題意識への共感や、他の企業でもリクルーターによって秘かに特定の学校をターゲットとする採用などをしておきながら、それを表に出さないやり方をしているが、それと比べれば岩波の態度はフェアであろうとの評価も寄せられていた。

2012（平成24）年2月8日付「朝日新聞」「岩波書店、応募条件コネ論争」には、「インターネット大手「ヤフー」では、「岩波書店の応募条件は「コネ」、どう思う？」と題した意識調査が二日から実施され、八日までに約三万八千の投票があり、「問題ある」四五％、「問題ない」五一％と賛否が分かれている」とある。

先に紹介したドワンゴの有料説明会の試みなども、実は、リクナビなど就職サイトに対する批判のひとつの現われであった。2014（平成26）年4月号『WEDGE』「「就活」が日本をだめにする――リクルートのビジネスモデルに不満続出」にて、ドワンゴ川上量生《かわかみのぶお》会長はインタビューに答え次のように述べている。

「会員登録すると人気ランキング上位の会社に全部エントリーしてみましょう、と勧められる。「まとめてエントリー」ボタンを押すと上位50社とかにいきなりエントリーされる。ランキングは業種ごととかにも細かくあって、どこにも、「まとめてエントリー」ボタンがついている。エントリーした会社数はカウントされ、あなたは現在15社エントリーしています。昨年、内定をもらった先輩は50社エントリーしていました、もっとがんばりましょう、みたいなメッセージが送られてくるのです。リクナビは、学生のエントリー数が増えると、企業からの広告費を獲得する交渉が有利になる。だから、盛んに学生にエントリーを勧める。１００社にエントリーして、すべて落ちた学生もいる。人気企業には膨大な数の学生がエントリーするから、学歴などで足切りせざるをえない」

また就職サイト一辺倒とならないよう、フェイスブックなどＳＮＳを利用して、直接企業と学生がコンタクトをとりあう選考のあり方も模索されていた。２０１１（平成23）年11月15日号『ＳＰＡ！』「「ソー活」で加速する残念な就職格差」や同年12月22日号『週刊文春』「いよいよ幕を開けた大学三年生の「就活」が今年は「ソー活」になる?!」といった具合にである。

だが、同年12月19日号『ＡＥＲＡ』には、

「インターネット広告大手のサイバーエージェントは、昨年度の採用活動で、フェイスブ

ックからエントリーした学生のみ対象の「フェイスブック採用枠」を設けた。ソーシャル・ネットワーキング・サービスを使った就職活動、いわゆる「ソー活」の先駆的存在。広報担当の上村嗣美さんによれば、理由はこうだ。「昨年の段階ではフェイスブックを活用している学生は少なく、利用している人はITへの感度が高いと判断していました。IT関連企業でもあるので、そういった学生を望んでいたのです」。…実際、非常に優秀な学生が集まったと上村さんは言うが、今年はその採用枠を「やめるかもしれない」と言う。「フェイスブックの登録者数が一気に増えたからです。登録者の感度は平均的なものになりつつある。フェイスブックを使って採用する意味は薄れたかもしれません」

「学歴フィルター」

先ほどの引用にも「学歴などで足切り」とあるが、学校名による事前の選別があるのではないかという疑念は、つねに就活生の間に存在してきた。そして、就職サイト経由のネット・エントリーは、より効率的にその篩い分けを可能とする仕組みでもあった。

2011（平成23）年、経団連の「採用選考に関する企業の倫理憲章」により、就職活動のスタート（広報開始）が3年生の10月から12月へと変更されたことをうけて、201

1（平成23）年12月19日号『AERA』は「人気100社の「採用大学」はここだ――就活解禁2カ月遅れで「ターゲット採用」強まる」という特集を組んでいる。そして、この12月1日に「リクナビ」「マイナビ」へのアクセスが集中し、そろってつながりにくくなったことを報じ、広報開始が遅くなったにもかかわらず選考開始は翌4月1日である以上、採用する側もされる側も、じっくりと就職・採用活動に取り組むわけにはいかず、その結果「企業のターゲット採用がいっそう強まることが予想」されると論じている。

「ターゲット採用とは、企業が特定の大学をまさにターゲットにして、採用活動をすることだ。具体的には、特定の大学への働きかけを強めたり、エントリーシート（ES）で「足切り」をしたりすることを指している。長引く不況で、採用数を減らさざるをえない企業は多い。その上、今年は例年よりも短い期間で「自社を志望する学生の集団＝母集団」を効率よく作らなければならない。…学生の間では、「学歴フィルター」なる言葉も定着している。帝京に通う男子学生は、こんな風に使っていた。志望していた会社のサイト上で会社説明会への参加を申し込もうとしたが、開始からわずか数分で受付は終了。…これが、「学歴フィルター」。ネット系人気企業の人事担当者は、匿名を条件にこう話した。「人材確保に焦りをみせる経団連加盟企業のほうが、ターゲット採用の意識が強い。倫理憲章なんて建前です」。電子機器メーカーの人事担当者は、さらに厳しい。「就職活動のデジタル化が進み、企業は簡単に学生を大学別にソート（並べ替え）できる。つまり、フィルタリングです。欲しい大学だけを拾うんです」

２０１４（平成26）年3月30日付「朝日新聞」「これって、学歴フィルター？――採用説明会…満席」も、会社説明会への応募が、人気アーティストのコンサートチケットをとるような騒ぎになっており、かつその学生の所属する大学によって「満席」となるタイミングが異なることを伝えている。他にも「大学名によって説明会の案内をメールで知らせる時期に差をつけることや、そもそも案内しない」といった手法や、大学によって先輩社員のリクルーターが〝つく・つかない〟によって、ハンディキャップが課せられていくといった事例が挙げられている。

もちろん、こうした学校名による選抜は指定校制の昔からあったことだが、同記事によれば、「一九九〇年代後半から、「マイナビ」「リクナビ」などの就職情報サイトが登場し、学歴の使われ方が露骨になった。誰でもどんな企業にでも簡単に接触できるようになり、人気企業には万単位の学生が殺到する。そこで「選考の手間を省《はぶ》くため、企業は学歴フィルターを多用せざるを得なくなった」」。そして企業側は、「イメージの低下を恐れて公にしてこなかっただけだ」。

学校名と採用活動の関連については、齋藤拓也《さいとうたくや》「就職活動——新卒採用・就職活動のもつシステム」（本田由紀《ほんだゆき》編『若者の労働と生活世界』大月書店、2007年）が、興味深い調査を行なっている【図表39】。

方法はいたってシンプルで就職サイトAに、入試難易度の異なる5つの大学（学部は同じ）の学生として登録してみて、その後の反響をカウントしていく（比較のため就職サイトBにも登録したが、おおむね同様の結果が出たという）。この調査は2005（平成17）年に行なわれたものだが、今日においてもさほど事態は変化していないように思われる。

【図表40】も同時期の調査の結果であるが、受験の偏差値といったあからさまな指標でないにせよ、おおまかな傾向として、私立よりも国立大が、私立の中でも伝統校が、より大きな規模の就職先に正規雇用されるのはたしかである。

ドラマ「ふぞろいの林檎たち」の頃は、一流とされる大学の学生たちがソファに座り、例の3人組はパイプ椅子に腰かけていた。だが、同じ空間に存在もしていたし、互いの姿

【図表39ａ】就職サイトAに複数登録した際の、メール・資料数

	大学名	偏差値	メール	郵送資料
登録名A	早稲田・法	65	330通	31通
登録名B	立教・法	62	312通	22通
登録名C	日大・法	55	264通	17通
登録名D	大東・法	48	199通	4通
登録名E	清和・法	40以下	166通	3通

いずれも私立法学部であるが、郵送資料に至っては10倍以上の差がある。

【図表39ｂ】各企業・就職イベントからの送付状況（大学別・就職サイトA）

	早稲田	立教	日大	大東	清和
富士通	○		○		
東京都民銀行	○	○	○		
千葉銀行	○	○			
日能研			○		
日経就職イベント	○	○	○		
東京証券取引所	○	○			
日本興亜損保	○	○	○		
電源開発	○				
日経会社研究	○	○	○	○	
日経就職イベント	○	○	○	○	○
日経アドレ	○	○	○		
りそな	○	○	○		
東京海上システム	○				
キーエンス		○			
長谷工	○	○	○		
第一三共	○				
東京海上	○	○	○		
日立	○	○	○	○	○
明治安田生命	○		○		
農林中金	○				
みずほ	○	○	○		
商船三井	○	○			
日東電工	○				
日清紡	○	○			
富士通	○	○	○	○	○
パラマウントベッド	○	○			
豊島	○	○			
ＮＴＴ西日本	○				
新日鉄ソリューション	○				
トクヤマ		○			
三菱東京ＵＦＪ	○	○	○		
ＪＡ共済	○				
中央三井信託	○	○	○		
トーマツ	○				
合計	31	22	17	4	3

送られてきた郵送資料の企業内訳。左の３校では、まだ企業によって多少のばらつき見られるが、日大と大東文化大の間には厳然とした境界がある。これが「学歴フィルター」の実態か。日経就職イベントが２件あるが、求める学生のタイプが異なるのであろう。

（出典：a、bとも、齋藤拓也「就職活動」本田由紀編『若者の労働と生活世界』大月書店、2007年）

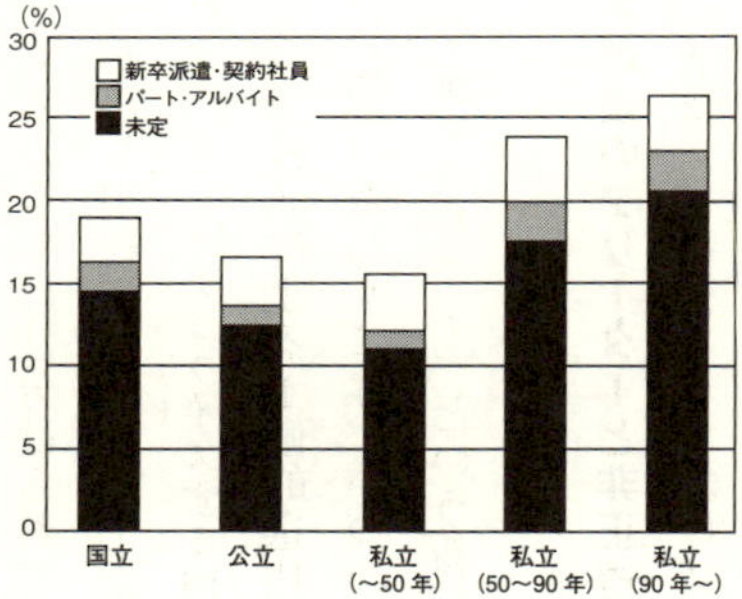

【図表40a】大学設置者・設置年別の予定進路（2006年4月大卒業者）

新しく設置された私立大学の卒業者は、４人に１人が正規雇用の就職口を見つけられずにいる。

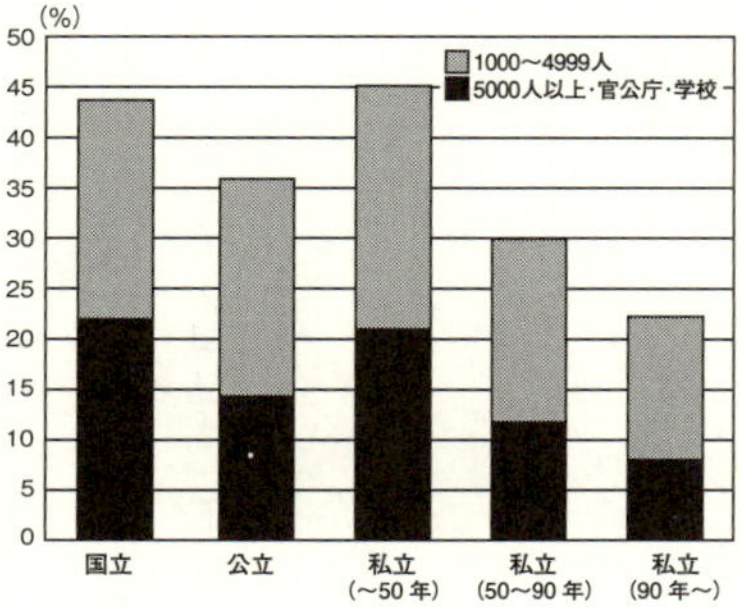

【図表40b】大学設置者・設置年別の内定先従業員数（同前内定者）

新しく設置された私立大学出身で、1000人以上の企業や官公庁・学校から内定を受けた者は、わずか20％強でしかない。

（出典：a、bとも、本田由紀『軋む社会』双風舎、2008年）

も見えていた。また、学生を仕分けしていく会社側の人間も、その生身の身体を学生の前にさらしていた。就職サイト以前は、資料が〝来る・来ない〟や、電話の応対や集団面接での扱いの違いなど、より生々しいかたちで学校間・学部間格差が示されており、知らず知らずのうちに仕分けられているといった事態はあまりなかった。

しかし現在では、ネット上で学生たちは互いの姿を認め合うこともなくカテゴライズされていき（カテゴライズする側もその姿を現わさず）、そのカテゴリーごとに選考が進んでいく。学校名による予備的選抜は昔からあったにせよ、今の就職サイトなどを利用したやり方を言い表わすには、いつの間にか漉《こ》し分けられているというニュアンスを込めるには、「学歴フィルター」という新しい言葉が必要だったのである。

その後のフリーターと非正規雇用

学歴フィルターが、よりステイタスが高いか低いかという大学間の序列を指し示す一方で、「学歴」という語が本来もっていた「中卒／高卒／短大・高専卒／大卒」間の差は、あまりクローズアップされなくなってくる。

その理由についてはいくつか考えるだろうが、まず第一には、高卒での就職者数が絶対的に減ったこと。【図表30】（246ページ）の示す厳しい現実は、多くの高校生を大学や専門学校への進学を選ばせることになる。大学・専門学校への進学率が合わせて70％を超える現在、やはり大学新卒の方へと世間の注目がむけられることになる。

そしてもうひとつには、家庭の経済事情などにより進学しなかった高卒者の多くが「フリーター」ないし「非正規雇用者」となる一方で、大卒であってもフリーターないし非正規雇用者となる者の割合も、高卒と大差がないという現実がある【図表41】。もちろん、就く職種に関しては「大卒＝ホワイトカラー（グレーカラー）／高卒＝ブルーカラー」という区分がより明確になってきてはいるものの【図表42】、2000年代に入り、就職・就業をめぐる人々の関心は、「高卒／大卒」という観点よりも、「正規雇用／非正規雇用」の区分けの方に集まっていったのである。

2004（平成16）年の労働者派遣法改正が何をもたらし、2008（平成20）年のリーマンショック以降の「派遣切り」がどれほど社会に影響を及ぼし、そしてそうした事態が大学生たちと決して無関係でなかったことについては、ここでは詳しくふれない。とりあえず小説で言えば、桐野夏生《きりのなつお》「メタボラ」・福澤徹三《ふくざわてつぞう》「東京難民」・有川浩《ありかわひろ》「フリーター、家を買う。」、ノンフィクションならば岩淵弘樹《いわぶちひろき》「遭難フリーター」などをお読み、ないし

		合計	高卒	専門卒	短大・高専卒	大学・大学院卒	学校中退
男性計	(人)	519	148	108	13	189	60
正社員定着	(%)	31.6	21.6	27.8	−	47.6	11.7
正社員転職		10.8	11.5	16.7	−	10.1	3.3
他形態から正社員		16.4	16.9	11.1	−	11.6	38.3
正社員一時他形態		6.7	9.5	8.3	−	3.7	8.3
他形態一貫		15.4	14.9	13.0	−	13.2	25.0
正社員から他形態		6.4	8.8	7.4	−	4.8	3.3
自営・家業		10.2	12.8	15.7	−	6.3	6.7
その他		2.5	4.1	0.0	−	2.6	3.3
女性計	(人)	474	96	112	92	136	38
正社員定着	(%)	26.4	16.7	20.5	27.2	44.9	0.0
正社員転職		8.2	5.2	9.8	9.8	10.3	0.0
他形態から正社員		10.8	5.2	9.8	14.1	9.6	23.7
正社員一時他形態		5.9	3.1	10.7	5.4	5.9	0.0
他形態一貫		26.4	39.6	18.8	16.3	20.6	60.5
正社員から他形態		16.2	20.8	23.2	19.6	6.6	10.5
自営・家業		2.7	4.2	4.5	2.2	1.5	0.0
その他		3.4	5.2	2.7	5.4	0.7	5.3

【図表41】25〜29歳の学歴別・性別キャリア類型

男性高卒者の14.9%を占める「他形態一貫」(一度も正社員にならない層)は、男性大学・大学院卒業者においても13.2%いる。※2006年調べ。(出典:小杉礼子『若者と初期キャリア』勁草書房、2010年)

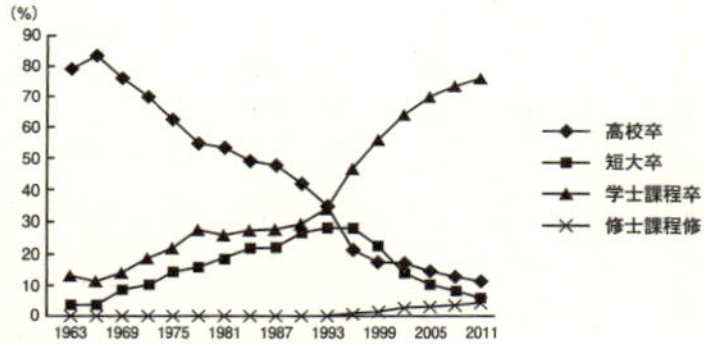

【図表42a】事務職に就く者の学歴構成
事務職就職者の母体は、1993（平成５）年を境に、高卒者から大卒者に移行している。

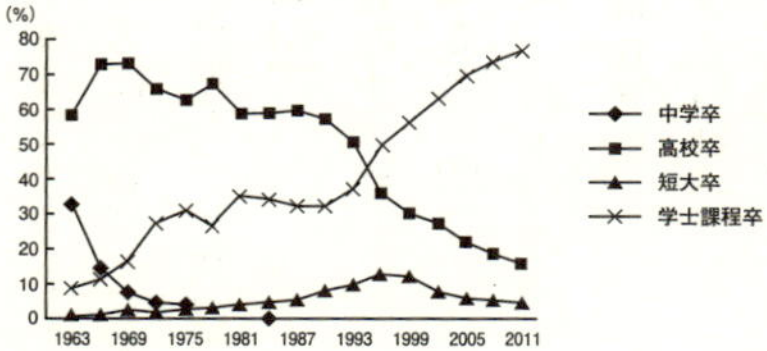

【図表42b】販売職に就く者の学歴構成
販売職就職者の母体も、1995（平成７）年頃を境に、高卒者から大卒者に移行している。

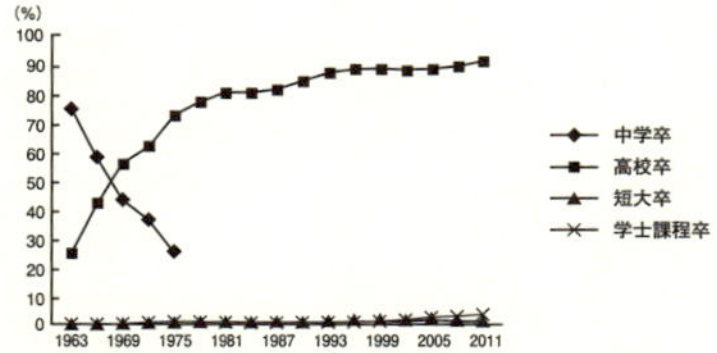

【図表42c】ブルーカラー職に就く者の学歴構成
ブルーカラー職の母体は、1960年代のうちに中卒者から高卒者に移行した。（出典：a、b、cいずれも、山内乾史「大学生の学力と進路職業選択」溝上慎一・松下佳代編『高校・大学から仕事へのトランジション』ナカニシヤ書店、2014年）

ご覧いただきたい。マンガで言えば、真鍋昌平《まなべしょうへい》「闇金ウシジマくん」の「バイトくん」「フリーターくん」「出会いカフェくん」「楽園くん」など（拙著『社会学ウシジマくん』人文書院、2013年参照）。

なぜ、多くの非正規雇用者が生みだされたかについては、単に不況だからというだけではなく、経済界の思惑《おもわく》がベースにあり、それを時の政府がサポートしてきた結果と言えよう。1995（平成7）年、日経連は「新時代の日本経営」を発表し、労働力のあり方を3通りに示してみせた【図表43】。

どう考えてみても、大卒者のすべてが「長期蓄積能力活用型」「高度専門能力活用型」に収まるとは思えない。もともと専門性の高い学部に進むか、学歴フィルターですくい上げられ、さらにその「上澄み」の中での競争に打ち勝って正規雇用を勝ちとらないかぎり、多くの大学卒業生は、「雇用柔軟型」へと吸収されていかざるをえないのである。

1980年代にポジティブな意味づけをされ、新造語として世に出た「フリーター」は、その後社会に広まっていき、かつ徐々にネガティブな意味あいを込めて語られるようになっていった【図表44】【図表45】。たとえば1990（平成2）年4月25日号『朝日ジャーナル臨時増刊：就職マニュアル'90』には「年金やローンが気になる「現代の自由人」

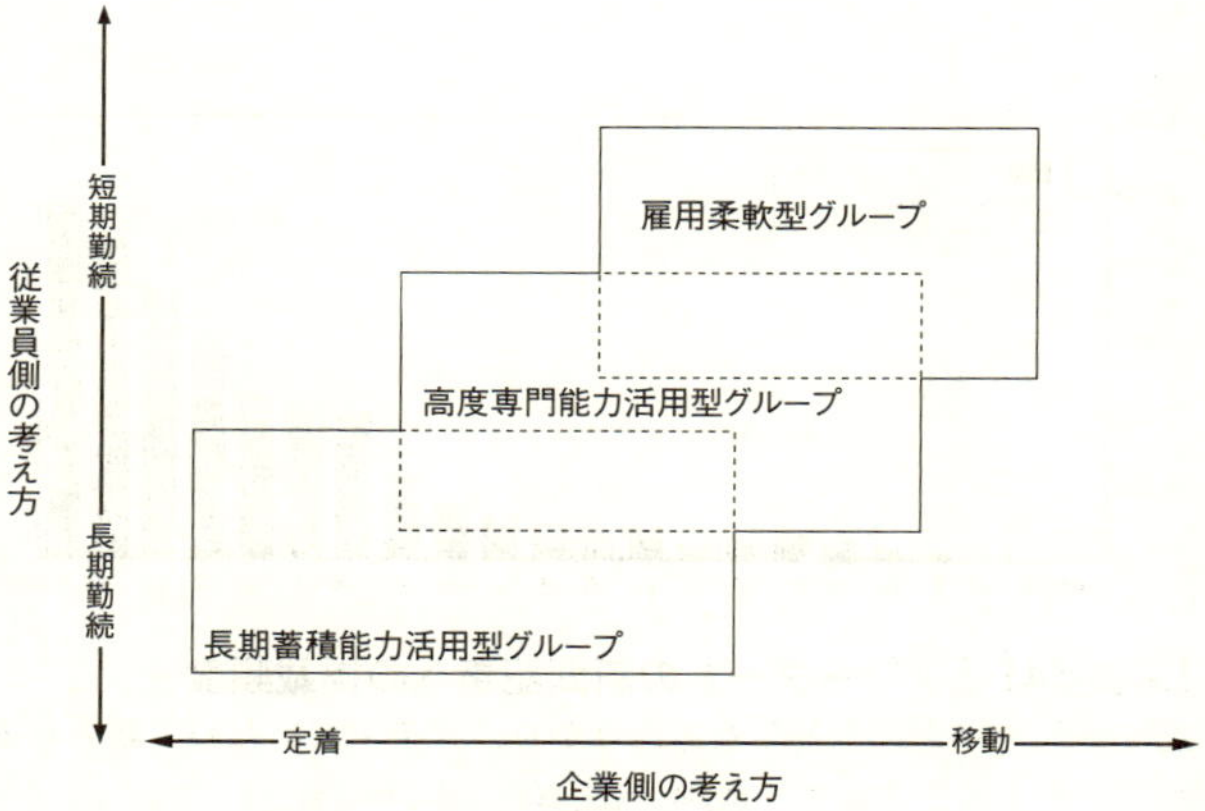

【図表43a】従業員のグループ化

日経連が1995（平成７）年に提示した、３通りの労働力。

	雇用形態	対　象	賃　金	賞　与	退職金・年金	昇進・昇格	福祉政策
長期蓄積能力活用型グループ	期間の定めのない雇用契約	管理職・総合職・技能部門の基幹職	月給制か年俸制 職能給 昇給制度	定率＋業績給スライド	ポイント制	役職昇進 職能資格昇進	生涯総合施策
高度専門能力活用型グループ	有期雇用契約	専門部門（企画、営業、研究開発等）	年俸制 業績給 昇給なし	成果配分	なし	業績評価	生活援護施策
雇傭柔軟型グループ	有期雇用契約	一般職 技能職部門 販売部門	時間給制 職務給 昇給無し	定率	なし	上位職務への転換	生活援護施策

【図表43b】従業員のグループ別にみた処遇の主な内容

３通りの労働力のあり方について、それぞれの内容を示したもの。

（出典：a、bとも、居神浩「「若年浮遊層」の「社会的定位」という課題」居神浩ほか『大卒フリーター問題を考える』ミネルヴァ書房、2005年）

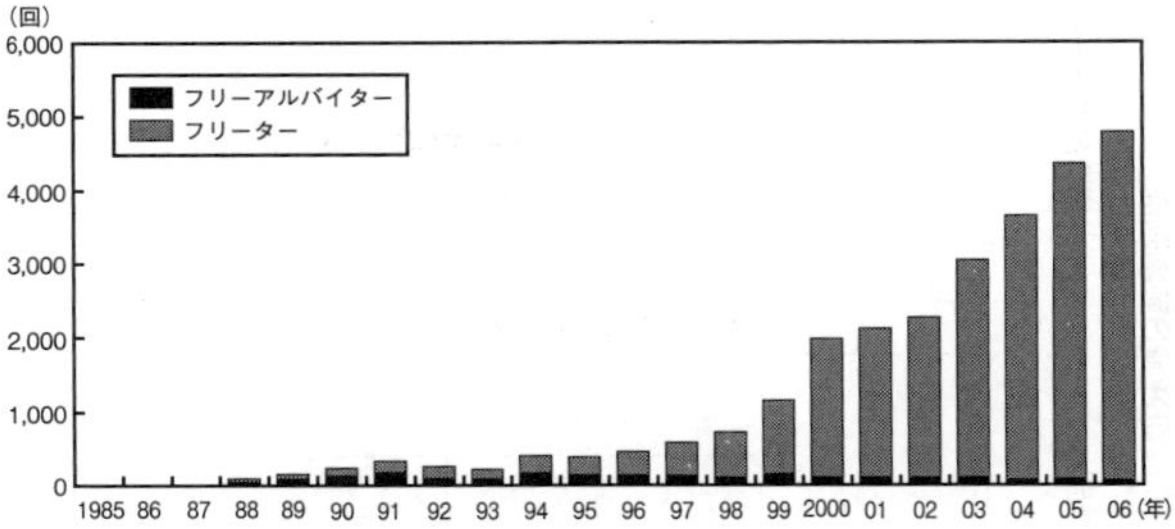

【図表44】「フリーター」の新聞記事への掲載頻度
2000年代を迎えようとしたあたりから、メディアにおいて語られる機会が年々増えている。(出典：堀有喜衣「移行の隘路としてのフリーター問題」小杉礼子編『若者の働きかた』ミネルヴァ書房、2009年)

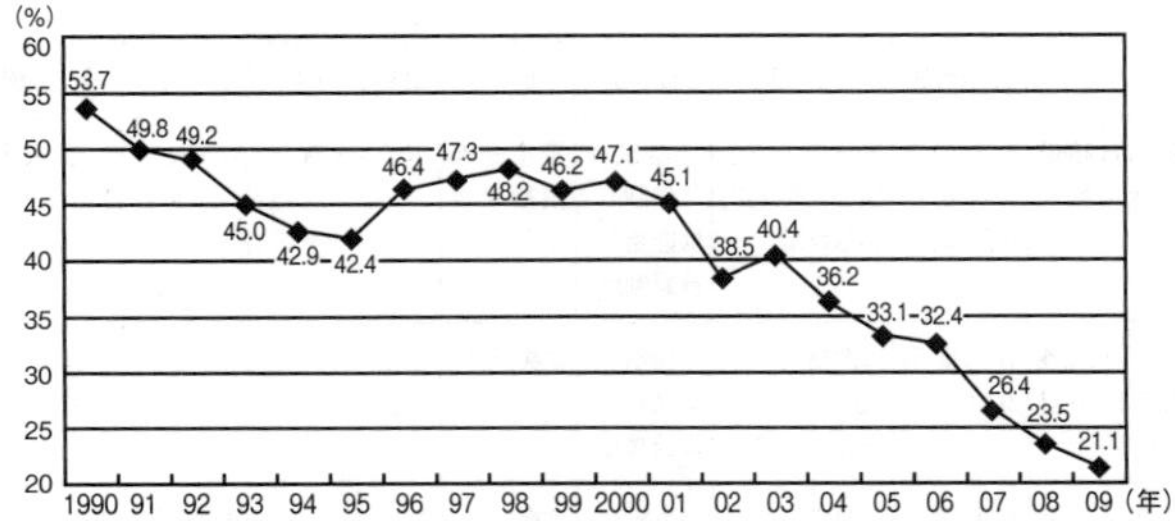

【図表45】フリーアルバイターに肯定的な意見の比率
「フリーター」のメディア露出が高まるにつれ、ネガティブな意味あいをともなうようになっていった。(出典：本田由紀「日本の大卒就職の特殊性を問い直す」苅谷剛彦・本田由紀編『大卒就職の社会学』東京大学出版会、2010年)

フリーターたちの素顔」と紹介されている。

だが「フリーター」の語は、すぐに浸透したわけではない。1999（平成11）年9月5日号『週刊読売』「平成版・大学は出たけれど…──ぼくらが就職しないわけ」では「5人に1人が〝プータロー〟」の見出しもあり、まだまだ「プータロー」も健在だったようだ。浩介（森田《もりた》剛《ごう》）・オメダ（三宅健《みやけけん》）・グズ六（岡田准一《おかだじゅんいち》）と、V6《ブイ・シックス》のカミングセンチュリーでリメイクされた「新・俺たちの旅Ver.1999」（TBS）でも、その第8話のサブタイトルは「兄エリート僕倒産でプー　人生真っ暗でもファイト」となっている。

しかし、2002（平成14）年8月27日号『週刊読売臨増』では「平成「大学は出たけれど」事情──巷にあふれる大卒フリーター、パラサイト症候群」となる。先の赤木智弘「「丸山眞男」をひっぱたきたい──31歳フリーター。希望は戦争。」が発表されたのが、2007（平成19）年であった。また、2000年代半ばからは、世間の関心は、大卒フリーター問題よりも、大卒を含めた「ニート」へと移っていく。

2000年代、初期フリーターの帯びていた「夢追い型」──他は「モラトリアム型」や「やむをえず型」──のニュアンスをキープし続けていたのは、専門学校生、もしくは高校生ならば1994（平成6）年以降各地に設けられた「総合学科」の生徒たちなのかもしれない。

荒川葉《あらかわよう》『「夢追い型」進路形成の功罪――高校改革の社会学』（東信堂、2009）は、高校生の間で人気のある職種を、ASUC職業――人気（Attractive）・稀少（Scarce）・学歴不問（UnCredentialized）な、クリエイターやアーティスト、タレント、スポーツ選手など――と名づけ、それを目ざす生徒たちが、それまでの普通科とも工業・商業・農業など専門科とも異なる、新たなコースに属し、自由度の高いカリキュラムのもと学ぶことが多いと指摘している【図表46】。

だがこれは、1980年代の「カタカナ職業」「ギョーカイ」ブームの変奏のようにも思える。クリエイター養成系の専門学校などは、夢を与えて入学者を募《つの》るとともに、その入学者たちに徐々に現実を知らしめ、夢と現実との折合いをつけさせる場所として機能している。もちろん、大学卒業・大学中退して専門学校に入り直す者の多くも、夢の過熱と冷却を経験することとなる。

フリーター名づけ親《ゴッド・ファーザー》の道下裕史（勝男）氏は自著『エグゼクティブフリーター』の中で、「このままではフリーターは、ただの怠惰な無職の人間を現す言葉となってしまう。それではまじめにやっている人たちがツライ。今でも誇りを持ってフリーターの道を選ん

		伝統的普通科・普通コース		改革実施学科・コース		伝統的職業系専門学科
●いい大学・いい就職よりも、自分の興味・関心にそった進路を選びたい						
	Super	75.6%				
	上位	84.0%	≒	88.9%		
	中位	85.0%	<	92.5%		
	下位	81.2%	<	90.5%	>	86.4%
●いい大学・いい就職よりも、自分の将来の夢にそった進路を選びたい						
	Super	79.4%				
	上位	86.7%	≒	92.6%		
	中位	87.4%	<	94.5%		
	下位	80.7%	<	91.7%	>	84.8%

【図表46】「生徒にとって魅力ある進路」のアンケート

入試区分ランクにおいて中位ランク校に通う高校生は、自分の興味・関心や将来の夢の実現を尊重し、ゆえにASUC職業を目ざす傾向が強い。その傾向は、改革実施学科・コースの生徒により顕著である。※「(1)ひじょうにそう思う」「(2)どちらかといえばそう思う」「(3)どちらかといえばそう思わない」「(4)ぜんぜんそう思わない」の4段階で答えてもらったうちの(1)と(2)の合計%を表記。無回答は除いて計算。(出典：荒川葉『「夢追い型」進路形成の功罪』東信堂、2009年)

でいる人がいます。フリーターは決して最終到達地点ではありません。あくまでも夢を叶えるため、もしくは自分の道を探すための手段なのです」と語っているが、2000年代をとおして、やはり「モラトリアム型」ないし「やむをえず型」のフリーターが、高校・専門学校・大学の新卒者から輩出され続けてきた。そして、その夢は正社員になることなのだが、フリーターからの脱出は、困難となる一方であった【図表47】【図表48】。

「就活戦線異状あり」過ぎ

2000年代は、新卒者の就職難だけでなく、労働問題全般が話題となるディケードであった。そして、就職活動は「シューカツ」の略語で通用するようになったのも、2000年代のことである。新聞や雑誌記事のデータベースで検索しても、「就活」の略語がさかのぼれるのは、2000（平成12）年あたりまでだ。

こうした略し方の前例としては、学活（学級活動）や部活（クラブ活動）などがあり、やはり「就活」は学校文化と近しいところにあり、どこか同学年全員で取り組むべき学校行事の趣《おもむき》があるのだろう。そして「就活」の語が普及することで、2000年代後半から多くの「○活」が派生していった。白岩玄《しらいわげん》『R30の欲望スイッチ』（宣伝会議、2014年）

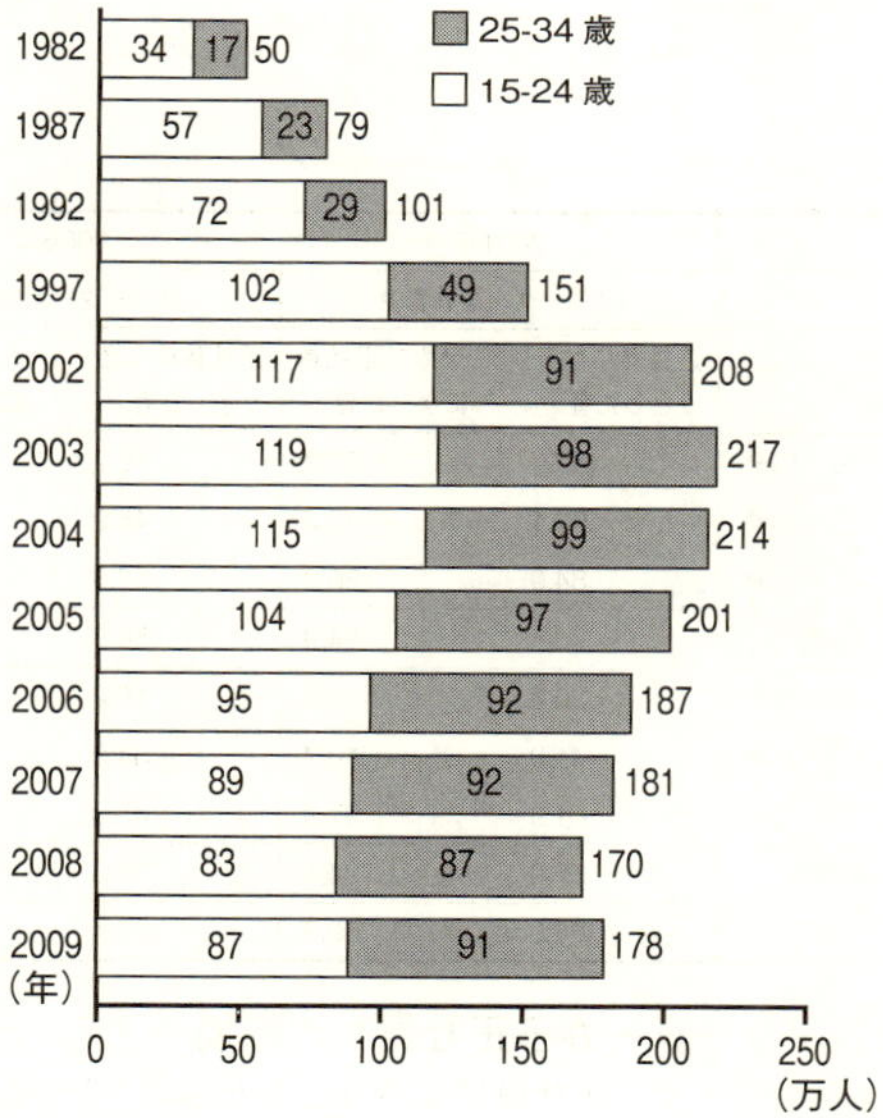

【図表47】フリーター数の推移

比較的年齢の高い層でフリーターの数が維持されている。※1997（平成９）年までは労働省の、2002（平成14）年以降は厚生労働省の定義にもとづく。（出典：平沢和司『格差の社会学入門』北海道大学出版会、2014年）

単位：%

		2001年		2006年	
		フリーター経験者中		フリーター経験者中	
		正社員になろうとした者	やめて正社員になった者	正社員になろうとした者	やめて正社員になった者
男性	18−19歳	37.7	27.0	16.7	1.3
	20−24歳	63.1	43.2	45.9	23.2
	25−29歳	84.9	66.2	67.3	46.3
	年齢計	73.4	54.9	50.5	29.7
女性	18−19歳	30.3	16.9	15.2	1.3
	20−24歳	41.0	18.7	34.0	15.4
	25−29歳	61.9	27.9	45.3	28.9
	年齢計	52.9	24.1	36.3	19.4
男女計		63.0	39.2	43.4	24.5

【図表48】フリーターから正社員への転換

フリーター経験者中で「正社員になろうとしたもの」「やめて正社員になった者」の割合は、５年のあいだに大きく減少しており、その傾向はとりわけ男性において顕著である。（出典：小杉礼子『若者と初期キャリア』勁草書房、2010年）

は、婚活という「結婚活動の略称であるこの言葉が初めてメディアで使われたのは２００７年11月に発売された『ＡＥＲＡ』が最初と言われているが、あっという間に広まって世の中に定着した感がある」という。その後、終活、恋活、離活（離婚活動）、妊活（妊娠活動）、保活（保育所確保活動）、「アイカツ！―アイドルカツドウ！―」（２０１２年〜）と枚挙にいとまがない（大内裕和《おおうちひろかず》・竹信三恵子《たけのぶみえこ》『「全身○活」時代』青土社、２０１４年）。

そして、カタカナ書きの「シューカツ」を定着させたのは、石田衣良《いしだいら》の小説『シューカツ！』（文藝春秋、２００８年）であろう。鷲田大学の３年生７人が、いかに就活に取り組んだかの青春群像劇。リーマンショック前の、就活事情が若干好転していた時期に、早稲田大生への取材をもとにした作品のようで、就活うつによってひきこもる者もありつつも、全体的には華々しい戦績を残した学生たちの成功譚という印象である。個人的には、早稲田大生としての自らの就活体験をふまえた朝井《あさい》リョウ『何者』（新潮社、２０１２年）の方に、軍配を上げたいと思う。

そして、２０１０（平成22）年、ＫＤＤＩ（ａｕ）のＬＩＳＭＯドラマ「就活戦線異状あり」（瀧本智行《たきもとともゆき》監督）が製作され、配信された。冒頭、タイトルのバックには、「正社員の生涯賃金約２億７千万円」「フリーターの生涯賃金約６千３百万円」の文字がある。

あらすじは、さまざまな社会問題に憤る女子大生・大橋玲奈（忽那汐里《くつなしおり》）は、大学でケンイチ（大東駿介《だいとうしゅんすけ》（当時は俊介））らと反資本主義サークル「プレカリアート研究会」を立ち上げている。目下の活動目標は、採用試験で最終面接まで残り、役員たちに企業批判をぶつけること。だが部員5名の結束はもろくも崩れ…といったストーリー。２０１０（平成22）年なので、まだガラケーでの就活である。

ドラマ中でも述べられているように「プレカリアート」は、イタリア語のプレカリオ（不安定な）とプロレタリアート（労働者）の合成語で、要するに非正規雇用者。

プレカリアートの女神と呼ばれた雨宮処凛《あまみやかりん》は、『反撃カルチャー——プレカリアートの豊かな世界』（角川学芸出版、２０１０年）の中で、１９９０年代の「だめ連」に言及しながら「二〇〇〇年代に入り、「働かない」「結婚しない」という主体的な立場ではなく、「働けない（職がない）」「結婚できない」若者が爆発的に増えた。いわば、だめ連が「全般化」していたのだ。ムーブメントとしてだけではなく、素《す》の状態で「だめ」化せざるを得なくなっていたのである。そして気がつけば、「だめ連」の活動はあまり耳にしなくなっていた。二一世紀になり、格差社会化が進む中で「働けない」「結婚できない」が当たり前になった時代において、だめ連の活動自体も収縮していったということも何やら示唆的である」と述べている。

そのだめ連の主張を、だめ連編『だめ連宣言！』（作品社、1999年）から引いておく。

「ごく一般には就職して結婚して、というようなライフスタイルが正しい人生とセットになって語られることがまだまだ圧倒的に多いと思うわけです。まあ、でも別にそれ以外のライフスタイルがあったっていいじゃないかということで、就職とか結婚とかをせずに（一部している人もいますが）、自分の人生を使ってそれ以外の様々なライフスタイルのありようを友人たちと関係を作りつつ群れながら、実験する、あるいはせざるをえない人々のつどい（メンバー制ではありません）、というかんじですかね。…まぁたぶん、多くの人は多かれ少なかれ、日々ダメと思われたくないとかもう少しうだつを上げたいという「うだつプレッシャー」の中で生きざるをえないような世の中になってしまっていると思うわけですが、そんな世の中いかがなものか？」

大学を出て定職に就き、家庭を築くべきといった既存の価値観に背をむけ、現在の社会のあり方のオルターナティブを求めた「だめ連」。ダメをこじらせた自分たちと自嘲《じちよう》しつつの、自己主張であった。そこに国際的なアンチグローバリゼーション、アンチ資本主義《キャピタリズム》の動きを加味したのが、雨宮処凛であり、高円寺《こうえんじ》でリサイクルショップなど「素人の乱」を経営しつつ、社会運動にコミットする松本《まつもと》哉《はじめ》らなのであろう。

プレカリアート研はドラマの中の存在だが、2011（平成23）年11月24日付「朝日新聞」には、「反就活デモに学生100人」との記事があり、「就職活動に追われる大学生らが二三日、東京・新宿駅周辺で「就活ぶっこわせデモ」をした。ツイッターやブログでの呼びかけに応じて集まった約一〇〇人が、「就活長いぞ」「卒論書かせろ」などと声を上げながら、約一時間練り歩いた。来春卒業予定の大学生の就職内定率（一〇月一日時点）は五九・九％で、昨年に次いで低い」とある。

こうした動きもさかのぼっていくと、2002（平成14）年12月10日号『FLASH』「「就職活動」今昔物語」によれば、1994（平成6）年に「〝セクハラ面接やめろ〟とデモ行進の女子大生」たちがいたという。さらに1975（昭和50）年10月31日号『週刊ポスト』「「就職させろ要求」をする日共系全学連の〝甘えの構造〟——10項目欲求を受けとった日経連もビックリした現代学生の「身勝手」と「エリート意識」」といった記事もある。

セクハラ面接と言えば、１９９１（平成３）年の映画「就職戦線異状なし」にも描かれており、セクハラ面接反対デモの頃に社会問題化していたようだが、２０１３（平成25）年5月23日号『週刊文春』には「就活女子学生をホテルに連れ込んだ「大手マスコミ」人事部長の名前」という記事がある。通信社の人事部長が、「作文を添削してあげるよ」と志望者を誘ったとのことで、社長の辞任にまで至る騒ぎとなった。就活に関しての「変わりやすさ」と「変わらなさ」という点で言えば、あまりにも変わらない（進歩のない）側面の典型的な事例だろう。

「相棒」と「ブラック・プレジデント」

最近の就活を描いたテレビドラマから、就活をめぐる「変わる・変わらない」を考える素材となりそうなものを、２点紹介しておこう。

まずひとつ目の事例は、「相棒12」シーズンの「第5話エントリーシート」（テレビ朝日、２０１３年）。人気の刑事ものシリーズだが、この回はリクルートスーツ姿の女子大生の死体が公園で発見されたところから話は始まる。

城南大学の北川奈月（岩田《いわた》さゆり）は、すでに数社から内定を受けており、この日も本命の四菱商事の面接の帰りであった。杉下右京（水谷豊《みずたにゆたか》）は、ES《イーエス》（エントリーシート）という就活用語や、企業の人事担当者からの電話は非通知でかかってくることが多いといった独特の就活慣習にとまどっている。死亡した時のリクルートスーツの背中には、白い×のしつけ糸が残っていた。しかし、その日の朝、家を出た時に来ていたスーツにはそんなものはなかったはずなのに…。実は奈月は、四菱商事の面接の前に、東山証券に内定辞退を伝えに行っていたのだ。辞退を申し出たために、担当者からコーヒーをかけられた奈月は、急いでスーツ量販店で新たにリクルートスーツを買い、汚れたスーツをコインロッカーに預けていたのだ。

このあたりは事件の謎ときに直接関係ないのだが、おもしろいのは、内定辞退にまつわる就活都市伝説をふまえている点だろう。2009（平成21）年3月1日号『AERA臨増』「ウソ？　ホント？　巷《ちまた》にはびこる就活都市伝説」には、「銀行の内定を断ったら、「カレーと牛丼どっちがいい？」と聞かれて、答えた方をぶっかけられた」があり、木原《きはら》浩勝《ひろかつ》・市ヶ谷《いちがや》ハジメ・岡島正晃《おかじままさあき》『都市の穴』（双葉社、2001年）には就職活動伝説として「コーヒーと牛丼どっちがいい？」がある。後者の方は、クリーニング代として千円札2枚を投げつけられるというおまけつきだ。

一方、新しいと言えば、杉下がガラケーなのに対し、当然奈月はスマートフォン。汚れたリクルートスーツを預けたコインロッカーも、スマホを鍵代わりに用い、精算もそれで済ませてしまうタイプのものだった。

また興味深かったのは、奈月の通っていた「ミナガワ就職面接塾」の光景。貼られているポスターによれば、この塾は「行きたい会社に必ず行ける！　究極の3ポイント就活術」がウリらしく、塾長の皆川克利（金剛地武志《こんごうちたけし》）は、「内定者続出！　人気就職塾のカリスマ講師が贈る究極の就活本」を書いたとのこと。皆川と受講生一同が「必覇《ひっぱ》！　必覇《ひっぱ》！　必覇《ひっぱ》！　必覇《ひっぱ》！　必覇《ひっぱ》！…」と、なぜかメロイックサインをつきだしながら、大声で唱和しているのが、やや不気味（メロイックサインはヘヴィメタルの世界でよく使われるフィンガーサイン。悪魔主義《サタニズム》と関係あるとの説も）。本命の面接に臨む際に、塾生に配られるお守りは、皆川の直筆サインつきである。このお守りを受け取りに来たある女子大生は、「子供の頃から塾に通って、いい学校に入って、いい大学に行って、いい会社に入る…、就活は私の人生の集大成なんです」と言いきっている。

2つ目のドラマは、「ブラック・プレジデント」（関西テレビ、2014年）の第9話「ブラック社長vs就活のカリスマ」。三田村幸雄（沢村一樹《さわむらいつき》）は、大手アパレル「トレスフィールズインターナショナル」の創業者で社長。最終学歴は服飾系の専門学校なので、経営学を学び直そうと城東大学に社会人入試を経て入学し、大学講師秋山杏子（黒木《くろき》メイサ）や映画サークルの学生たちと出会い、あれやこれや。

この回では杏子の大学時代のゼミ仲間で、就活支援サービス会社「ジョブトライアル・ジャパン」を起業した田島洋一（大東駿介《だいとうしゅんすけ》）とバトルを繰り広げている。ジョブトライアル・ジャパンのサイトは、就活生が本音を語りあう場ということで人気があり、企業側にとって芳《かんば》しくない情報が書き込まれることもしばしば。ある学生がトレスフィールズに内定辞退に行ったところ、担当者に「四の字固め、かけてやろうか！」と暴言を吐かれた旨、書き込んでいる。もともと三田村の強引なやり方ゆえに、ブラック企業呼ばわりされることも多いトレスフィールズなので、これをきっかけに炎上などしてはと、気をもむ社員たち。三田村は田島を訪ね、金を払って書き込みの削除を依頼するが…。

こちらの作品で興味深かったのは、サークルボックスに来て部員たちを脅して帰った4年生の先輩の言動。後輩に就活どうですかとたずねられ、

「就職活動、ま、一言で言うと…地獄だよ。始まったのは去年の12月かぁ、もうずいぶん

昔のような気がするなぁ、いまだにどっこも決まんねえよ。…ネットの時代だからね、エントリーって簡単にできるんだよ、就活サイトもエントリーしろしろって勧めるし、そんなこんなでエントリー300社はしたんだ。数打ちゃ当たるって感じ、でも全然当たりゃしない。面接の連絡もめったに来やしない。来たらことごとくお祈りされておしまいだ。…どんなに頑張っても最終面接にたどりつけない、オレはダメなんだ、ダメな人間なんだぁ～って…、ほとほと疲れたよ」

ちなみに「お祈りされる」とは、不採用通知のメールがくること。文末には決まって「今後のご健闘をお祈りいたします」といったフレーズがあるところから。そして先輩は、「君たちに一つだけ言っておく、ブラック企業だけは気をつけろ。オレみたいに内定とれない学生を狙ってんのが、ブラック企業だ。追いこまれたら、内定さえ取れればどこでもいい、って気持ちになってくる。そこにつけこむのがブラック企業だ、奴らにつかまったら人生おしまいだ」。そして「お前たちももうすぐ、地獄に落ちるんだーっ！」。先輩が去った後、3年生たちは「今年は、状況よくなったって聞いたのに…」「それは一流大学の話でしょ」と会話している。

エキセントリックな先輩には違いないが、言っていること自体は、就職の現状をふまえたリアリティに満ちたアドバイスではある。またこのドラマ自体、2013（平成25）年の新語・流行語大賞にてトップテン入りした「ブラック企業」を物語に取り込んだ、アップトゥデイトな内容となっている。ブラック企業も、もともとはネット上で生まれ広がった言葉である。就職情報の掲示板やそこでの炎上騒ぎ、さらにはネットでの風評とそれへの対策など、メディア戦の様相を呈してきた今日の就活の様子が描かれている。

その他の新たな変化としては、トレスフィールズ社の採用面接の直前に、三田村が質問してはならない禁止事項のメモを部下から見せられるシーン。家庭環境や思想信条にかかわる質問は、禁止。「労働運動・学生運動など社会運動に関すること」はもとより、愛読書や購読新聞、尊敬する人物も禁止。支持政党をたずねたり、機動隊の実力行使の是非をテーマにグループディスカッションしていた時代とは、まるで別世界である。「じゃあ、何聞きゃいいんだ」と不満を表わす三田村だが、部下からは、変な質問をするとすぐにネットに書かれる時代ですからと、くぎを刺されている。

でも三田村は、ある学生の面接の冒頭、思わず質問してしまう。「面接に来る人ってみんな同じ動きで座るんだけど、どうして?」。面接後、三田村は部下から「面接における正しい座り方」の動画を見せられ、「マニュアルかよ⁉」。

2つのドラマを通じて言えることは、変わった点は、新たな就活メディアの登場。映画「就職戦線異状あり」の就職情報誌と固定電話の世界から、完全にネットとスマホの世界へ。変わらない点は、就活指南役の存在。「就職戦線異状あり」でもすでに、就職マニュアル本にそった受け答えが皮肉を込めて描かれていた。就職面接対策のビデオやカセットテープは1980年代からあるし、大学就職部の名物部長など、就職のカリスマとされる人物は存在した。就活をめぐって思い悩む学生の姿は、戦前の映画「大学は出たけれど」の頃のままだ。

就活のカリスマたち

「相棒」の皆川克利、「ブラック・プレジデント」の田島洋一、マンガで言えばサブタイトルに「内定請負漫画‼」を掲げた三田紀房《みたのりふさ》・関達也《せきたつや》「銀のアンカー」（『スーパージャンプ』連載、2006〜09年）の白川義彦など、就活のカリスマとして造形されたキャラクターのモデルがいるとすれば、前出のサラリーマン・デュオSHINE'Sの杉村太郎であろう。

会社員のまま芸能活動を続け、損保で人材開発室勤務を経験し、1992(平成4)年に独立。1993(平成5)年4月9日号『週刊朝日』「『我究館《がきゅうかん》』館長が説く人生教訓——芸能界から就職予備校へ転身して」には、「『天職獲得へのフルサポート』と銘打った就職予備校「我究館」が学生の注目を浴びている」とある。この我究館の主宰者が、杉村太郎である。同記事によれば「現在、今年の就職に挑む学生が約五十人集まり、館長のつくった独自のプログラムをこなしている。授業料は九カ月で九万円。具体的に、何を教えているのだろうか。「例えば、人生に何を求めるかという課題について、まず考えさせる。次に文章にする。その過程で、自分が一体どういう人間か知るのが第一」」。

そして、1996(平成8)年5月27日号『AERA』「マニュアル就職の終焉——自己分析がキーワード」では、杉村の著書『絶対内定——完全就職の極意1995』(マガジンハウス、1994年)が、「九五年度版が一万八千部、九六年度版が二万二千部、そして最新の九七年度版が三万部と、売り上げを伸ばしてきた。内容といえば、「自己分析のすすめ」とでもした方がぴったりくる」と紹介されている。その内容は「『何のために働くか』「大学生活で得たもの」「十年後の私」。そんな六十以上の項目に沿って、ワークシートを埋めていくことが求められる。一通りこなすだけでも、かなり時間がかかる。しかも、それを何度も繰り返せという。長所、短所を指摘し合うのも、突っ込み合いながら話すのも、自己分析を深めるため、同書が薦めるやり方だ」。

この頃から、就職戦線に赴く前の学生たちが、誰かの下宿やファミレスなどで、延々と語りあう作法が広まったようだ。２００４（平成16）年2月号『潮《うしお》』の亀井肇《かめいはじめ》「流行語辞典」には、「シューカツ」が新語として取り上げられ、「漢字で書くと「就活」となり、就職活動を略した学生言葉。大学三年生なると髪を黒く戻したり、新聞を読んだり、就職参考書を読んだりして、就職試験のために一人でできる準備を進めるようになる。また、インターネットを活用して会社案内なども入手する。そして重要なのが、仲の良い友達と「長所、短所の言い合い」をする。お互いに短所についても率直に指摘してもらい、自分の気づかなかった性格なども自覚することによってエントリーシートなどに記入する」」。

この「長所、短所の言い合い」の出発点は、やはり『絶対内定』であろう。先の記事で『絶対内定』は、「明日が面接という時に読んでも役立ちそうなノウハウを満載したそれまでの就職マニュアル本とは、一線を画している」と評価されている。比較対照の相手は、『面接の達人』だ。同誌によれば、売り手市場ならば面接マニュアル本で対応できる範囲でじゅうぶんだが、「「超氷河期」時代を迎え、マニュアルが行き渡ってしまった人材の中からより厳選したいと考えるようになった企業の側が、まず変わり始め」、そうした動きにフィットしたのが『絶対内定』だし、同書が火をつけた「自己分析ブーム」だと言うのである。

当然のことながら、自己分析の結果、就職以外の道を選ぶこともありうる。「これまでに我究館で学んだという約五百人の進路を見渡しても、大学院進学や留学を選んだ学生は少なくない。杉村さんは、『絶対内定』の姉妹篇を、年内にも出版する予定だ。テーマは「就職しない」だという」。この続編は出た様子はないが、その後杉村はTOEIC・TOEFLの点数アップや海外大学院への留学ガイド本も出している。

もちろん就職に関連して「自己分析」の語は、戦前から用いられてきた。だが【図表49】からも明らかなように、「自己分析」が就活のキーワードとなったのは、90年代半ばからである。採用面接でのマニュアルよりも、それ以前の準備のプロセスでのテキストを、学生たちはより強く求めていった。それは「自分探し」や自己啓発セミナーが注目を集めた時代の風潮と、どこかで連動していたのかもしれない。香川めい「就職氷河期に「自己分析」はどう伝えられたのか——就職情報誌に見るその変容過程」(『ソシオロゴス』第31号、2007年)によれば、

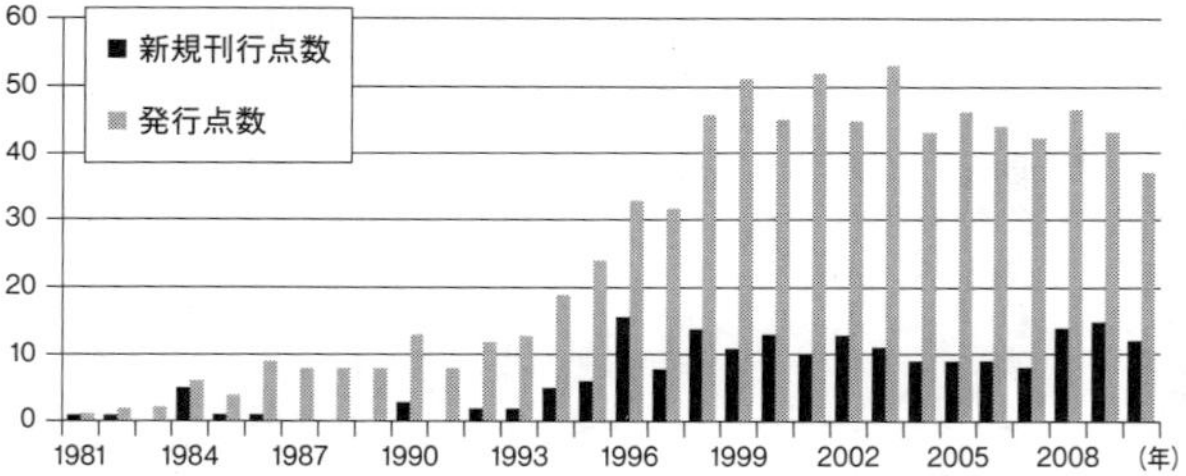

【図表49a】就職用自己分析マニュアルの発行点数の変化

1990年代半ばから自己分析のマニュアルが数多く出版されるようになった。

	～1991 (n＝10)	1992～1996 (n＝16)	1997～ (n＝70)	計 (n＝96)
面接対策	8（80%）	10（63%）	40（57%）	58（60%）
エントリーシート・履歴書対策	1（10%）	5（31%）	47（67%）	53（55%）
業界研究・企業研究	3（30%）	7（44%）	29（41%）	39（41%）
就職活動ガイド	3（30%）	6（38%）	27（39%）	36（38%）
企業アプローチ	4（40%）	7（44%）	23（33%）	34（35%）
筆記試験・小論文対策	6（60%）	5（31%）	14（20%）	25（26%）

【図表49b】就職用自己分析マニュアルの構成要素の変化

エントリーシートや履歴書など、面接以前の準備段階のプロセスに関するマニュアルが強く求められている。なお、nはサンプル数。

（出典：a、bとも、牧野智和『自己啓発の時代』勁草書房、2012年）

「就職環境が良好であったバブル経済の時期には、ほかのさまざまな情報と同様の価値・位置づけしか与えられていなかった自己や自分という情報が、就職環境が悪化するにつれて、重要度が増していった様相を確認した。自己分析という行為は、まず面接対策のエピソード探しのツールとして登場したが、その際ゴールとされたのは、自分の優位性を立証しうるエピソードを発見することであった。しかし、他人との差異化をはかり、競争相手を出し抜くという視点はすぐに消失し、代わって企業との1対1の関係が重視されるようになる。そこでは、就職活動における選抜という視点が希薄化し、同時に提示すべき自己像が、外的に規定されたもの（＝「企業の求める人材像」）から内部へあるもの（＝「ありのままの私」）へと転換していった。この傾向は90年代後半に助長され、「本当の自分」に至上の価値が置かれるようになる。自己分析はもはやツールとしてではなく、目的として捉えられるようになり、それが関係する範囲も拡張していった。このプロセスの中で、「自己」は就職活動の拠り所となり、不断の更新を強制される対象へと変化していった」

自身のこれまでの経験を振り返り、自己を掘り下げること。そして自身を表わすエピソードとして、アルバイトやクラブ・サークル活動での経験、打ち込んできた趣味やボランティアについて語る準備を積み重ねる学生たち。まさに「我究」である。だが、それを企業の側が、どこまで望んでいるのかは不明である【図表50】。

下村英雄《しもむらひでお》「若者の就職における自己と他者」（大庭健《おおばたけし》ほか『職業と仕事…働くって何？』専修大学出版局、2008年）では、過度の自己分析の弊害が指摘されており、「就職を目の前にして詳しく自己を「分析」しすぎた結果、現在の自分の存在をあまりに小さく見積もってしまうパターン」が多く見受けられるという。

三田紀房『銀のアンカー8』（集英社、2009年）の主張も「自己分析をやめろ！」であり、なぜなら「社会経験もない二十歳そこそこの人間に、「自分」なんか見つけられるわけがない。そんなもの一生かかってもわからない大テーマで、就活前の数か月で見つけようなんてバカバカしいにもほどがある」と、身もふたもない。

このようにさまざまな論者が、さまざまに語る就活。その正解のない世界で子羊たちを導くために、就活コンサルタントや就活アドバイザーたちは、有無を言わさぬカリスマ性を身につける必要があるのだろう。

一方、政府（文部科学省・厚生労働省・経済産業省・内閣府）や教育機関など、迷える子羊

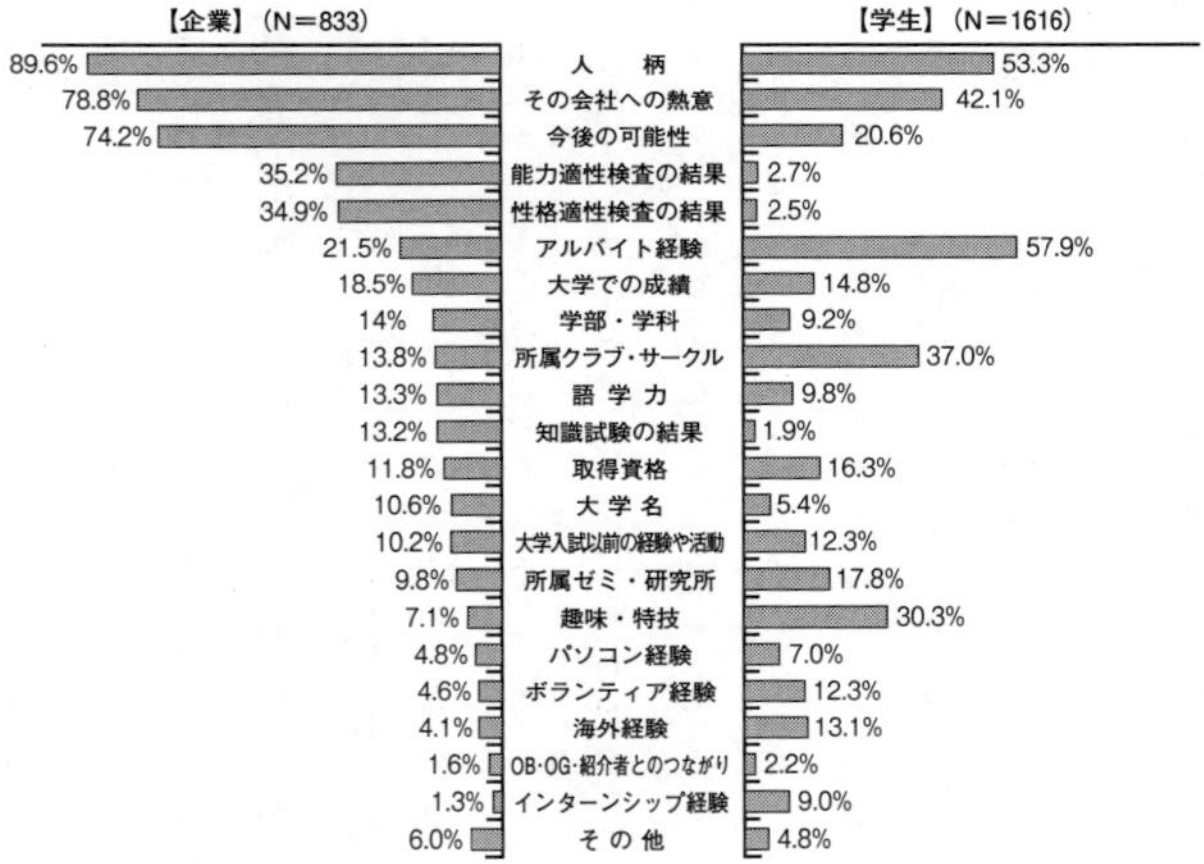

【図表50】企業側が採用基準で重視する項目と学生側の面接でのアピールポイント

企業側と学生側の微妙なズレが見てとれる。たとえば学生たちは、企業が求める「適性検査の結果」をほとんど重視せず、「アルバイト経験」や「所属クラブ・サークル」など、経験や属性をアピールしがちである。※2005（平成17）年調べ。企業側、学生側ともに複数回答。（出典：上西充子「大学生の現状とキャリア形成支援」小杉礼子編『若者の働きかた』ミネルヴァ書房、2009年）

を導く側もまたさまよっていた。２０００年代、さまざまなプランが発表され、「ナントカ力」が次々と提唱され、そのたびごとに教育現場は右往左往を続けてきた【図表51】。そして大学のキャリアセンターには、就職紹介・指導以上に、就活生のメンタルケアの機能が求められてきている【図表52】。大学の就職部はカリスマよりも、カウンセラーが求められる事態となったのである。

CM、就活を描く

最後に就職氷河期を描いたCMをみておこう。要するに、バブル期のリクルーティングCMからの反転である。

早いところでは、１９９６（平成8）年の「虫よけキンチョール・会社訪問編」（『堀井《ほりい》博《ひろ》次《つぐ》グループ全仕事』マドラ出版、１９９８年）。

（やぶ蚊の多い山道を行くリクルートスーツの女子大生二人。一人はグレー）

A「えらいとこ来てしもたなあ」B「私らホンマに就職できるんやろか…」A「今度は大丈夫やって（と、腕に虫よけキンチョールをかけて相手に渡す）はい、虫よけキンチョール」

名称	機関・プログラム	出典	年
【初等・中等教育】			
生きる力	文部科学省	中央教育審議会答申『21世紀を展望した我が国の教育の在り方について—子供に［生きる力］と［ゆとり］を』	1996
リテラシー	OECD-PISA（生徒の学習到達度調査）	国立教育政策研究所（編）『生きるための知識と技能』1・2・3・4・5	2001・2004・2007・2010・2013
人間力	内閣府（経済財政諮問会議）	『人間力戦略研究会報告書』	2003
キー・コンピテンシー	OECD-DeSeCo（コンピテンシーの定義と選択）	ライチェン&サルガニク『キー・コンピテンシー』	2006（原著 2003）
【高等・職業教育】			
就職基礎能力	厚生労働省	『若年者就職基礎能力修得のための目安策定委員会報告書』	2004
社会人基礎力	経済産業省	『社会人基礎力に関する研究会「中間取りまとめ」報告書』	2006
学士力	文部科学省	中央教育審議会答申『学士課程教育の構築に向けて』	2008
就業力	文部科学省	中央教育審議会答申『学士課程教育の構築に向けて』	2008
ジェネリック・スキル	OECD-AHELO（高等教育のおける学習成果の評価）	国立教育政策研究所ウェブサイト、OECD ウェブサイト	2010〜2012（試行調査実施）
【労働政策・生涯学習】			
エンプロイヤビリティ（雇用されうる能力）	日本経営者団体連盟（日経連）	『エンプロイヤビリティの確立をめざして—「従業員自律・企業支援型」の人材育成を』	1999
成人力	OECD-PIAAC（国際成人力調査）	『成人スキルの国際比較—OECD 国際成人力調査（PIAAC）報告書』	2013

【図表51】わが国における「新しい能力」概念

人間の能力を測る尺度は何か。これまでに試行されてきた例を見るだけで、その困難さがうかがえよう。（出典：松下佳代「大学から仕事へのトランジションにおける〈新しい能力〉」溝上慎一・松下佳代編『高校・大学から仕事へのトランジション』ナカニシヤ書店、2014年）

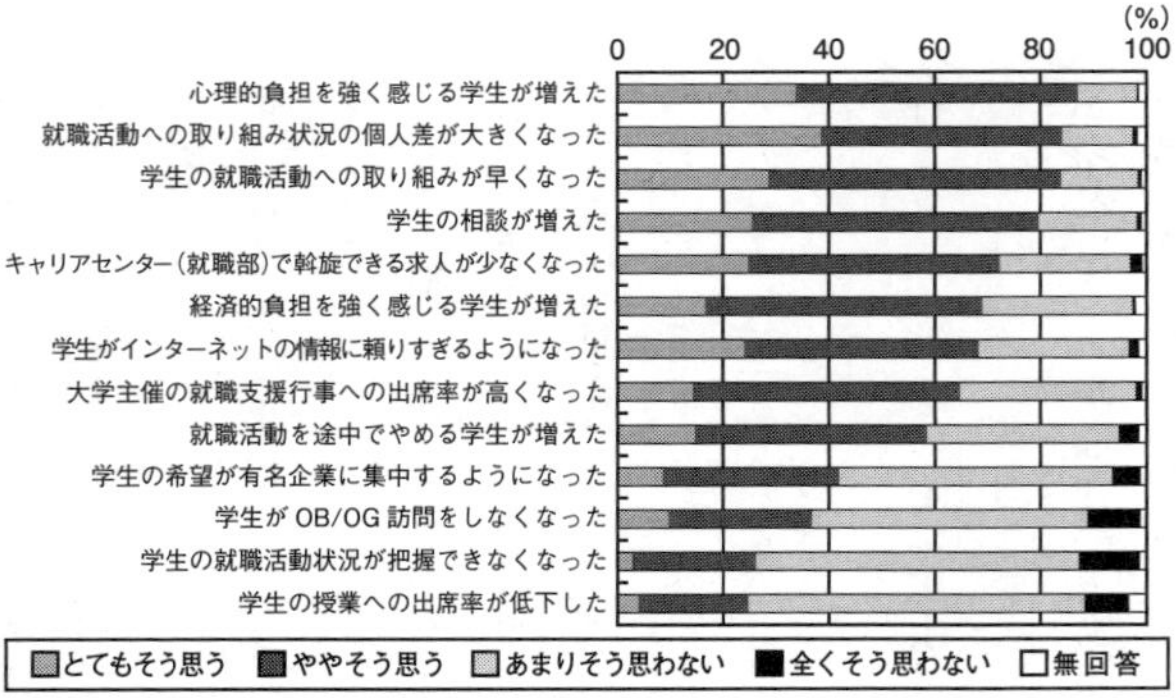

【図表52】リーマンショック前・後での就職活動の変化

8割以上の大学キャリアセンター担当者が、「心理的負担を強く感じる学生が増えた」と回答した。（出典：小杉礼子「新規大卒労働市場の変化」小杉礼子・堀有喜衣編『高校・大学の未就職者への支援』勁草書房、2013年）

B「なんでこんなとこまで来なアカンの。会社訪問に虫よけキンチョールがいるとは思わんかったわ」A「この辺やったら、私らどっか就職できるで」B「通えるか？」A「いざとなった、住みこんだらええやん」

（「山奥工業」という看板を掲げたプレハブ小屋にたどり着くと、リクルートスーツの学生たちが並んでいる）

B「アカン、たくさん並んでるわ！」A「（〝募集人員若干名〟と書いた貼り紙を見て）募集人員〝ワカボシメイ〟？」B「ワカボシ？〝ジャッカンメイ〟やない？」A「どうする、ほか行ってみる？」B「もうひと山、越えてみよか」

（さらに山奥に足を踏み入れて行く二人）

A「キビシイ時代になったなあ」B「あと5年、はよ産んでくれたらよかったのになぁ…」

ナレーション「あせらず行こう。イバラの道に虫よけキンチョール」

これなどは、まだずいぶんとコミカルな作品である。その後もスーツ量販店や就職サイトのCMなどに就活生は登場していたが、そのシリアスな姿を描いて評判になったのが、

2006（平成18）年6月にオンエアされたリクナビプレミアのCM「山田悠子の就職活動（前半戦・後半戦）」であった。

前編はまず山田悠子（吉田桂子《よしだけいこ》）がリクナビ2008に登録するところから始まる。その姿を見つめるのは、スポーツバーに集まるサッカーチームの応援団風の若い男女。PCの中の人たちという想定の、山田悠子サポーターの面々だ。大画面に映し出された山田悠子の就職活動の様子を見て、一喜一憂している。中には「山田」と髪を染めている者もいる。その山田悠子応援団は、「リクルートスーツに身を包み、明日の自分に会いに行こう、さぁ一歩踏み出そう就職活動」と、まずアンセムを歌う。そして皆が注視する中、履歴書の写真を撮ろうとスピード写真を利用するが、目をつぶってしまう山田。会社説明会で寝てしまう山田。応援団は「山田、起きろ、山田、寝るな」と盛んにコールする。面接でスベってしまう山田。「あーっ」と大きなため息の後、すぐに気を取り直して、「負けるな、山田、行け行け、山田」。

後編になると、やや哀調を帯びたアンセム。「山田、君は大丈夫、山田、君は一人じゃない、苦しい時も悲しい時もいつも僕らがそばにいる、山田、山田、山田、山田を愛してる」。アパートに帰り、留守番電話のボタンを押しても、「メッセージはゼロ件です」。涙ぐむ、女性サポーターたち。その時、山田のガラケーが鳴る。かたずをのんで見つめる応援団。山田の口から「はい、ありがとうございます」ともれたとき、一同、大歓声。そこに「リクナビは、就職したいすべての人を応援します」とスーパーインポーズ。要するに、スポーツバーで山田の就職活動を観戦していた人々は、リクナビの擬人化というわけだ。ＰＣやサーバ、ネットワークの回線の中で、リクナビはつねに就活生を応援していることを訴求しようとしたＣＭなのである。

この「山田悠子の就職活動」は、２００７（平成19）年のＡＣＣ（全日本シーエム放送連盟）フェスティバルにおいて、その年のベスト10に選ばれ、金賞を受賞している。また、このＣＭを企画した東畑幸多《とうはたこうた》は、同時に「ベストＣＭプランナー（テレビ）」を受賞している。２００８（平成20）年7月17日号『女性セブン』「世界が認めるニッポンのＣＭ――仕掛け人の頭ン中」には、「実はこのＣＭ、放映はわずか4回だけ」「就活生や就活経験者を中心に、このＣＭはブログや「ｍｉｘｉ《ミクシィ》」で「その気持ち分かる！」と話題になる。動画投稿サイトの「ＹｏｕＴｕｂｅ」にアップされた画像も繰り返し再生された」とある。同記事中、東畑も「恥ずかしいんですけど反応を知りたくて、自分で〈リクナビ　ＣＭ〉とか入力してｍｉｘｉを検索したりしました（笑い）」とコメントしている。「ｍｉｘｉ」というあたりに時代を感じるが、ネットでの拡散が大きな力となり始めた頃のテレビCMだったのである。

そして、2014（平成26）年、2本の就活生を描いたCMが話題となる。

ひとつ目は、日清カップヌードルのSURVIVE！シリーズ「就職氷河期」編。一面の銀世界の中を黒いリクルートスーツ姿の男女の集団が、寒そうに歩いている。「がんばれ、もう少しだ」。最終面接会場という立札が見える。タイトルに「就職氷河期　SINCE　1993」の文字。「いよいよ最終面接よ！」。その時集団のかたわらを、楽しそうに談笑しながら追い越していくリクルートスーツの男女3人組。「なんなんだ、あの余裕は」「あいつらインターン組だ」。白熊の面接官が、5頭現われる。「来たぞ」「あなたからよ」「第一印象が大切だ、がんばって」。すると、吠える白熊。「あれは圧迫面接だ！」「もうダメ、地元に帰る」「落ち着いて、自己PRするのよ。みんなで乗り切るの」。気を取り直して、ひとりの女子大生が白熊たちの前に進み出て、「私は噛めば噛むほど味が出るスルメのような人間です」。「ハラが減っては戦えない」とスーパーインポーズ。「SURVIVE！　カップヌードル、日清」のナレーション。

2つ目は、東京ガスの企業広告「家族の絆《きずな》」シリーズ「母からのエール」編。リクルートスーツ姿の女子大生。スマホ画面には「…末筆ではございますが、岸井様の今後の就職活動のご成功を心よりお祈り申し上げます　株式会社進亜商事人事課」の文字。「何回目のお祈りメールだろう。書類選考や面接に落ちるたびに、世界中から否定されている気持ちになった」と独白。電車の向かいの席に座っている人たちが、面接官に見えてきてしまう。家に帰ると、母「お帰り、ごはんあるけど」「いらない」。自室に入り「そうやって待っていてくれるのもつらくなって」と独白。「もう無理ーっ！」とベッドに倒れ込む。場面かわって、キャンパスにて。スマホに友人から「内定キターー!!!」とのLINEのメッセージ。「やったねおめでとう、私もがんばる」と力なく、文字を打つ。エントリーシートを書き、面接に臨み続ける岸井。「そして、やっと最終面接までこぎつけた会社があった」。面接会場を出たところで、「今日の面接　うまくいったかも…」と友人にLINEする。「え、うちでご飯食べられるの」と電話を受ける母。帰りの電車の中で、友人から「やったね、朗報を待つ！」とLINE入る。駅前でチーズケーキを買って、家の玄関前に着いたところに、メールの着信音。公園のブランコに、ひとり座り込む岸井。母が「やっぱりここだ」と、背後から娘の肩に手をおく。号泣する娘。そして、自宅での食事風景。「家族をつなぐ料理のそばに。東京ガス」と母親の声でナレーション。鍋料理に、娘「おいしい」。翌朝「まだまだ！」とLINEしながら、リクルーツスーツ姿で岸井は家を出る。

山田悠子は、とりあえずハッピーエンドで終わったが、この岸井某の就活の結末は不明である（SURVIVE！のスルメのような女子大生も）。

食品やガスなど、就活とは直接関係のない業種にもかかわらず、就活をCMの題材としたのは、それだけ就職活動が、広く世間の関心を集め、その現状を多くの人が知るようになったことの証左であろう。

また東京ガスのCMについては、2014（平成26）年7月17日号『週刊文春』「東京ガスCM打ち切りを招いた謎の美女〝就活号泣〟演技」によると、「CMの放映が開始された二月はちょうど就活が本格化する時期だったこともあり、CMが放送されるとネット上で「就活生をさらに落ち込ませる」「つら過ぎて泣ける」「心が暗くなる」などの書き込みが相次いだ」ため、3週間で突如打ち切りとなったという後日談もある。

1993（平成5）年からの就職氷河期。一時薄日がさしたこともあったが、金融機関の相次ぐ破綻《はたん》、世界同時不況、2度の大震災など、もう20年以上も採用は凍りついたままだ。内定率・就職率は低く横ばいを続け、入社試験の倍率は各社高止まりしたままで、就活期間は長くなり（揺れ戻しはありつつも）、就職協定や倫理憲章の効力も不透明と、学生側はただただ振り回されるばかり。

東京ガスCMをめぐる騒ぎは、この20年で、就活に対してトラウマを抱える人の数が、膨大に増えたこと示していよう。そのトラウマを、岸井某を演じた岸井《きしい》ゆきのの演技力は、強く、鋭く刺激し過ぎてしまったのである（なお岸井ゆきのは、SURVIVE！シリーズの後を受けて始まったSAMURAI，FUJIYAMA，CUPNOODLEシリーズ「壁ドン」編にて、電車の中で壁ドンされる女の子も演じている）。

終章　「就活」の未来へ

100年を概観して

以上、就活の歴史を概観してきた。【図表53】は、その流れの大まかな見取り図である。ちなみにWはホワイトカラー、Bはブルーカラー、Gはグレーカラー。本来ならば、これらの概念はもっと厳密に定義されるべきなのだが、ここでは大ざっぱなままにとどめておきたい。詳細な議論は、橋本健二《はしもとけんじ》『現代日本の階級構造』（東信堂、1999年）・同『階級・ジェンダー・再生産』（東信堂、2003年）などをご参照いただきたい。

戦前、新卒就職・定時採用の慣行は、社会のごく一部の者にしか関係しなかった。だが、高度経済成長期には、中高大すべての学校からの新卒者が、男女を問わず、春先には職場へと流れ込んでいく仕組みができあがっていった【図表54】（379ページ）。その後、ホワイトカラーとブルーカラーとの間に、それこそグレーゾーンが広がっていき、そこに多くの大学生も流れ込んでいくようになる。

さらに2000年代に入ると、契約・派遣などさまざまな非正規雇用の形態が広まり、昔ながらのリスペクタブルなホワイトカラー職に正社員・正職員として雇用される大卒者の割合は、いっそう低下していった。その希少なポジションに対し、就職サイトの普及もあって、おそろしいほどの数の応募者が殺到する事態となる。そして、そうした事態は一

【図表53】新卒就職の時代的変遷

W：ホワイトカラー、B：ブルーカラー、G：グレーカラー。高度経済成長と産業構造の変化を機にグレーカラー（G）が登場し、さらに2000年代に入ると非正規雇用者の比重が高まっていく。

1920s～（戦前期）

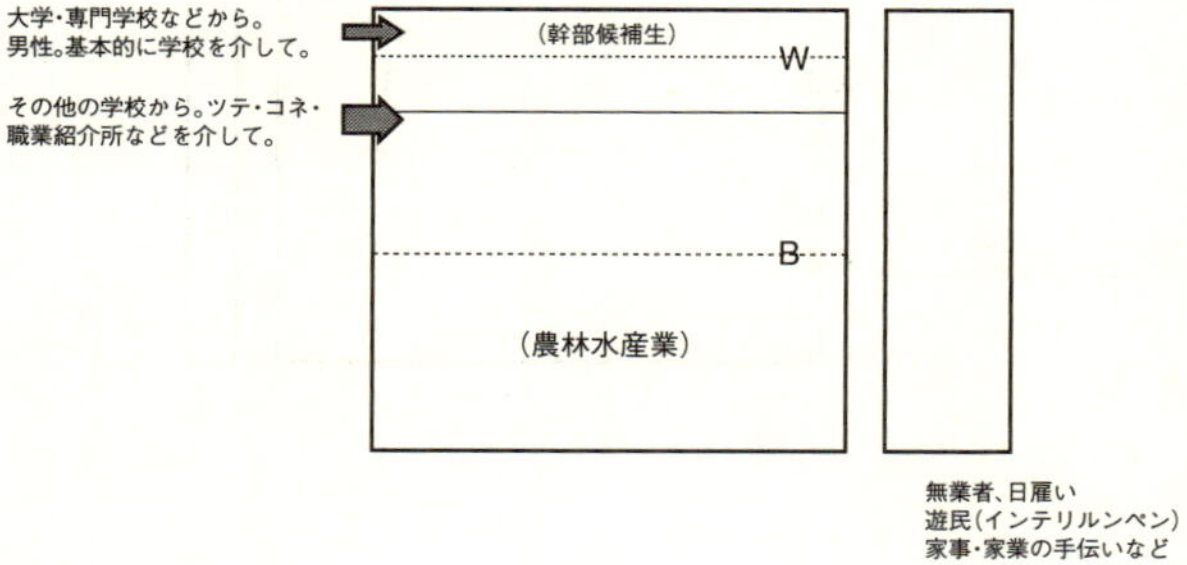

戦後～1950s

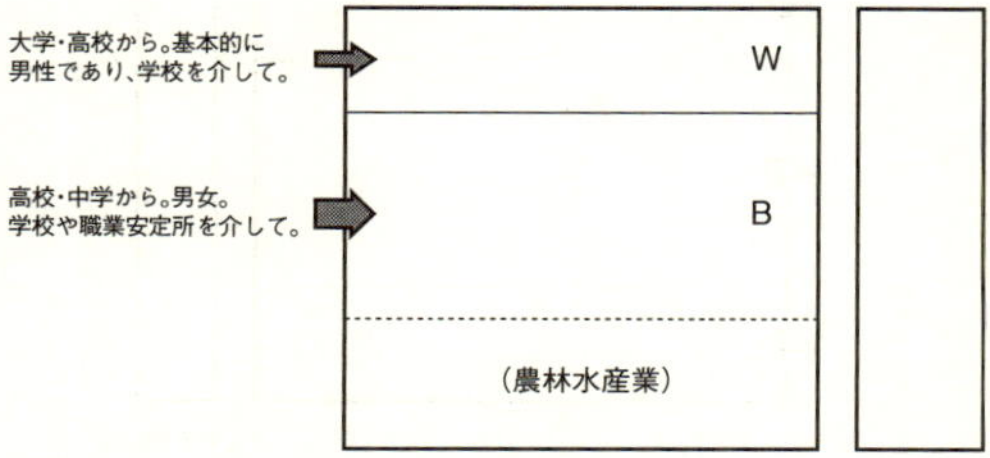

高度経済成長期（新卒就職慣行の全面的な確立）

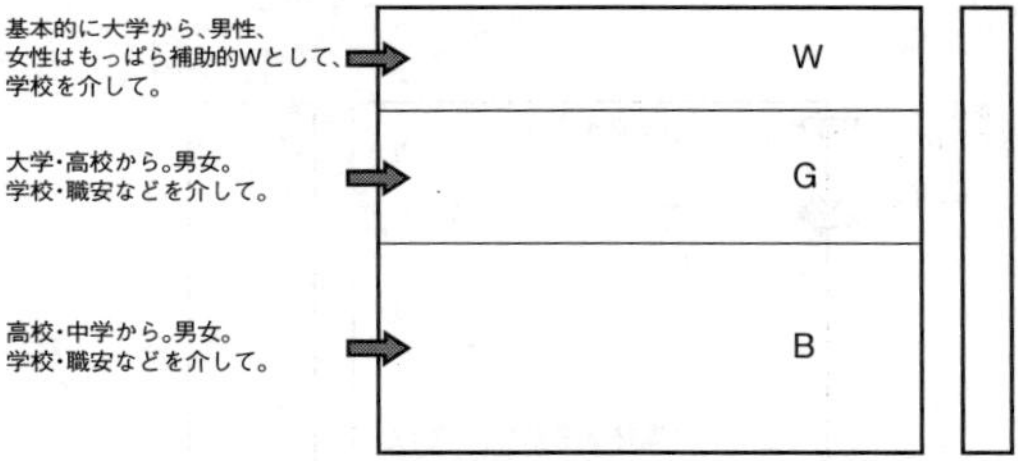

1970～80s

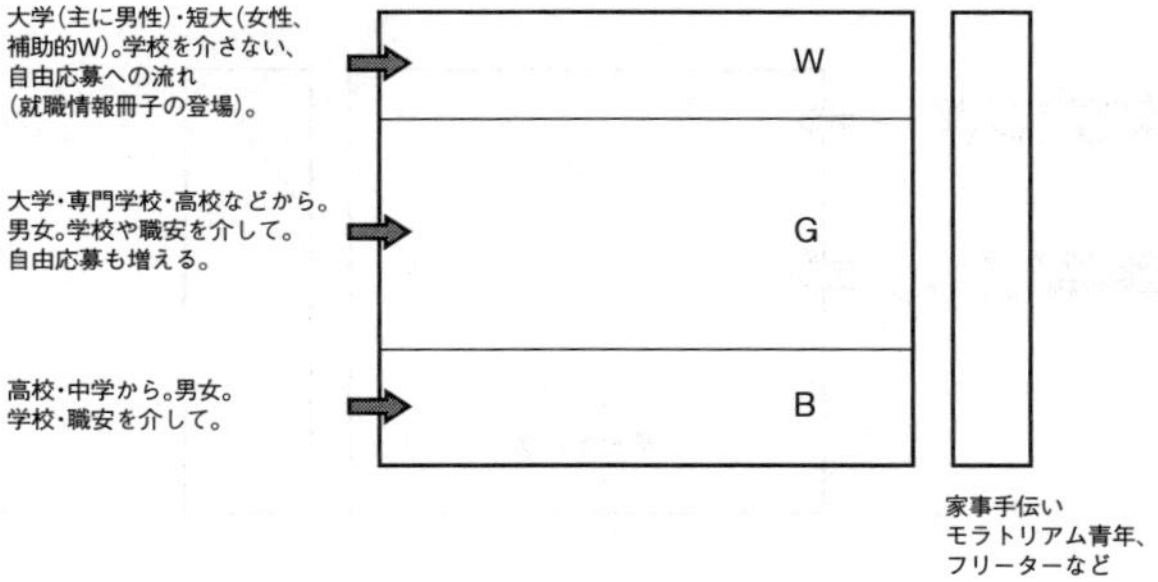

【図表53】つづき

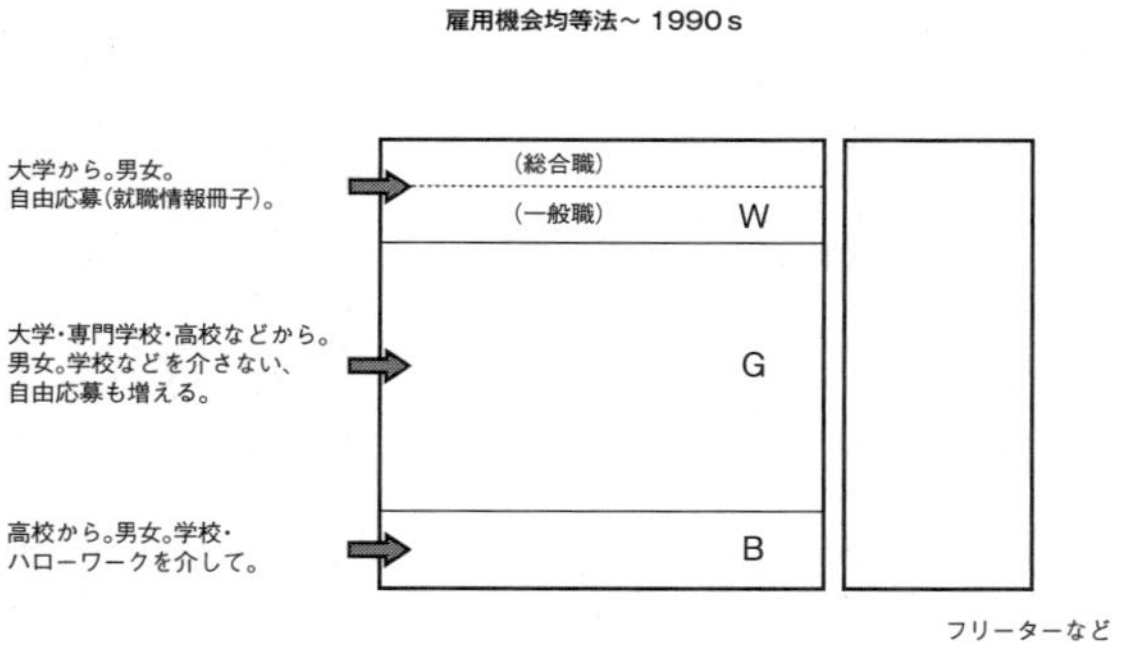
雇用機会均等法～ 1990 s
大学から。男女。
自由応募(就職情報冊子)。
(総合職)
(一般職)
W
大学・専門学校・高校などから。
男女。学校などを介さない、
自由応募も増える。
G
高校から。男女。学校・
ハローワークを介して。
B
フリーターなど

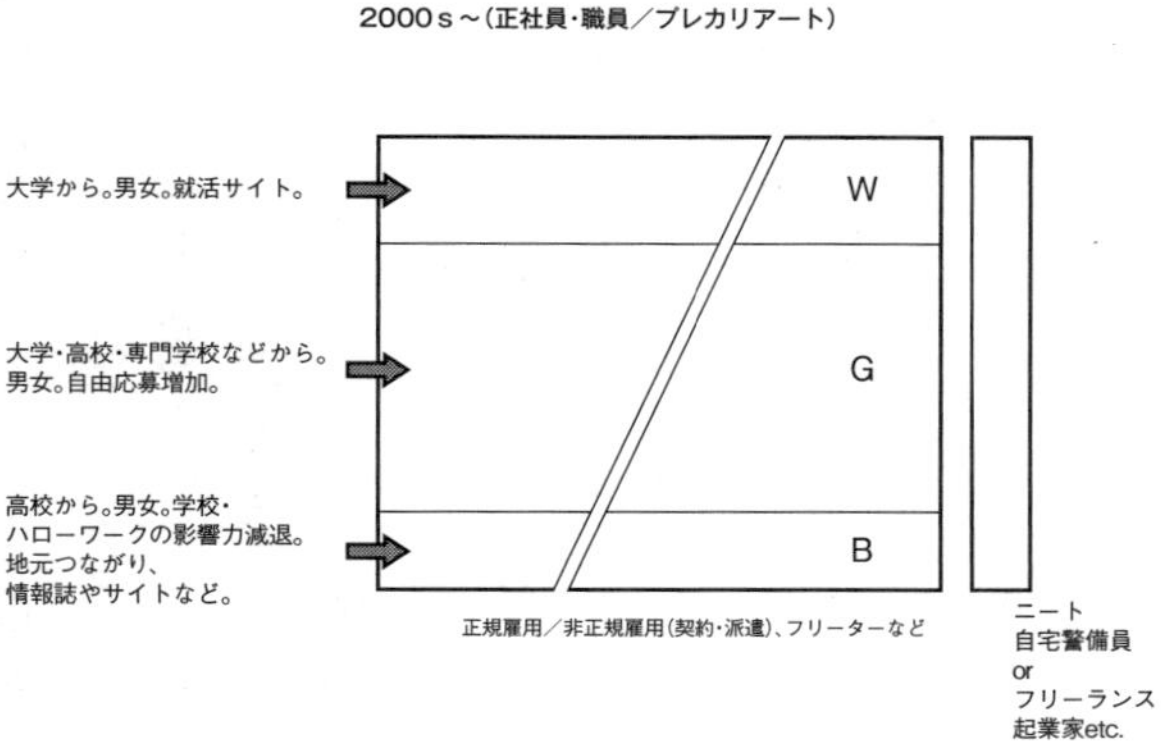
2000 s ～(正社員・職員／プレカリアート)
大学から。男女。就活サイト。
W
大学・高校・専門学校などから。
男女。自由応募増加。
G
高校から。男女。学校・
ハローワークの影響力減退。
地元つながり、
情報誌やサイトなど。
B
正規雇用／非正規雇用(契約・派遣)、フリーターなど
ニート
自宅警備員
or
フリーランス
起業家etc.

過性のものではなく、毎年ある時期になると繰り返されてきた。かくして、世間に「就活」なる略語が浸透していき、その過酷さが広く認識されるようになったのである。

本書の冒頭の問いに戻ろう。別に大学生だけが就職（就職活動）するわけではないのに、なぜ今われわれは「就活＝オフィス街を黒いリクルートスーツで歩き、翌年春からの正規雇用を目ざす大学4年生の男女」を思い浮かべてしまうのだろうか。【図表55】に示したように、「新卒で昔ながらのホワイトカラー職に定期に一括して正規雇用される」のは、楕円《だえん》で囲まれたごく一部の者たちである。だが、その楕円部を目ざしたり、それを少しでも意識したことのある人々の比率は、進学率の上昇と連動して、急速に高まってきた（点線枠の部分）。中高卒で最初からブルーカラー職ないしフリーターを考えていた一部の若者を除き、大半の若者（とその親）は、スーツ量販店でのリクルートフェアをちょっとは気にしてきたのである。その毎年の繰り返しは、「SINCE 1993」のぶ厚い蓄積を有している。それゆえ、就活の表象として、黒いリクルートスーツ（リクスー）姿の大学生男女の像が社会的に定着し、広範な人々から就活の代名詞的存在として認識されるに至ったのである。

私の親世代ならば、高校卒の男女でも、下級もしくは補助的なホワイトカラー職に就く

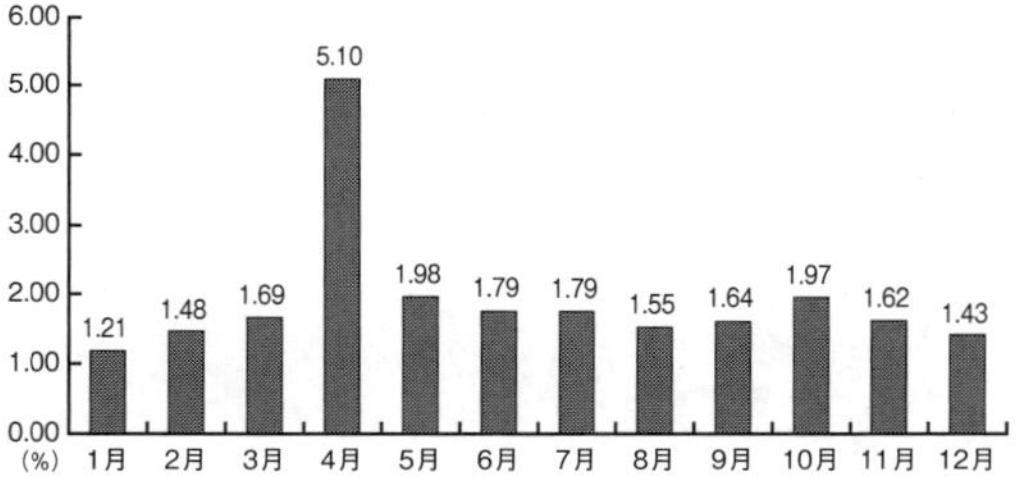

【図表54】月別入職率（在籍労働者数に占める入職者数の割合）

やはり「４月入社」が多いのがわかる。この仕組みが前提となって、卒業時に職に就けなかった者の多くが、なかなか正規雇用に就くことのできない社会構造ができあがる。※2011（平成23）年調べ。従業員５人以上の企業への入職。（出典：中村高康「日本における「間断ない移行」の特質と現状」溝上慎一・松下佳代編『高校・大学から仕事へのトランジション』ナカニシヤ書店、2014年）

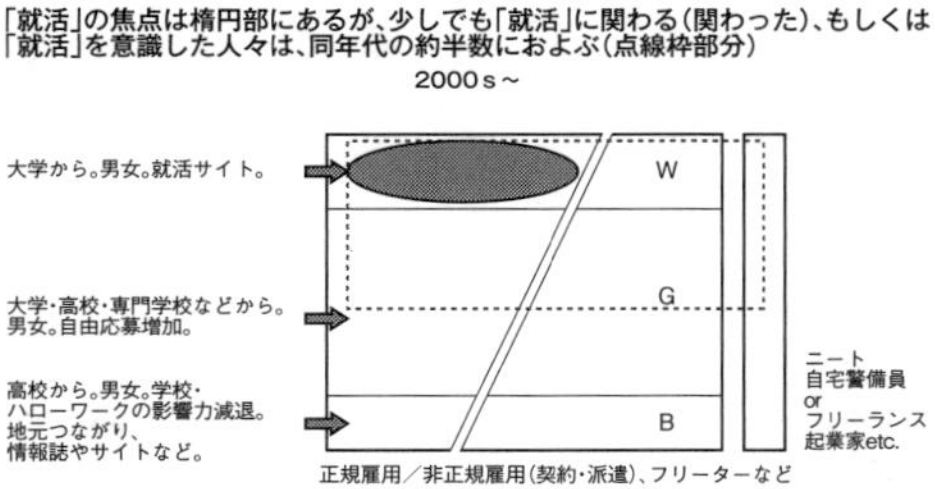

【図表55】「就職活動＝ホワイトカラー職をめざす大学4年生男女のもの」となった経緯

「就活」といえば、行きつく先は正規雇用のホワイトカラーを思い浮かべがちだが、それは楕円で示したごく一部でしかない。その予備軍は点線枠で囲んだとおり。その多くは、さまざまな雇用形態にふりわけられていく。

こともありえた。だが今では、そうした道は閉ざされている。

2014（平成26）年9月13日付「朝日新聞」「高卒求人6年ぶり1倍超　人手不足感を反映」によれば、「来年三月に卒業する予定の高校生の求人倍率が、七月末時点で一・二八倍となり、リーマン・ショック前の二〇〇八年以来六年ぶりに一倍を超えた」が、その原因は「作業員の不足が深刻な建設業の求人数が前年同期比五〇・六％増えた。また、前年の伸び率が一ケタだった製造業も同三七・五％増で、自動車などを中心に求人が増えた」ためであるという。特に復興需要の続く建設業では「人手不足感」が強まっており、「商業高校にもかかわらず、「とび職」などの求人が来ている」例もあるという。もはやグレーカラーのゾーンは、正規雇用でブラックでなければ御の字という大学生たちに占められ、なかなか高校新卒者が割り込める余地は少ないのである。

一方、大学の側もよりシビアに就職実績を問われるようになってきている。2011（平成23）年1月10日付「朝日新聞」「大学評価「偏差値より就職力」」によれば、昨年九月、首都圏・関西圏で約四〇〇〇人に調査し、「大学を評価する際に重視する点を聞いたところ「就職支援の面倒見がよい」が最も多く四一・九％、次いで「卒業生が社会で多く活躍している」が三八・三％だった。三位以下は「幅広い知識・教養が学生の身につく」

が三五・二%、「卒業資格をきちんと審査している」が三五・一%、「社会で直接役立つ実学が身につく」が三三・四%と続き、人材輩出力を重視する傾向があった」という。

もちろん、入試の難易度と就職実績はある程度連関しているのだが、入試難易度（偏差値ランキング）が低い割に就職のよい大学は「お買い得《コスパのよい》」校として好意的な評価を得、その逆の場合は、受験生集めに苦慮する結果となったりもする。

就活の「変わらなさ」加減

こうして大学では、キャリア教育の位置づけが大きくなり、多くの就職部はキャリアセンターと名を変え、キャリア関連のカリキュラムの提供にも乗り出すようになった。だが振り返って考えてみれば、かつては職業紹介所に自ら足を運んだ東京帝大教授がいた。全国の会社・官庁・学校に求人依頼の手紙を出し続けた、長崎高商校長がいた。

1937（昭和12）年9月発行の東京帝国大学学生課「就職の栞《しおり》」を素材に、就職をめぐる「変わらなさ」加減を見ておこう。

その「はしがき」に「自ら志望する方向が果して自分を受け入れてくれるか、就職戦線に出でるには如何《いか》なる用意を以てすべきかなどという不安が雲の如く去来することであろう」とあるが、これは、新調したリクスーのしつけ糸を切ったり、就職サイトの登録ボタンをクリックする時の心境であろう。「極めて表面的な華やかさに眩惑《げんわく》されて全く将来性のない方向に飛附いたり、まるで籤引《くじび》きをするように手当り次第に志願したりするのは無謀である」は、一括機能を利用して何百社とエントリーする学生のことだ。

「口答試問　仮令《たとえ》学問的な問が発せられてもそれは答の正確さを採点するのではなく答え方を通じて「人」を見ようとするのである。簡単に答え得ぬ困難な問題を如何に処理するか、如何なる態度で取扱うか、と云う点がむしろ注目されるのである。…人物の如何なる点に注目するかは詮衡《せんこう》者の考によることながら、一般的にいうならば、明快にして着実、人に何ら不快を与えず、癖がなくて何処へでも使えるような型が最も喜ばれるようである。近来新学士には、積極性が乏しいと言われている。…志望の理由が茫漠としており事業内容に就《つい》て認識不足である者には当然その熱意や適性が疑われる」

これなども現在の面接での評価方法・基準に近しいだろうし、「我々が主なる所の人事関係者から聞き得た「就職考査受験者の一般的な欠陥」」中のひとつである「頭が高く尻が重い」は、まるでネット時代の若者のようだ。

「就職運動　紹介状の如きも当人に幾分希望を持たせるという心理的効果の外に決定的な力を持つものではない。ただ採用側の有力者に予《あらかじ》め面会するということは口頭試問当日の度胸を作るという点に効果ある事は考えられる」

OB・OG訪問である。

「就職決定　現在に於ては余程自信のある少数者の外《ほか》は二つ以上の所に願書を出すのが普通であって、採用側もこの事はよく了解しているから採用上の障害にはならない。ただし忘望《ママ》（難波注：志望）せるもののうち何《いず》れかが採用決定した場合には、それが第一志望のものでない場合、当人にとって甚《はなは》だ苦しい事であるが、熟慮の上就任か否かを早く決断しなければならぬ。この辺で徒らに長く逡巡《しゅんじゅん》した為にいずれからも採用取消の憂き目を見、他人に譲り得たであろう就職の喜びをも無にする例があるからである」

内定重複の話である。まさかコーヒーをかけられたり、四の字固めはされないだろうが。

「学校成績　多くは優或は甲の数を機械的に採択の標準にはしない。学校、学部、学科、講師等によって自《おのずか》ら試験の難易、採点法の相違があり、採用側の多くはこの点をよく心得ているからである。…採用側が学科成績を見るのは特殊方面の知識の深さを見るのではなく、一般的な知能及び勤勉さ等を測定する為である場合が最も多い」

「家庭関係　非常に特殊な面白くない家庭事情に在るものは余り好まれないが、之も当人の人物によって十分補い得る事項である」

「銓衡者　各人別々に観察評価して後から意見を総合する。個人の直感は不確かな様だが、事実は大抵《たいてい》一致するものだそうである」

これらも今日と相通じていよう。時代を感じるのは、「体格　身体の健康は年々重要視せられて行く傾向がある。殊《こと》に呼吸器の疾患《しっかん》は嫌われる」。結核が猛威をふるっていた頃ならではの記述だ。面接の際、瞬時に答えられないと恥ずかしいことの例として、「自分の親兄弟の年齢を知らず、所有する田畑の大きさ、米の取高等を知らぬのも困りもの」とあるが、さすがに最近はこれはない。「兵役関係　この為に不採用となることはなく、むしろ兵役に服する程の頑健なる身体の所有者として歓迎される位である」こともないし、これだけは二度とあってほしくない。

ともかく、今はもう「大学生＝男子＝幹部候補生」という前提は消え、採用試験に臨む層が格段に広がったにせよ、就職をめぐる若者たちの不安や苦悩は、いつの時代も同型的なのである。では、就職・採用活動の変わらなさは、唾棄《だき》すべきものであり、現行の制度は即刻改めるべきものなのであろうか、それともその変わらなさには、それなりに根拠があるのだろうか…。

日本の就活は悪《あ》しき慣行なのか

最後に、以上述べてきたような経緯でできあがった新卒一括採用のシステムは、今後どうなるのか、もしくはどうあるべきなのかを考えておきたい。

溝上慎一《みぞかみしんいち》・松下佳代《まつしたかよ》編『高校・大学から仕事へのトランジション』（ナカニシヤ出版、2014年）には、「国際的な文脈をふまえたより一般的な観点から見れば、日本で使用される「新規学卒者」という用語がいかに日本的なものかは容易に理解されよう」とある。たしかに日本の就職・採用システムは、国際的にみれば非常に特異なものだ【図表56】。

たとえば、１９６７年のアメリカ映画「卒業」で主人公ベンジャミン（ダスティン・ホフマン）は、東部の大学を首席で卒業し、故郷ロサンゼルスに戻ってきたが、なかなか職探しにも大学院進学にも動こうとはしない。２００６年の「プラダを着た悪魔」でも、アンドレア（アン・ハサウェイ）は大学を卒業後、職を求めてニューヨークへとやってくる。

これまで、新卒一括採用・終身雇用制度・年功序列型定期昇給が三位一体となった労働慣行は、だから日本はダメなのだと、さまざまに批判の対象とされてきた。もちろん、正規雇用者が既得権益を手放さず、「31歳フリーター。希望は戦争。」のような反発を生みだしてきた面は否定できない。だが、以下のような議論も、傾聴に値するのではないだろうか。

「「新卒一括採用」や「終身雇用」は、すばらしいモデルだと思います。一括採用でなく、「通年採用」にしたら、学生はもっと不利になる。海外では「通年採用」が当たり前ですが、若年層の失業は深刻な問題になっています。ごく一部の、高学歴な人や特別な技

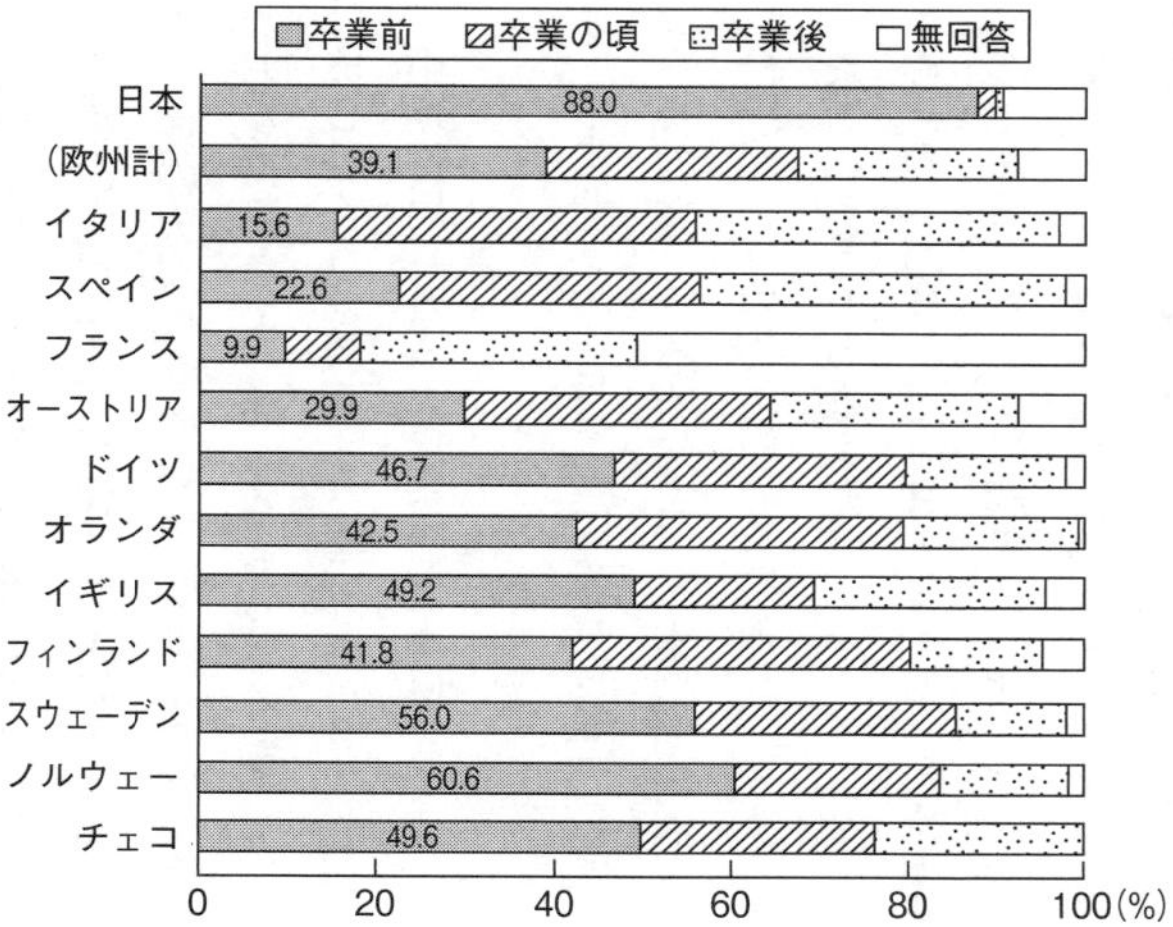

【図表56】就職活動の開始時期・国際比較

大学卒業前に「就活」を行なうというシステムは、国際的に見てたいへん特異である。(出典：森岡孝二『就職とは何か』岩波新書、2011年)

術を持っている人ぐらいしか、会社に入れなくなる。日本は「新卒一括採用」だからこそ、世界で最も「職業選択の自由」が担保されていると言えます。また「新卒一括採用」というしくみは日本全体の大規模なインターンのようなもの。入社し、数年後に辞めても、経験やスキルなどを得られて、お金ももらえるわけだから。「一括採用と同じく、通年採用のもと、入社後じっくりと教育すべき」と言う人もいますが、ありえません。海外をみれば明らかで、中途採用されるのは経験者が優先です」

これは、2014（平成26）年4月号『WEDGE』「「就活」が日本をだめにする」での川上量生ドワンゴ会長の弁。一般的にも、日本型雇用慣行への支持も高まっている【図表57】。もちろんこれは新入社員相手の調査であり、恵まれた地位を得つつある人々の意見だからこそ、こうなるのかもしれないが。

【図表58】は学校から社会への移行が「ヨーヨー型」へと変遷しつつあることを説明する際よく用いられる図解である。たしかに同年代のすべてが、あたかも通過儀礼か何かのように、足並みそろえて社会人・職業人へと移行する図式も不気味と言えば不気味だ。が、29～31歳の間、職場を離れ、学校に通った経験を持つ私ですら、昔の自分の状態に戻りた

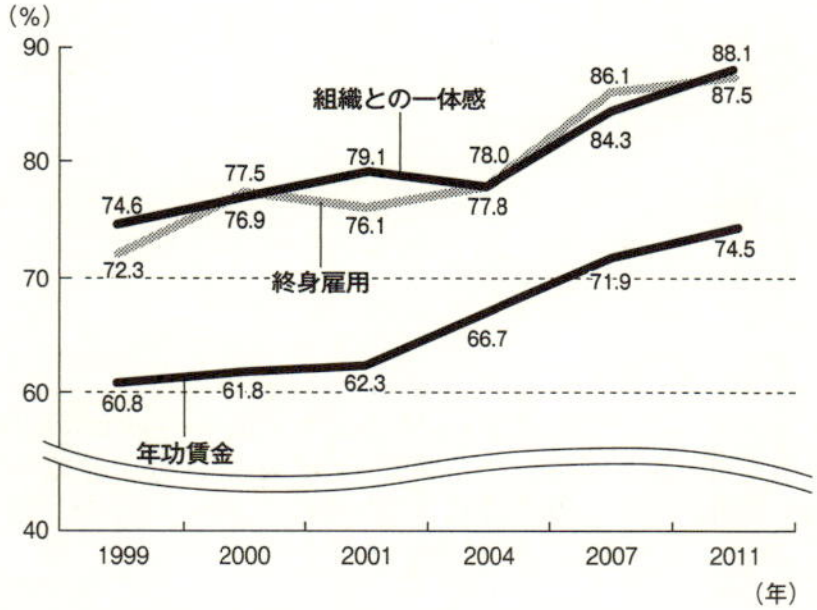

【図表57a】日本型雇用慣行への回帰（1）

日本型雇用慣行の支持は増加傾向にある。※いずれも「良いことだと思う」と「どちらかといえば良いことだと思う」の割合を合計したもの。

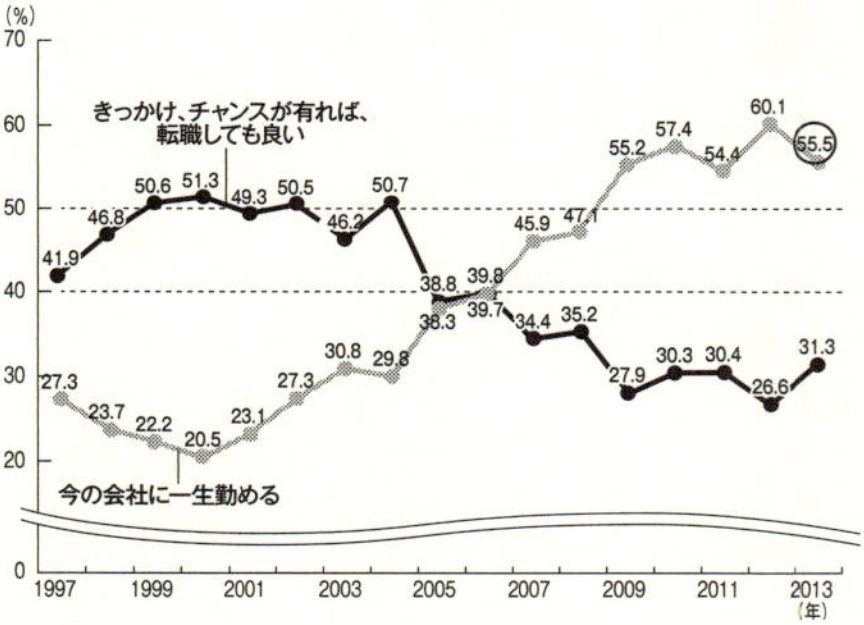

【図表57b】日本型雇用慣行への回帰（2）

2006（平成18）年を境に、「今の会社に一生勤める」が「きっかけ、チャンスが有れば、転職しても良い」を逆転した。

（出典：a、bとも、常見陽平『「就社志向」の研究』角川oneテーマ21、2013年）

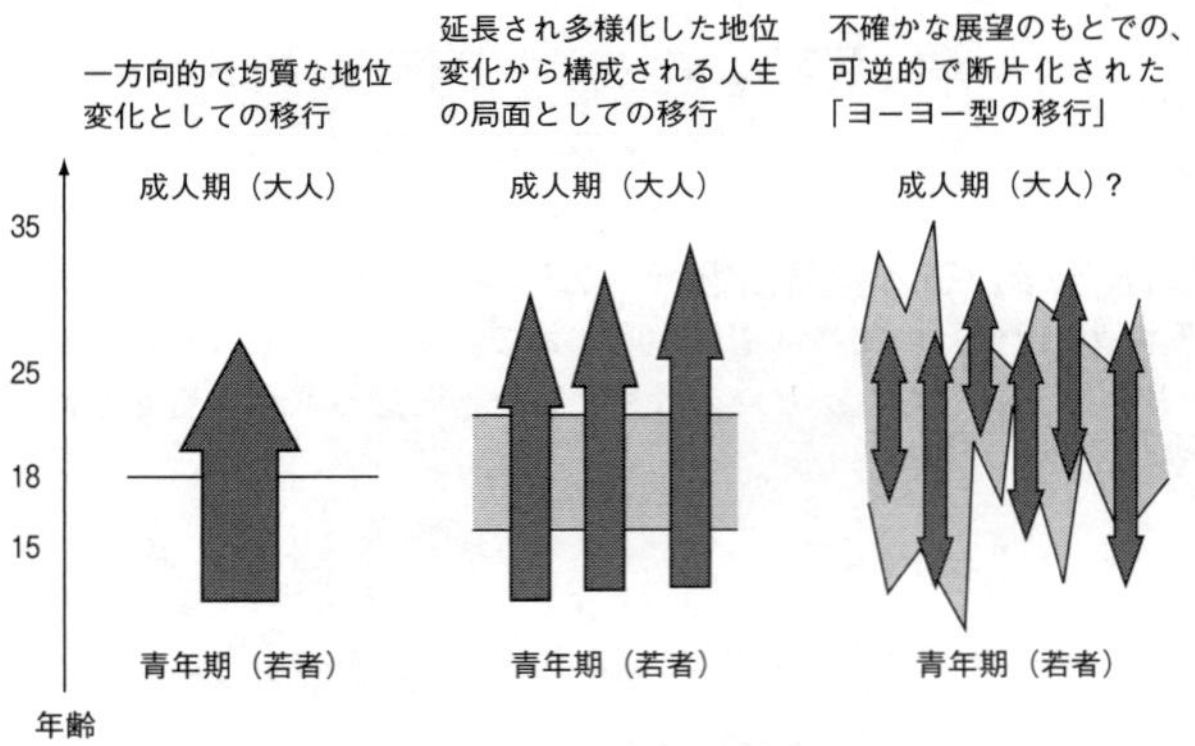

【図表58】大人への移行の「ヨーヨー化」

青年（学校）と成人（社会）との間をヨーヨーのように行ったり戻ったりする状況は異例ではなくなった。（出典：久木元真吾「若者の大人への移行と「働く」ということ」小杉礼子編『若者の働きかた』ミネルヴァ書房、2009年）

いと思ったことはなかった。誰も好き好んで「ヨーヨーしたい」わけはなかろう。直線的に進めるものなら進みたいのである。ベルトコンベアから降りたり、乗り換えたり、逆戻りしたりは、それなりにストレスのかかるものなのだ。

就活にしても、同学年が皆いっせいに動き始めるのは、変だといえば変である。しかし、スケジュールや手順も自分で一から考え、相手に個別にコンタクトとっていく面倒を思えば、誰かがガイドラインを示してくれた方が楽である。私が昔、オフィシャルな協定通りのスケジュールで就職活動をしたのは、当時はまだある程度は協定が守られていた（公式日程で参戦しても、まだ採用枠は残っていた）のと、その方が面倒くさくなかったからである。出し抜くとか出し抜かれるとか、先走ったとか出遅れたとか、情報戦に翻弄されるのがうっとうしかったからである（下宿には共同のコイン式電話が1台あるのみ）。

指示されたタイミングでベルトコンベアにのって、言われたとおりに面接や試験を受けて、パスすれば喜び、ダメならあきらめるという方が、精神衛生上よいし、時間や労力をムダにせずに済むと思っていた。

もちろん、当時はフリーターという言葉もなく、やり続けていれば、いつかはどこかに正規雇用されるだろうと安易に考えていたし、就活期間も短期決戦だったので、「病む」

「落ちる」ところまでいく者も相対的に少なかった。今は状況がまったく違うのだと言われれば、それはそうかもしれない。が、職のないまま大学から出されるよりも、学校から会社への「間断のない移行」の方が気楽だし、毎年恒例のスケジュールが大まかにでもあった方が、落ち着いて準備もしやすかろう。

いつでも、どこからでも引き抜きがくるような天才は、別に組織に属する必要もない。だがこの世の多くは凡人で成り立っており、その弱い凡人たちが集まって、なんとか安定的にその生活や家族を再生産していけるよう考え出されたのが、日本的な雇用慣行ではなかろうか。たしかに、もうずいぶんとガタがきてしまっており、何らかの処置は必要だろう。しかし、この仕組みを一からチャラにするのはリスクが高すぎる。繰り返しになるが、新規一括採用は、採用する側の効率ともに、求職する側の「面倒レス」にもつながっているのではなかろうか。

もちろん現状の就活は、ものすごく面倒くさいものとなっている。しかし、だからといって新卒一括採用の慣行そのものを捨ててしまうのは、産湯《うぶゆ》とともに赤子を流す行ないではないだろうか。現状の修正すべき点は改善していき、基本的な枠組みは残していく…。根本的な解決を避ける弥縫策《びほうさく》と言われればそれまでだが、元来、人が人を選ぶ採用選考の仕組みに、完璧や最善はありえない。求職側・求人側にとってよりマシであるよう、毎年微修正を繰り返す以外に手はないように思われる。

そして、終身雇用も否定すべき制度ではないように思う。日本の大学教員の世界にも、任期制の仕組みが導入されてきたが、終身雇用であればこそ、長期的に所属する組織への貢献やその将来を考えることも可能となる。もちろん、地位に安住してしまうリスクと比較考量されるべきではあるが。いちいち転職するのが面倒くさい、そうそう条件のよくなることも少ないから、同じところで働き続けようといった後ろ向きな姿勢であっても、終身雇用されているとなれば、なんとかその所属先を長くもたせよう、そのために一構成員として工夫も努力もしようという気になってくる。経営する側も、そうした循環を生みだすことに注力した方が、人を切り捨てたり、どこかから強引にヘッドハンティングしてくることばかりに腐心するよりも、とりあえず気分がよいことだけはたしかである。ともかく、少なくとも私には、よりよい職、より高いポジションを求めて、貪欲《どんよく》に自分を売り込んでいくというハングリーさはないし、それを持ちたいとも思わない。

岩脇《いわわき》千裕《ちひろ》「企業インタビューから見えてきたもの――「あてはめ型」選抜と「発掘型」選抜」（『ソシオロジ』第53巻第3号、2009年）は、社会学者が企業の採用担当者に、その選考方法・基準をインタビューしてまわった経験を、研究ノート風にまとめたものだ。

あてはめ型とは、採用側が事前に何らかの基準や見るべきポイントを定めた上で面接に臨む方式である。一方発掘型は、面接する中で、その学生の評価すべき点を見いだしていこうとするような方式である（あまり見いだせなかった場合は、「残念ながら貴意にそいがたく…」と返答することになる）。

もちろん、前者と後者はきっぱりと二分されるようなものではなく、中間的な形態がグラデーションをなしているのだが、どうしても後者の方がいい加減なやり方――面接者の主観に左右されがち――に見えてしまう。とくに面接試験に関しては、評価の基準が曖昧だと、学生側からも大学側からも評判は悪い。採用側の説明責任を問う声すらある。しかし、発掘型で臨む企業は、よい人材を得たいとそれなりに試行錯誤《しこうさくご》を重ねた結果、その方式にたどりついたのではないだろうか。「企業インタビューから見えてきたもの」には、あてはめ型と発掘型の双方の得失とともに、筆者自身が、発掘型のもつ意味に気づくようになっていった過程が述べられている。

採用の仕組み全体に関しても同様に、あらかじめこうあらねばならないと、明快な答えがあって細部をつくりこみ、実施に至ったとしても、結局いい人、役に立つ人が採れないということになれば、数年でその方式は終わってしまうだろう。採用の一連の流れの中で、その時々に適宜評価基準を暫定《ざんてい》しつつ、採用・不採用の評価理由を個々に後づけしつつ選考していき、ベストかどうかは分からないけど、まぁこの人選が、この顔ぶれがベターかなぁと、あるところで割り切っていくしか、方法はないのではなかろうか。そんなテキトーなやり方で、応募者の人生を振り回していいのか、かわいそうではないかという意見には、大学教員として共感するところもあるが、感情論でどうにかなるとも思えない。

就職活動の100年を顧《かえり》みて、その右往左往ぶりに「巨大なムダだなぁ」との感慨を持つとともに、これはこれで仕方がなかったとも思う。理不尽な就職差別やあからさま事前選別が、とりあえず目につかなくなっただけでも（より陰湿化しただけだとしても）、また悪評が広がることへの恐れが抑止力となり、パワハラやセクハラまがいの行為が公然とはされなくなったことだけでも、それなりの進歩かと思う。

ただし内定者を、まだ大学生であるにもかかわらず、入社後の職務に関する資格を取らせたり、次々と課題を与えたり、学期中であろうが呼び出しをかけ、手伝いをさせ（バイト代すら払われないケースも）…というのは、ぜひともやめていただきたい。内定先の内定者への横暴をどうにかすべき、という運動になら参加したいと思っています。はい。

あとがき――謝辞にかえて

はじめに、もろもろ参照させていただいた、労働社会学・教育社会学・労働経済学などの成果に感謝いたします。一般読者想定の本なので、アカデミックな観点からすれば、乱暴な引用や失礼な紹介も多々あったかと思いますが、ご海容いただければ幸いです。今回自分としては学問・研究の普及や紹介につとめたつもりです。本書をきっかけに、ひとりでも多くの読者に、より専門的な書籍へと読み進んでいただければと願っております。

そして、文中いろいろと述べましたが、現リクルートホールディングスには感謝の念を抱いております。かつて広告代理店社員時代には、とてもありがたいクライアントでした。数点、『コピー年鑑』に私の名が残っているのは、リクルート・フロムエーのおかげですし、大学教員に転職後は、学生たちのありがたい就職先です。

本書は基本的に敬称略で通していますが、こちらが20代のあの頃、お世話になった方々には、どうしても呼び捨て御免というわけにはいきませんでした。

また、本務校の図書館に、「朝日新聞」の縮刷版と『朝日ジャーナル』のバックナンバーが揃っていたことにはずいぶんと助けられました。職場に対しても、謝意を表します。

切りとり線

★読者のみなさまにお願い

この本をお読みになって、どんな感想をお持ちでしょうか。祥伝社のホームページから書評をお送りいただけたら、ありがたく存じます。今後の企画の参考にさせていただきます。また、次ページの原稿用紙を切り取り、左記まで郵送していただいても結構です。

お寄せいただいた書評は、ご了解のうえ新聞・雑誌などを通じて紹介させていただくこともあります。採用の場合は、特製図書カードを差しあげます。

なお、ご記入いただいたお名前、ご住所、ご連絡先等は、書評紹介の事前了解、謝礼のお届け以外の目的で利用することはありません。また、それらの情報を6カ月を越えて保管することもありません。

〒101-8701（お手紙は郵便番号だけで届きます）
祥伝社新書編集部
電話03（3265）2310
祥伝社ホームページ　http://www.shodensha.co.jp/bookreview/

★本書の購入動機（新聞名か雑誌名、あるいは○をつけてください）

＿＿＿＿新聞の広告を見て	＿＿＿＿誌の広告を見て	＿＿＿＿新聞の書評を見て	＿＿＿＿誌の書評を見て	書店で見かけて	知人のすすめで

★100字書評……「就活」の社会史

名前

住所

年齢

職業

難波功士　なんば・こうじ

1961年、大阪市生まれ。京都大学文学部卒。東京大学大学院社会学研究科修士課程修了。博報堂勤務を経て、関西学院大学社会学部に転職。2006年より同教授。近現代社会史・メディア文化論で評価が高い。著書に『大二病』『社会学ウシジマくん』『人はなぜ〈上京〉するのか』『ヤンキー進化論』『創刊の社会史』『族の系譜学』など、共著に『関西私鉄文化を考える』などがある。

「就活《しゆうかつ》」の社会史《しやかいし》

——大学《だいがく》は出《で》たけれど…

難波功士《なんばこうじ》

2014年12月10日　初版第1刷発行

発行者……………竹内和芳
発行所……………祥伝社しょうでんしゃ
〒101-8701　東京都千代田区神田神保町3-3
電話　03(3265)2081(販売部)
電話　03(3265)2310(編集部)
電話　03(3265)3622(業務部)
ホームページ　http://www.shodensha.co.jp/

装丁者……………盛川和洋
印刷所……………堀内印刷
製本所……………ナショナル製本

Printed in Japan　ISBN978-4-396-11384-1　C0236